山东省社会科学规划研究项目（14CWYJ03）

山东省"非物质文化遗产保护学"资助项目

聊城大学学术著作资助项目

张兆林　齐如林　束华娜　著

非物质文化遗产
保护领域社会力量研究

中国社会科学出版社

图书在版编目(CIP)数据

非物质文化遗产保护领域社会力量研究/张兆林,齐如林,束华娜著.
—北京:中国社会科学出版社,2017.3
ISBN 978 – 7 – 5203 – 0021 – 6

Ⅰ.①非… Ⅱ.①张…②齐…③束… Ⅲ.①非物质文化遗产—保护
—研究—中国 Ⅳ.①G122

中国版本图书馆 CIP 数据核字(2017)第 047463 号

出 版 人	赵剑英
责任编辑	陈肖静
责任校对	牛 玺
责任印制	戴 宽

出 版	中国社会科学出版社
社 址	北京鼓楼西大街甲 158 号
邮 编	100720
网 址	http://www.csspw.cn
发 行 部	010 – 84083685
门 市 部	010 – 84029450
经 销	新华书店及其他书店

印 刷	北京君升印刷有限公司
装 订	廊坊市广阳区广增装订厂
版 次	2017 年 3 月第 1 版
印 次	2017 年 3 月第 1 次印刷

开 本	710 × 1000 1/16
印 张	18.75
插 页	2
字 数	259 千字
定 价	79.00 元

凡购买中国社会科学出版社图书,如有质量问题请与本社营销中心联系调换
电话:010 – 84083683

序

　　对于非物质文化遗产保护有关问题的探讨，一直为众多研究者所关注，其中有经济学研究者，有历史学研究者，有文学研究者，有管理学研究者，有体育学研究者，有建筑学研究者等等。在研究对象相对固定的前提下，不同学科的学者或从非物质文化遗产保护的视角审视自己既有研究的新方向、新方法，或从自己既有研究领域出发审视非物质文化遗产保护的新途径等，这在壮大了非物质文化遗产保护研究队伍的同时，也带来了一个问题，究竟该如何研究非物质文化遗产保护。

　　就现有的研究而言，关注非物质文化遗产保护本体研究的成果较少，关注具体非物质文化遗产项目保护的研究较多，而从事非物质文化遗产保护本体研究者多是由民俗学学者转阵而来，从事具体非物质文化遗产项目保护研究者是由一些民间艺术研究者转阵而来，更有一些从事文化管理的学者型官员投身其中，这使得非物质文化遗产保护的研究队伍不断充实，相关研究路径各有千秋，相关的研究方法形式多样，相关的研究成果也是仁智互见。但是，我们也发现关于非物质文化遗产保护的基础理论研究依旧相对匮乏，关于非物质文化遗产的内涵，关于非物质文化遗产的非物质性与物质性，关于非物质文化遗产保护对象及方式、保护力量等等，尚未有一个较为成熟的理论体系，多是各路研究者自说自话。一个独立客观的研究对象，一个科学有效的研究方法，一套完整成熟的基础理论，一支稳定的研究队伍，是一个学术研究热点必备的要素。客观而言，关于非物质文化遗产保护的研究尚未完全具备。

张兆林等青年学者对非物质文化遗产保护的关注，与其说是偶然，不如说是必然。说是偶然，因为张兆林等青年学者原来所从事的专业都与非物质文化遗产保护无关，而是五六年前自发转向而来，而后一直坚持并积极探索。说是必然，因为我单位原本就有从事非物质文化遗产研究的传统，有关研究所甚至在上个世纪九十年代就已经建立，多位教授也一直保持着浓厚的研究热情。这恐怕也是激发张兆林、齐如林、束华娜等青年学者投身于非物质文化遗产保护研究的一个重要因素。

选择非物质文化遗产保护中的社会力量作为研究对象，是需要一定勇气的。因为关于非物质文化遗产保护力量的划分尚未定论，就择其中的一个部分予以研究，并将一个尚未形成定论的部分又予以细分，这着实是个难题。张兆林等同志选择了这个难题，并勇于用自己的方法去探究，这是值得肯定的。当然，我不是说其研究成果达到了什么样的标准，其研究方法是否完全恰当，但其研究过程及在该过程中取得的一些阶段性成果是应当予以认可的。

当前，非物质文化遗产保护是多种力量参与其中，由专家学者、新闻媒体、高等教育、民间资本、行业协会等组成的社会力量只是其中的一部分。而在众多社会力量参与非物质文化遗产保护的过程中，又带来非物质文化遗产保护如何回应生产性保护、产业化、融媒时代、大数据时代等等系列问题，思考并分析上述问题，并将思考与分析的成果梳理成文，是张兆林等同志三五年来潜心研究的成果。其研究成果的价值几许尚有待学术界评论，但其对这项研究的学术热情和执著信念是我们所期许和认可的。

在与张兆林等同志交流时，其多次谈及诚心希望自己的研究成果能够起到抛砖引玉作用，也希望得到学界同仁的批评指正，并希望在与众多智者贤士的交流中不断加深对相关问题的认识，也推动他们这个课题组不断反思已有的研究方法与建构思路，从而不断调整完善今后的研究进路。这种勇于剖析自我、勇于自我反思的态度，应是其做好后续研究的良好开端。

非物质文化遗产保护不是一场文化保护运动，而是我国文化建设的一种新模式。保护只是一种方式，保护是为创造新文化奠定基础和提供资源。如何在传承非物质文化遗产的同时，将其相关资源应用到我们的艺术设计、艺术产业中，更是一个现实性的问题。研究现实问题，并在现实中研究，应是学术研究的趋势之一。期待更多能够研究现实问题的学人，期待更多能够解决现实问题的成果，期待我们的文化事业更进一步！

谨以此，是为张君序。

钱品辉

2016 年 12 月 10 日

目　录

绪论　非物质文化遗产概念及保护的意义 ………………………（1）

　　一　非物质文化遗产的概念 ………………………………（1）

　　二　非物质文化遗产保护的意义 …………………………（4）

　　附录 …………………………………………………………（8）

第一章　非物质文化遗产保护力量的功能与角色 ……………（23）

　　一　非物质文化遗产保护中的主导力量:政府 …………（23）

　　二　非物质文化遗产保护中的主脑力量:专家学者 ……（26）

　　三　非物质文化遗产保护中的主体力量:传承人 ………（28）

　　四　非物质文化遗产保护中的参与力量:其他力量 ……（30）

第二章　非物质文化遗产保护的社会力量 ……………………（33）

　　一　非物质文化遗产保护中社会力量的界定 …………（35）

　　二　非物质文化遗产保护中社会力量研究的必要性 ………（38）

　　三　非物质文化遗产保护中社会力量与政府力量的关系 ……（41）

　　附录 …………………………………………………………（58）

第三章　非物质文化遗产保护领域中的民间资本 ……………（63）

　　一　非物质文化遗产保护领域中的民间资本的若干问题 ……（65）

二 非物质文化遗产保护中的民间资本角色与作用分析 ······ (68)

三 非物质文化遗产保护领域民间资本的适度规约 ········ (70)

附录 ·· (73)

第四章 非物质文化遗产保护中的高等教育 ················· (74)

一 高等教育在非物质文化遗产保护中的角色分析 ······· (74)

二 高等教育在非物质文化遗产保护中角色实现的

途径分析 ··· (76)

三 与其他保护力量的联动 ································· (78)

附录 ·· (80)

第五章 非物质文化遗产保护中学者作用的发挥 ············· (82)

一 非物质文化遗产保护主体概说 ························ (82)

二 非物质文化遗产保护中学者的角色定位 ············· (84)

三 当前非物质文化遗产保护中学者具体作用的发挥 ····· (91)

四 科学提升从事非物质文化遗产研究的学者

影响力的思考 ·· (96)

五 对非物质文化遗产保护中学者诉求与权利的反思 ······ (103)

附录 ·· (106)

第六章 非物质文化遗产保护中的媒介传播力量 ············· (107)

一 非物质文化遗产传播的必要性 ························ (107)

二 非物质文化遗产传播形态的演变 ····················· (109)

三 前媒体时代非物质文化遗产的传播力量 ············· (112)

四 媒体时代非物质文化遗产的传播力量 ··············· (118)

附录 ·· (130)

第七章 非物质文化遗产保护领域的行业协会 ……………… （131）

一 非物质文化遗产保护领域的行业协会概念及
社会定位 …………………………………………… （132）

二 国内外关于行业协会的建设实践和理论研究 ……… （134）

三 非物质文化遗产保护领域行业协会存在的问题及
建设的方向 ………………………………………… （136）

四 非物质文化遗产保护领域的行业协会评价 ………… （142）

第八章 大数据与非物质文化遗产保护 ………………… （144）

一 大数据及相关问题 …………………………………… （144）

二 大数据对非物质文化遗产保护的影响 ……………… （146）

三 利用大数据保护非物质文化遗产的对策 …………… （148）

四 政府保护角色的调适 ………………………………… （150）

附录 …………………………………………………… （154）

第九章 非物质文化遗产保护与高校思想政治教育 ………… （156）

一 非物质文化遗产在高校思想政治教育中的功能 ……… （156）

二 高校思想政治教育对非物质文化遗产
传承保护的价值 …………………………………… （161）

三 非物质文化遗产与高校思想政治教育的融合 ………… （163）

附录 …………………………………………………… （168）

第十章 我国非物质文化遗产法律保护透视 ………………… （169）

一 非物质文化遗产法律保护国际法与国内法并行 ……… （169）

二 我国非物质文化遗产保护法律的缺陷 ……………… （174）

三 我国非物质文化遗产法律保护的完善 ……………… （177）

第十一章　融媒时代非物质文化遗产传承与发展的

　　　　　优化策略 ………………………………………（183）

　　一　前提与基础:培育非物质文化遗产在融媒时代

　　　　传播的土壤 ……………………………………（184）

　　二　原则与方向:融媒时代的非物质文化遗产

　　　　传承与发展 ……………………………………（185）

　　三　方法与路径:非物质文化遗产传承中融媒体的

　　　　优化提升 ………………………………………（191）

　　附录 ……………………………………………………（212）

第十二章　非物质文化遗产的生产性保护 …………（213）

　　一　非物质文化遗产生产性保护的适用范围 …………（215）

　　二　非物质文化遗产生产性保护的主要任务和

　　　　主要目的 ………………………………………（217）

　　三　非物质文化遗产生产性保护实践的要点 …………（219）

　　附录 ……………………………………………………（226）

第十三章　非物质文化遗产保护中的产业化实践 …………（237）

　　一　产业化是推进非物质文化遗产保护的方式之一 ………（237）

　　二　产业化不是非物质文化遗产保护方式的全部,

　　　　更不是唯一 ……………………………………（240）

　　三　产业化实践在非物质文化遗产保护中的规制 ………（241）

　　附录 ……………………………………………………（243）

第十四章　非物质文化遗产保护中的博弈现象 …………（246）

　　一　精英主导下的保护与传承主体的本色传承

　　　　之间的博弈 ……………………………………（247）

二 文化生态保护区建设与周边经济社会协调发展
之间的博弈 …………………………………………………… （248）

三 项目传承人的原味传承与追求创新之间的博弈 ……… （250）

四 保护工作的有力推进与项目自身演化之间的博弈 …… （251）

五 具体项目的经济效益与社会利益的博弈 ……………… （252）

第十五章 非物质文化遗产保护与新文化创造 ……………… （255）

一 基于民族文化演进的视角 ………………………………… （255）

二 基于农村文化的视角 ……………………………………… （260）

第十六章 我国非物质文化遗产保护理念的变迁及其面临的
现实问题 …………………………………………………… （264）

一 以人为本的保护理念 ……………………………………… （265）

二 整体性保护的理念 ………………………………………… （267）

三 生产性保护的理念 ………………………………………… （270）

四 依法保护的理念 …………………………………………… （272）

五 原真性保护的理念 ………………………………………… （274）

六 可持续性发展的保护理念 ………………………………… （277）

七 多元化保护的理念 ………………………………………… （279）

八 信息化、数字化保护的理念 ……………………………… （280）

九 传承主体相关权益保护的理念 …………………………… （282）

主要参考文献 ……………………………………………………… （284）

后记 …………………………………………………………………… （287）

非物质文化遗产概念及保护的意义

一 非物质文化遗产的概念

"非物质文化遗产"作为一个名词出现在我国的学术论文中，最早可以追溯到 1997 年詹正发发表的《非物质文化遗产的法律保护》。在该文的内容摘要部分，詹正发认为"物质文化遗产，我国国内法已有较为完善的保护体系，并先后加入了相应的国际公约，而非物质文化遗产具有更为深远的文化内涵，却一直没有得到相应的重视。无论是国内法还是国际法的保护都还是空白，以致非物质文化遗产长期被埋没或者被滥用，面临灭绝的危险。因此，对非物质文化遗产进行发掘、抢救并实施法律保护已是当务之急！"① 但是，"非物质文化遗产"在此后相当长的时期仅仅作为一个名词出现，并未引起国内学术界的关注，直到联合国教科文组织在 2000 年正式设立了《人类口头与非物质文化遗产杰作名录》项目，且我国昆曲在 2001 年的首届评议中入选，国内学界、社会团体和各级政府对非物质文化遗产的热情才真正被点燃，加上新闻媒体的推波助澜，"非物质文化遗产"遂成为国内民众普遍关注的一个重要概念。有学者认为"'非物质文化遗产最近两年在中国成了一个炙手可热的新名词。在我看来，它主要作为一个

---

① 詹正发：《非物质文化遗产的法律保护》，《武当学刊》（哲学社会科学版）1997 年第 4 期。

社会工程术语在发热……我们同时也看到，它正向学术概念发展。
2002 年 10 月在中央美术学院召开的"中国高等院校首届非物质文化
遗产教育教学研讨会"，可以看作它迈向学术概念的一个契机。"①

虽然我们的保护工作已开展十年有余，但学术界关于"非物质文
化遗产"的概念还处于造就期，迄今尚未有一个能够让学术界公认的
概念出现。联合国教科文组织在《保护非物质文化遗产保护公约》中
对"非物质文化遗产"界定为"被各群体、团体、有时为个人视为其
文化遗产的各种实践、表演、表现形式、知识和技能及其有关的工具、
实物、工艺品和文化场所"。2005 年 3 月，国务院办公厅公布的《关
于加强我国非物质文化遗产保护工作的意见》中，把非物质文化遗产
保护界定为"各族人民世代相承的、与群众生活密切相关的各种传统
文化表现形式（如民俗活动、表演艺术、传统知识和技能，以及与之
相关的器具、实物和手工制品等）和文化空间"。

我国 2011 年通过的《中华人民共和国非物质文化遗产法》中，
将非物质文化遗产界定为："各族人民世代相传并视为其文化遗产组
成部分的各种传统文化表现形式，以及与传统文化表现形式相关的实
物和场所。包括：（一）传统口头文学以及作为其载体的语言；（二）
传统美术、书法、音乐、舞蹈、戏剧、曲艺和杂技；（三）传统技艺、
医药和历法；（四）传统礼仪、节庆等民俗；（五）传统体育和游艺；
（六）其他非物质文化遗产。"

学者王文章在支持《保护非物质文化遗产公约》的基础上，从我
国保护实践出发，增加了一些具有中国特色的内容，在其主编的《非
物质文化遗产概论》（2006）中将非物质文化遗产的范围界定为：
"（1）各种口头表述，如诗歌、史诗、神话等，也包括作为载体的语
言；（2）传统表演艺术，如传统戏剧、音乐、舞蹈及宗教、民间信仰

---

① 乔晓光主编：《交流与协作　中国高等院校首届非物质文化遗产教育教学研讨会文集》，
西苑出版社 2003 年版，第 73 页。

仪式等；（3）社会风俗、礼仪、节庆等；（4）有关自然界和宇宙的知识与实践；（5）传统手工艺技能和文化创造形式；（6）与上述表现相关的文化空间。"

有学者对上述观点持有不同见解，认为非物质文化遗产是"人类在历史创造，并以活态形式原汁原味传承至今，具有各种重要价值的表演艺术类、工艺技术类与节日仪式传统文化事项"。① 有学者认为非物质文化遗产的最本质特征就是其非物质性，那些与之密切相关，并对其保护传承有特殊意义的"看得见""摸得着"的各种"工具""实物""制成品"不能纳入非物质文化遗产的范围，而且主张通过对传承时限、传承形态、传承基因、传承品质、传承范畴所进行的层层限定，将其从文化特别是传统文化中剥离出来。

对非物质文化遗产概念界定的不同，关键点在于是否将与无形的文化事项密切相关的物质文化事项纳入非物质文化遗产研究的范畴。争议的一方认为，"看不见""摸不着"的非物质的东西，需要借助"看得见""摸得着"的物质的东西，才能为世人所知晓，不然那些非物质的东西很可能要陷入无根基的空中楼阁式的半空文化。争议的另一方坚持认为，虽然那些与之相关的物质的东西非常重要，但是非物质文化遗产保护的逻辑起点是非物质的，这一点是不应该含糊的，不然保护工作就有可能要一错到底。非物质文化遗产的根本性质在其非物质性，这是维系其存在的基点，也是区别于其他文化遗产的关键。为了避免非物质文化遗产（保护）学基础理论的含混和可能造成今后保护工作的混乱，有必要从基本概念上加以探索与厘定。

对学术问题的探讨及其由探讨得来的不同结果所带来的学术争论，是该学术问题具有旺盛生命力和学术基础的表现，也是围绕该学术问题开展的学术研究之树常青的根本。关于非物质文化遗产概念的学术探讨，能够更好地帮助研究者深化学术研究，利于相应学科建设与发

---

① 苑利、顾军：《非物质文化遗产保护干部必读》，社会科学文献出版社 2013 年版，第 3 页。

展，利于科学规划和实施相关的保护政策，能够促进非物质文化遗产保护实践。与此同时，我们持续开展并积极推进的非物质文化遗产保护实践，也能够给已经开展的相关学术研究带来更多更有价值的现实性研究课题。

近年来，我国非物质文化遗产保护工作已经取得了相当大的成绩，也成为盘点民族文化精粹、检阅民族文化素质、提升民族文化品质的一项重要文化活动，但是相对于日本、韩国、法国、意大利等国家仍处于起步阶段。正是因为我们正处于这种新的文化活动的起步阶段，许多问题都需要给予特别的关注，这其中既有基础的理论研究问题，也有现实的保护对策问题。在起步阶段解决了相关问题，也就为以后的研究和保护工作解决了很多可能的干扰，避免了走很多弯路。在保护非物质文化遗产已经成为我国政府所领导并且迅速地化为民众实际行动的时候，各级政府在非物质文化遗产传承保护中起到主导作用，在政策法规、投入资金、组织工作等方面发挥了不可替代的重要作用。为了更好地厘清政府主导保护下的非物质文化遗产保护力量的不同组成部分，探究不同保护力量之间的关联，寻找新时代背景下造就非物质文化遗产保护合力的有效途径，本研究将采用《中华人民共和国非物质文化遗产法》中关于非物质文化遗产的有关界定，即"各族人民世代相传并视为其文化遗产组成部分的各种传统文化表现形式，以及与传统文化表现形式相关的实物和场所。"之所以选择其为基础开展研究工作，原因在于：第一，可以更好地结合政府参与非物质文化遗产保护工作的实际，避免理论研究和保护实践的"两张皮"现象；第二，可以更好地研究社会保护力量与政府保护力量之间的互动关系。

二　非物质文化遗产保护的意义

非物质文化遗产是人类历史发展的文化见证，是一个民族的文化精华和底色，是具有重要价值的文化资源。保护非物质文化遗产不仅是某一个国家和民族发展的需要，更是人类社会可持续发展的必然要求，是人类逐渐进入文化自觉时代的表现。《保护非物质文化遗产公约》认为，非物质文化遗产是世界文化多样性的生动体现；非物质文化遗产是人类创造力的表征，对非物质文化遗产的保护，体现了对人类创造力的尊重；非物质文化遗产是人类社会可持续发展的重要保证；非物质文化遗产是密切人与人之间的关系以及他们之间进行交流和相互了解的重要渠道。

随着科学技术的高速发展，全球一体化的趋势不断加强，不同文化间的交流与冲突越来越频繁，强势文化带来的文化标准化，也加速了不同种族文化的地方性和多样性的消亡，地球逐渐成为一个村落群，各村落之间差异性急剧缩小。在我国辽阔国土的某些地域，还存在一些网络传媒技术尚未普及的技术盲区，并且由于交通的不便利，而导致这些区域处于一个相对隔离的文化空间。这些相对落后的区域保留了相当数量的富于地域色彩的语言和娱乐方式，身处其文化背景中的原居民也从稳定的文化环境中享得一定的安逸与快乐。但是随着经济和科技的发展以及城镇化进程的加快，尤其是先进传媒技术的不断涌现，更是加速将外来文化渗透到人们的日常生活中，使原有地域文化受到致命的冲击。不同的文化和娱乐方式带给原居民全新的视觉感受和巨大的思想冲击，原居民在享受外来文化的同时，也使得具有地方特色的文化逐渐消亡或趋于消亡。在现代人的生活中，电视和网络几乎成为全球共同的文化娱乐方式，公共文化统一性、娱乐一致性，甚至文化消费、文化偶像也相对一致，从而导致世界范围内文化的多样性和地方性逐步消失。一旦不同民族的文化多样性消失了，就无法恢复和再生了。目前，我们的非物质文化遗产保护工作节奏落后于各种文化遗产的消亡速度，以致我国丰富的非物质文化遗产资源整体上呈现出岌岌可危的状况，这在经济高速发展和社会转型期表现得尤为明显。

随着生活环境和自然环境的改变，许多传统文化物象正在我们的生活中呈现趋于消亡的态势。在这样的特殊时代背景下，对即将消亡的文化形式和文化精神予以保护，为后人留下一份社会生活变迁的清晰痕迹，是我们进行非物质文化遗产保护的又一个动机。

我们保护即将消亡的文化遗产，就是要为受到经济和科技等多种因素发展冲击的文化形式开辟一块传承发展的空间。在这个空间里，我们更加尊重它们固有的文化发展规律，使它们所含有的文化基因还能为当代或更遥远的后代人所认识，更好地丰富我们民族日常的生活。我们目前保护的非物质文化遗产有一批已经不适合当前社会生活的节奏，已经跟不上时代发展的节拍，需要人为地干涉、保护。尤其是诸多非物质文化遗产资源中那些惊为天人的艺术创造，无与伦比的艺术技巧，举世无双的艺术形式，内涵深邃的行业信仰等。如果我们现在不采取保护措施，这些文化很可能就要成为只存在于民族记忆中的文化碎片。这种民族记忆是短暂的，是不可考的，因为很多类似的文化并不为典籍所记载，不为文字所表述，而是在艺人的手指间传承，在艺人的日常生活中铸就，是一种活态并不断丰富的文化形态。我们所保护的不仅仅是一种看似简单的文化形态，而是蕴含着我们对祖辈生活的记忆，对特定历史时刻、历史人物、历史事件的某种讯息写照，是我们民族底层文化艺术之根，是一种具有纽带意义且能维系中华民族精神长久延续的文化艺术形式。

新时期，我国开展非物质文化遗产保护工作能够更好地传承传统文化，使中华民族的文明之河川流不息。非物质文化遗产在华夏民族诞生伊始就已经相伴而生，与民众的生活密切相关，并在华夏文明的不同发展阶段表现为不同的具体形式。如钻木取火，让我们的先人告别了吃生肉、喝生水的历史，进入了自我制作熟食的时代；如筑巢术，让我们的先人有了防御猛兽的一个居所，逐渐搬出了山洞、地穴等天然居所；如印刷术，让我们的文明告别了岩画、结绳记事、刻甲、竹简、绢帛的传播与延续方式，进入了一个可查可追溯的历史新阶段；如指南针，让华夏子民在苍茫宇宙上进一步明确了方向，让距离和方位有了可衡定标尺。我们的祖先创造了许多非物质文化遗产事项，并且已经融入到我们的民族文化之中，成为华夏文明的重要组成部分。当然，随着时代的变迁，一些非物质文化遗产事项在不同的历史时期可能呈现不同的形态，甚至也有消亡的现象。但是，我们也看到一些新的非物质文化遗产事项顺应时代发展需要应运而生，如始于唐、兴于宋、繁荣于明清的木版年画。当今社会新技术的广泛运用，也在铸就着新的非物质文化遗产形式，只是还没有以一个成熟的学术名称或文化形式出现在大众视野而已。始终处于动态发展中的非物质文化遗产同其他文化样式一样，不断为中华民族文明之河注入活力，使得中华文化能够一直流传至今，使得中华民族能够在世界民族之林中占有一席之地。

新时期，我们开展非物质文化遗产保护能够发掘更多的文化资源，促进节约型、环保型的社会建设。在我国数量众多的非物质文化遗产中，有许多具有经济开发价值的项目，完全可以以其为蓝本进行文化产业的开发。如近年来逐步受到重视的少数民族医药的开发与推广，具有地域特色的地方文化旅游和乡村特色旅游，具有民族特色的文化产品等。而且这种具有典型民族特点的文化资源，完全可以塑造较大经济价值的品牌，如以驴皮制胶为基础塑造的"东阿阿胶"品牌市值就高达 78 亿元①。同时，我们也看到西方国家不断从我们的非物质文化遗产中攫取文化资源，进行产业开发，获得了巨大的经济收益。如1998 年美国迪斯尼基于我国花木兰从军的民间故事而创作的动画电影《花木兰》，票房高达 3 亿美元，其系列动画片在全世界更是赚取了超过 20 亿美元的票房收入。马克奥斯导演的动画电影《功夫熊猫》在全球上映，票房收入超过 6 亿美元。

新时期，我们开展非物质文化遗产保护是保持民族特色、凝练民族精神、传承民族文化、维系民族创造力、建设复兴大国的需要。对于我国这样一个快速发展的发展中国家来说，历史文化的介入及价值

---

① 数据来源于 http://www.dongeejiao.com。

的呈现对现代社会的发展无疑能够发挥重要推动作用。物质生产的巨大供给和多样化，也导致人们对物质生活的要求越来越高，如果没有文化生活和文化给养的调整，竞争与物欲将会吞噬人们的精神生活。精神生活的贫乏将会折损物质生活的丰富，最终将导致当今社会的不和谐。审美成为解决精神贫乏的一剂良药，能够带来大量审美事象的非物质文化遗产保护必然唤醒人们的文化意识，提高人们对文化事象质量的认识。我国的多数非物质文化遗产项目的本真状态大部分存在于广大农村和牧区，文化资源的保护与文化建设的平等必然促进不同地域民众心理的平衡，这是在深层次上消灭城乡差别、实现国家经济可持续发展的重要因素。

我国诸多非物质文化遗产保留了丰富的民族文化基因，这些民族文化基因正是中华民族文化特色的根基所在，是华夏文明有别与其他文明的亮点所在。海量的非物质文化遗产资源中的饮食类项目透露了"南甜北咸，东酸西辣"的饮食习惯，标注了华夏的味觉图谱；建筑类项目显现了"择水居，面南宅"的居住习惯，标注了华夏的乐居习俗；服装类项目体现了"求舒适，巧装扮"的服饰习惯，标注了华夏的棉麻丝皮的衣着文化；节日仪式类项目突显了"恬天悦地，敬神尊老"的礼俗传承，镌刻民族的人神共处乐图；游艺类项目体现了"争为乐，乐求和"的竞技习惯，标注了华夏文明的"和为贵"的人际状态。所有这些构造了华夏文明的独特景观，使文明古国的文化魅力光彩异常。国家复兴的核心在于文化的复兴，在于文化的有序传承，若抛开文化谈复兴，则复兴的根基不稳、时效不长、效果不佳。

附　录

一　相关文献

[1] 杨怡：《非物质文化遗产概念的缘起、现状及相关问题》，《文物世界》2003 年第 2 期。

［2］孙家正：《提高民族文化自觉，做好我国非物质文化遗产保护工作》，《文艺研究》2005 年第 10 期。

［3］吕建昌、廖菲：《非物质文化遗产概念的国际认同——兼谈口头和非物质遗产的法律地位》，《中国博物馆》2006 年第 1 期。

［4］田青：《鲁迅错了吗？——兼谈"非物质文化遗产"概念的内容》，《音乐研究》2006 年第 1 期。

［5］李世涛：《关于"非物质文化遗产"概念的理解与规范题》，《学习与实践》2006 年第 9 期。

［6］宋俊华：《非物质文化遗产概念的诠释与重构》，《学术研究》2006 年第 9 期。

［7］吕建昌、廖菲：《非物质文化遗产概念的国际认同》，《上海大学学报》（社会科学版）2007 年第 2 期。

［8］张春丽、李星明：《非物质文化遗产概念研究述论》，《中华文化论坛》2007 年第 2 期。

［9］陈莉：《非物质文化遗产的保护与开发利用》，《贵州民族研究》2007 年第 2 期。

［10］苑利：《进一步深化对于非物质文化遗产概念的认识》，《河南社会科学》2008 年第 1 期。

［11］巴莫曲布嫫：《非物质文化遗产：从概念到实践》，《民族艺术》2008 年第 1 期。

［12］王文章、陈飞龙：《非物质文化遗产保护与国家文化发展战略》，《华中师范大学学报》（人文社会科学版）2008 年第 2 期。

［13］高小康：《非物质文化遗产：保护与利用的再思考》，《探索与争鸣》2008 年第 4 期。

［14］刘壮、牟延林：《非物质文化遗产概念的比较与解读》，《西南大学学报》（社会科学版）2008 年第 5 期。

［15］廖明君、萧放：《传统节日与非物质文化遗产保护》，《民族艺术》2009 年第 2 期。

[16] 刘魁立：《非物质文化遗产的共享性本真性与人类文化多样性发展》，《山东社会科学》2010 年第 3 期。

[17] 侯洪澜、齐明：《"非物质文化遗产"概念内涵的复杂性》，《社科纵横》2012 年第 8 期。

[18] 李心峰：《中国非物质文化遗产保护的创造性实践》，《艺术评论》2012 年第 10 期。

[19] 孙克勤：《中国的非物质文化遗产保护与可持续发展》，《徐州工程学院学报》（社会科学版）2013 年第 1 期。

[20] 佟玉权：《社会和谐的"黏合剂"——论非物质文化遗产的一种当代价值》，《学术论坛》2013 年第 8 期。

[21] 简万宁：《非物质文化遗产概念中"非物质形态"的讨论》，《东南文化》2014 年第 1 期。

[22] 潘鲁生：《非物质文化遗产资源转化的亚洲经验与范式建构》，《民俗研究》2014 年第 2 期。

[23] 联合国教科文组织：《保护非物质文化遗产伦理原则》，巴莫曲布嫫、张玲译，《民族文学研究》2016 年第 3 期。

[24] 毛巧晖：《非物质文化遗产：文化记忆的展示、保护与实践》，《西北民族大学学报》（哲学社会科学版）2016 年第 4 期。

二　相关文件

《国务院关于加强文化遗产保护的通知》

国发〔2005〕42 号

各省、自治区、直辖市人民政府，国务院各部委、各直属机构：

我国是历史悠久的文明古国。在漫长的岁月中，中华民族创造了丰富多彩、弥足珍贵的文化遗产。党中央、国务院历来高度重视文化遗产保护工作，在全社会的共同努力下，我国文化遗产保护取得了明显成效。与此同时，也应清醒地看到，当前我国文化遗产保护面临着许多问题，形势严峻，不容乐观。为了进一步加强我国文化遗产保护，继承和弘扬中华民族优秀传统文化，推动社会主义先进文化建设，国务院决定从 2006 年起，每年六月的第二个星期六为我国的"文化遗产日"。现就加强文化遗产保护有关问题通知如下：

一　充分认识保护文化遗产的重要性和紧迫性

文化遗产包括物质文化遗产和非物质文化遗产。物质文化遗产是具有历史、艺术和科学价值的文物，包括古遗址、古墓葬、古建筑、石窟寺、石刻、壁画、近代现代重要史迹及代表性建筑等不可移动文物，历史上各时代的重要实物、艺术品、文献、手稿、图书资料等可移动文物；以及在建筑式样、分布均匀或与环境景色结合方面具有突出普遍价值的历史文化名城（街区、村镇）。非物质文化遗产是指各种以非物质形态存在的与群众生活密切相关、世代相承的传统文化表现形式，包括口头传统、传统表演艺术、民俗活动和礼仪与节庆、有关自然界和宇宙的民间传统知识和实践、传统手工艺技能等以及与上述传统文化表现形式相关的文化空间。

我国文化遗产蕴含着中华民族特有的精神价值、思维方式、想象力，体现着中华民族的生命力和创造力，是各民族智慧的结晶，也是全人类文明的瑰宝。保护文化遗产，保持民族文化的传承，是连结民族情感纽带、增进民族团结和维护国家统一及社会稳定的重要文化基础，也是维护世界文化多样性和创造性，促进人类共同发展的前提。加强文化遗产保护，是建设社会主义先进文化，贯彻落实科学发展观和构建社会主义和谐社会的必然要求。

文化遗产是不可再生的珍贵资源。随着经济全球化趋势和现代化进程的加快，我国的文化生态正在发生巨大变化，文化遗产及其生存环境受到严重威胁。不少历史文化名城（街区、村镇）、古建筑、古遗址及风景名胜区整体风貌遭到破坏。文物非法交易、盗窃和盗掘古遗址古墓葬以及走私文物的违法犯罪活动在一些地区还没有得到有效遏制，大量珍贵文物流失境外。由于过度开发和不合理利用，许多重要文化遗产消亡或失传。在文化遗存相对丰富的少数民族聚居地区，由于人们生活环境和条件的变迁，民族或区域文化特色消失加快。因此，加强文化遗产保护刻不容缓。地方各级人民政府和有关部门要从对国家和历史负责的高度，从维护国家文化安全的高度，充分认识保护文化遗产的重要性，进一步增强责任感和紧迫感，切实做好文化遗产保护工作。

二　加强文化遗产保护的指导思想、基本方针和总体目标

（一）指导思想：坚持以邓小平理论和"三个代表"重要思想为指导，全面贯彻和落实科学发展观，加大文化遗产保护力度，构建科学有效的文化遗产保护体系，提高全社会文化遗产保护意识，充分发挥文化遗产在传承中华文化，提高人民群众思想道德素质和科学文化素质，增强民族凝聚力，促进社会主义先进文化建设和构建社会主义和谐社会中的重要作用。

（二）基本方针：物质文化遗产保护要贯彻"保护为主、抢救第一、合理利用、加强管理"的方针。非物质文化遗产保护要贯彻"保护为主、抢救第一、合理利用、传承发展"的方针。坚持保护文化遗产的真实性和完整性，坚持依法和科学保护，正确处理经济社会发展与文化遗产保护的关系，统筹规划、分类指导、突出重点、分步实施。

（三）总体目标：通过采取有效措施，文化遗产保护得到全面加强。到 2010 年，初步建立比较完备的文化遗产保护制度，文化遗产保护状况得到明显改善。到 2015 年，基本形成较为完善的文化遗产保护体系，具有历史、文化和科学价值的文化遗产得到全面有效保护；保护文化遗产深入人心，成为全社会的自觉行动。

三　着力解决物质文化遗产保护面临的突出问题

（一）切实做好文物调查研究和不可移动文物保护规划的制定实施工作。加强文物资源调查研究，并依法登记、建档。在认真摸清底数的基础上，分类制定文物保护规划，认真组织实施。国务院文物行政部门要统筹安排世界文化遗产、全国重点文物保护单位保护规划的

编制工作，省级人民政府具体组织编制，报国务院文物行政部门审查批准后公布实施。国务院文物行政部门要对规划实施情况进行跟踪监测，检查落实。要及时依法划定文物保护单位的保护范围和建设控制地带，设立必要的保护管理机构，明确保护责任主体，建立健全保护管理制度。其他不可移动文物也要依据文物保护法的规定制定保护规划，落实保护措施。坚决避免和纠正过度开发利用文化遗产，特别是将文物作为或变相作为企业资产经营的违法行为。

（二）改进和完善重大建设工程中的文物保护工作。严格执行重大建设工程项目审批、核准和备案制度。凡涉及文物保护事项的基本建设项目，必须依法在项目批准前征求文物行政部门的意见，在进行必要的考古勘探、发掘并落实文物保护措施以后方可实施。基本建设项目中的考古发掘要充分考虑文物保护工作的实际需要，加强统一管理，落实审批和监督责任。

（三）切实抓好重点文物维修工程。统筹规划、集中资金，实施一批文物保护重点工程，排除重大文物险情，加强对重要濒危文物的保护。实施保护工程必须确保文物的真实性，坚决禁止借保护文物之名行造假古董之实。要对文物"复建"进行严格限制，把有限的人力、物力切实用到对重要文物、特别是重大濒危文物的保护项目上。严格工程管理，落实文物保护工程队伍资质制度，完善从业人员管理制度，建立健全各类文物保护技术规范，确保工程质量。

（四）加强历史文化名城（街区、村镇）保护。进一步完善历史文化名城（街区、村镇）的申报、评审工作。已确定为历史文化名城（街区、村镇）的，地方人民政府要认真制定保护规划，并严格执行。在城镇化过程中，要切实保护好历史文化环境，把保护优秀的乡土建筑等文化遗产作为城镇化发展战略的重要内容，把历史名城（街区、村镇）保护规划纳入城乡规划。相关重大建设项目，必须建立公示制度，广泛征求社会各界意见。国务院有关部门要对历史文化名城（街区、村镇）的保护状况和规划实施情况进行跟踪监测，及时解决有关问题；历史文化名城（街区、村镇）的布局、环境、历史风貌等遭到严重破坏的，应当依法取消其称号，并追究有关人员的责任。

（五）提高馆藏文物保护和展示水平。高度重视博物馆建设，加强对藏品的登记、建档和安全管理，落实藏品丢失、损毁追究责任制。实施馆藏文物信息化和保存环境达标建设，加大馆藏文物科技保护力度。提高陈列展览质量和水平，充分发挥馆藏文物的教育作用。加强博物馆专业人员培养，提高博物馆队伍素质。坚持向未成年人等特殊社会群体减、免费开放，不断提高服务质量和水平。

（六）清理整顿文物流通市场。加强对文物市场的调控和监督管理，依法严格把握文物流通市场准入条件，规范文物经营和民间文物收藏行为，确保文物市场健康发展。依法加强文物商店销售文物、文物拍卖企业拍卖文物的审核备案工作。坚决取缔非法文物市场，严厉打击盗窃、盗掘、走私、倒卖文物等违法犯罪活动。严格执行文物出入境审核、监管制度，加强鉴定机构队伍建设，严防珍贵文物流失。加强国际合作，对非法流失境外的文物要坚决依法追索。

四　积极推进非物质文化遗产保护

（一）开展非物质文化遗产普查工作。各地区要进一步做好非物质文化遗产的普查、认定和登记工作，全面了解和掌握非物质文化遗产资源的种类、数量、分布状况、生存环境、保护现状及存在的问题，及时向社会公布普查结果。3年内全国基本完成普查工作。

（二）制定非物质文化遗产保护规划。在科学论证的基础上，抓紧制定国家和地区非物质文化遗产保护规划，明确保护范围，提出长远目标和近期工作任务。

（三）抢救珍贵非物质文化遗产。采取有效措施，抓紧征集具有历史、文化和科学价值的非物质文化遗产实物和资料，完善征集和保管制度。有条件的地方可以建立非物质文化遗产资料库、博物馆或展示中心。

（四）建立非物质文化遗产名录体系。进一步完善评审标准，严格评审工作，逐步建立国家和省、市、县非物质文化遗产名录体系。对列入非物质文化遗产名录的项目，要制定科学的保护计划，明确有关保护的责任主体，进行有效保护。对列入非物质文化遗产名录的代表性传人，要有计划地提供资助，鼓励和支持其开展传习活动，确保优秀非物质文化遗产的传承。

（五）加强少数民族文化遗产和文化生态区的保护。重点扶持少数民族地区的非物质文化遗产保护工作。对文化遗产丰富且传统文化生态保持较完整的区域，要有计划地进行动态的整体性保护。对确属濒危的少数民族文化遗产和文化生态区，要尽快列入保护名录，落实保护措施，抓紧进行抢救和保护。

五　明确责任，切实加强对文化遗产保护工作的领导

（一）加强领导，落实责任。地方各级人民政府和有关部门要将文化遗产保护列入重要议事日程，并纳入经济和社会发展计划以及城乡规划。要建立健全文化遗产保护责任制度和责任追究制度。成立国家文化遗产保护领导小组，定期研究文化遗产保护工作的重大问题，统一协调文化遗产保护工作。地方各级人民政府也要建立相应的文化遗产保护协调机构。要建立文化遗产保护定期通报制度、专家咨询制度以及公众和舆论监督机制，推进文化遗产保护工作的科学化、民主化。要充分发挥有关学术机构、大专院校、企事业单位、社会团体等各方面的作用，共同开展文化遗产保护工作。

（二）加快文化遗产保护法制建设，加大执法力度。加强文化遗产保护法律法规建设，推进文化遗产保护的法制化、制度化和规范化。积极推动《非物质文化遗产保护法》、《历史文化名城和历史文化街区、村镇保护条例》等法律、行政法规的立法进程，争取早日出台。抓紧制定和起草与文物保护法相配套的部门规章和地方性法规。抓紧研究制定保护文化遗产知识产权的有关规定。要严格依照保护文化遗产的法律、行政法规办事，任何单位或者个人都不得作出与法律、行政法规相抵触的决定；各级文物行政部门等行政执法机关有权依法抵

制和制止违反有关法律、行政法规的决定和行为。严厉打击破坏文化遗产的各类违法犯罪行为，重点追究因决策失误、玩忽职守，造成文化遗产破坏、被盗或流失的责任人的法律责任。充实文化遗产保护执法力量，加大执法力度，做到执法必严，违法必究。因执法不力造成文化遗产受到破坏的，要追究有关执法机关和有关责任人的责任。

（三）安排专项资金，加强专业人才队伍建设。各级人民政府要将文化遗产保护经费纳入本级财政预算，保障重点文化遗产经费投入。抓紧制定和完善有关社会捐赠和赞助的政策措施，调动社会团体、企业和个人参与文化遗产保护的积极性。加强文化遗产保护管理机构和专业队伍建设，大力培养文化遗产保护和管理所需的各类专门人才。加强文化遗产保护科技的研究、运用和推广工作，努力提高文化遗产保护工作水平。

（四）加大宣传力度，营造保护文化遗产的良好氛围。认真举办"文化遗产日"系列活动，提高人民群众对文化遗产保护重要性的认识，增强全社会的文化遗产保护意识。各级各类文化遗产保护机构要经常举办展示、论坛、讲座等活动，使公众更多地了解文化遗产的丰富内涵。教育部门要将优秀文化遗产内容和文化遗产保护知识纳入教学计划，编入教材，组织参观学习活动，激发青少年热爱祖国优秀传统文化的热情。各类新闻媒体要通过开设专题、专栏等方式，介绍文化遗产和保护知识，大力宣传保护文化遗产的先进典型，及时曝光破坏文化遗产的违法行为及事件，发挥舆论监督作用，在全社会形成保护文化遗产的良好氛围。

与此同时，国务院有关部门也要切实研究解决自然遗产保护中存在的问题，加强自然遗产保护工作。

国务院

二〇〇五年十二月二十二日

《关于加强老字号非物质文化遗产保护工作的通知》

商改发〔2007〕45 号

各省、自治区、直辖市、计划单列市及新疆生产建设兵团商务主管部门、文化厅（局）：

中华文明世代相传，绵延不断，创造了丰富的商业文化。老字号作为我国传统商业文化遗产的重要载体，广泛分布在餐饮、零售、食品、医药、居民服务等众多行业，其拥有的专有品牌、传统技艺、经营理念和文化内涵，不仅是我国优秀商业文化的集中体现，也是非物质文化遗产的组成部分。为贯彻落实《国务院关于加强文化遗产保护的通知》（国发〔2005〕42 号）精神，进一步加强老字号非物质文化遗产保护工作，现通知如下：

一　进一步提高对保护老字号非物质文化遗产重要性的认识

在长期的历史发展过程中，老字号为丰富人民群众生活、促进经济社会发展发挥了重要作用。加强对老字号的传承和保护，对促进商业文明建设、保护非物质文化遗产、弘扬民族优秀文化、构建社会主义和谐社会具有重要的现实意义。当前，在经济全球化趋势不断增强、市场经济快速发展的环境下，老字号的生存和发展面临着巨大的挑战，一些老字号企业的知识产权保护意识比较淡薄，对保护传承人和传统技艺重视不够，珍贵的传统技艺和经营理念得不到有效传承。加强老字号非物质文化遗产的保护工作已刻不容缓。

各地商务、文化主管部门必须从保护中华民族优秀传统文化、传承中华文明、建设和谐社会的高度出发，从发展民族商业、弘扬民族品牌、振兴民族经济、增强国家核心竞争力和"软实力"的战略着眼，提高对老字号保护、传承和发展重要性和必要性的认识，按照"保护为主、抢救第一、合理利用、传承发展"的方针，进一步加强我国老字号的非物质文化遗产保护工作。

二　认真做好普查工作

保护老字号，首先要做好对老字号非物质文化遗产的普查。各地在开展老字号普查的过程中，要特别注意对老字号的传统手工技艺、资料和实物的收集与整理工作。采取录音、录像、文字、绘图等手段，对各地老字号现存的资源状况进行详细的调查和记录，收集珍贵的历史资料和实物。对属于文物的老字号实物，应按文物保护法规的要求，妥善进行保管。对重要的老字号场所，要划定一定的保护范围，对有关建筑和器具进行整体保护。要建立老字号的相关档案或数据库，有条件的老字号还可以建立展示中心或博物馆，专门保存和展示老字号的实物资料和重要文献。

三 鼓励老字号的传承

各地在老字号的保护工作中，要将老字号的代表性传承人作为保护和扶持的重要对象。开展对掌握主要传统手工技艺的老字号代表性传承人的认定，资助代表性传承人授徒传艺，并为其提供必要的传习活动场所，以及开展展示、研讨和宣传活动的条件。

四 将老字号纳入非物质文化遗产名录加以保护

在国务院公布的第一批国家级非物质文化遗产名录中，涵盖了一些老字号或与老字号相关的项目，各省、自治区、直辖市建立的名录也涉及不少老字号项目。地方各级文化主管部门要协同商务主管部门，对于老字号所蕴含的传统技艺和经营理念，根据其历史、文化和科学价值，分别纳入省、市、县级的非物质文化遗产名录，切实加以保护。

在即将开始的第二批国家级非物质文化遗产名录申报工作中，各地要结合老字号的保护工作，对商务部认定的"中华老字号"，符合条件的要优先列入省级名录并申报第二批国家级非物质文化遗产名录。

在老字号非物质文化遗产保护工作中，各地商务、文化主管部门要联合有关部门，争取纳入当地经济和社会发展计划以及城乡规划，通过有计划的教育培训，提高老字号现有人员的工作能力和业务水平，并积极开展对老字号非物质文化遗产的传播、展示和宣传，提高全社会的保护意识。

特此通知。

商务部（章）　文化部（章）

二〇〇七年二月十二日

《国务院办公厅关于加强我国非物质文化遗产保护工作的意见》

国办发〔2005〕18号

各省、自治区、直辖市人民政府，国务院各部委、各直属机构：

我国是一个历史悠久的文明古国，不仅有大量的物质文化遗产，而且有丰富的非物质文化遗产。党和国家历来重视文化遗产保护，弘扬优秀传统文化，为此做了大量工作并取得了显著成绩。但是，随着全球化趋势的增强，经济和社会的急剧变迁，我国非物质文化遗产的生存、保护和发展遇到很多新的情况和问题，面临着严峻形势。为贯彻落实党的十六大有关扶持对重要文化遗产和优秀民间艺术的保护工作的精神，履行我国加入联合国教科文组织《保护非物质文化遗产公约》的义务，经国务院同意，现就进一步加强我国非物质文化遗产保护工作，提出以下意见：

一　充分认识我国非物质文化遗产保护工作的重要性和紧迫性

非物质文化遗产是各族人民世代相承、与群众生活密切相关的各种传统文化表现形式和文化空间。非物质文化遗产既是历史发展的见证，又是珍贵的、具有重要价值的文化资源。我国各族人民在长期生产生活实践中创造的丰富多彩的非物质文化遗产，是中华民族智慧与文明的结晶，是连结民族情感的纽带和维系国家统一的基础。保护和利用好我国非物质文化遗产，对落实科学发展观，实现经济社会的全面、协调、可持续发展具有重要意义。

非物质文化遗产与物质文化遗产共同承载着人类社会的文明，是世界文化多样性的体现。我国非物质文化遗产所蕴含的中华民族特有的精神价值、思维方式、想象力和文化意识，是维护我国文化身份和文化主权的基本依据。加强非物质文化遗产保护，不仅是国家和民族发展的需要，也是国际社会文明对话和人类社会可持续发展的必然要求。

随着全球化趋势的加强和现代化进程的加快，我国的文化生态发生了巨大变化，非物质文化遗产受到越来越大的冲击。一些依靠口授和行为传承的文化遗产正在不断消失，许多传统技艺濒临消亡，大量有历史、文化价值的珍贵实物与资料遭到毁弃或流失境外，随意滥用、过度开发非物质文化遗产的现象时有发生。加强我国非物质文化遗产的保护已经刻不容缓。

二　非物质文化遗产保护工作的目标和方针

工作目标：通过全社会的努力，逐步建立起比较完备的、有中国特色的非物质文化遗产保护制度，使我国珍贵、濒危并具有历史、文化和科学价值的非物质文化遗产得到有效保护，并得以传承和发扬。

工作指导方针：保护为主、抢救第一、合理利用、传承发展。正确处理保护和利用的关系，坚持非物质文化遗产保护的真实性和整体性，在有效保护的前提下合理利用，防止对非物质文化遗产的误解、歪曲或滥用。在科学认定的基础上，采取有力措施，使非物质文化遗产在全社会得到确认、尊重和弘扬。

工作原则：政府主导、社会参与，明确职责、形成合力；长远规划、分步实施，点面结合、讲求实效。

三　建立名录体系，逐步形成有中国特色的非物质文化遗产保护制度

认真开展非物质文化遗产普查工作。要将普查摸底作为非物质文化遗产保护的基础性工作来抓，统一部署、有序进行。要在充分利用已有工作成果和研究成果的基础上，分地区、分类别制订普查工作方案，组织开展对非物质文化遗产的现状调查，全面了解和掌握各地各民族非物质文化遗产资源的种类、数量、分布状况、生存环境、保护现状及存在问题。要运用文字、录音、录像、数字化多媒体等各种方

式，对非物质文化遗产进行真实、系统和全面的记录，建立档案和数据库。

建立非物质文化遗产代表作名录体系。要通过制定评审标准并经过科学认定，建立国家级和省、市、县级非物质文化遗产代表作名录体系。国家级非物质文化遗产代表作名录由国务院批准公布。省、市、县级非物质文化遗产代表作名录由同级政府批准公布，并报上一级政府备案。

加强非物质文化遗产的研究、认定、保存和传播。要组织各类文化单位、科研机构、大专院校及专家学者对非物质文化遗产的重大理论和实践问题进行研究，注重科研成果和现代技术的应用。组织力量对非物质文化遗产进行科学认定，鉴别真伪。经各级政府授权的有关单位可以征集非物质文化遗产实物、资料，并予以妥善保管。采取有效措施，防止珍贵的非物质文化遗产实物和资料流出境外。对非物质文化遗产的物质载体也要予以保护，对已被确定为文物的，要按照《中华人民共和国文物保护法》的相关规定执行。充分发挥各级图书馆、文化馆、博物馆、科技馆等公共文化机构的作用，有条件的地方可设立专题博物馆或展示中心。

建立科学有效的非物质文化遗产传承机制。对列入各级名录的非物质文化遗产代表作，可采取命名、授予称号、表彰奖励、资助扶持等方式，鼓励代表作传承人（团体）进行传习活动。通过社会教育和学校教育，使非物质文化遗产代表作的传承后继有人。要加强非物质文化遗产知识产权的保护。研究探索对传统文化生态保持较完整并具有特殊价值的村落或特定区域，进行动态整体性保护的方式。在传统文化特色鲜明、具有广泛群众基础的社区、乡村，开展创建民间传统文化之乡的活动。

四 加强领导，落实责任，建立协调有效的工作机制

要发挥政府的主导作用，建立协调有效的保护工作领导机制。由文化部牵头，建立中国非物质文化遗产保护工作部际联席会议制度，

统一协调非物质文化遗产保护工作。文化行政部门与各相关部门要积极配合，形成合力。同时，广泛吸纳有关学术研究机构、大专院校、企事业单位、社会团体等各方面力量共同开展非物质文化遗产保护工作。充分发挥专家的作用，建立非物质文化遗产保护的专家咨询机制和检查监督制度。

地方各级政府要加强领导，将保护工作列入重要工作议程，纳入国民经济和社会发展整体规划，纳入文化发展纲要。加强非物质文化遗产保护的法律法规建设，及时研究制定有关政策措施。要制定非物质文化遗产保护规划，明确保护范围、保护措施和目标。中国民族民间文化保护工程是非物质文化遗产保护工作的重要组成部分，要根据其总体规划，有步骤、有重点地循序渐进，逐步实施，为创建中国特色的非物质文化遗产保护制度积累经验。

各级政府要不断加大非物质文化遗产保护工作的经费投入。通过政策引导等措施，鼓励个人、企业和社会团体对非物质文化遗产保护工作进行资助。要加强非物质文化遗产保护工作队伍建设。通过有计划的教育培训，提高现有人员的工作能力和业务水平；充分利用科研院所、高等院校的人才优势和科研优势，大力培养专门人才。

要充分发挥非物质文化遗产对广大未成年人进行传统文化教育和爱国主义教育的重要作用。各级图书馆、文化馆、博物馆、科技馆等公共文化机构要积极开展对非物质文化遗产的传播和展示。教育部门和各级各类学校要逐步将优秀的、体现民族精神与民间特色的非物质文化遗产内容编入有关教材，开展教学活动。鼓励和支持新闻出版、广播电视、互联网等媒体对非物质文化遗产及其保护工作进行宣传展示，普及保护知识，培养保护意识，努力在全社会形成共识，营造保护非物质文化遗产的良好氛围。

国务院办公厅

二〇〇五年三月二十六日

第一章

非物质文化遗产保护力量的
功能与角色

在现实工作中，参与非物质文化遗产保护的力量众多，涉及政府、专家学者、项目传承人、其他力量等，这些保护力量分布于现实社会的各个层面各个领域，扮演着不同的角色，通过不同的途径和方式发挥着各自的作用。就现有的研究成果而言，多是围绕保护工作中的某一个体保护力量展开，把相关保护力量纳入系统研究的成果较少。系统研究非物质文化遗产保护中的诸种力量，明晰其在保护工作中的功能与角色，洞悉其发挥作用的途径和方式，对于充分调动其参与积极性，创建保护工作的联动机制，形成强大的保护合力，实现最佳的保护效能，协调高效地推进我们的保护工作至关重要。

一 非物质文化遗产保护中的主导力量：政府

学术界的研究工作把非物质文化遗产保护提上了社会发展的议程，政府的积极作为把非物质文化遗产工作落实到了社会实践层面。长期的保护实践表明，政府在非物质文化遗产保护实践中居于主导地位，对保护工作发挥着主舵手的作用，这是毋庸置疑的。因为政府"具有的强大的行政资源、经济实力、话语权"，所以政府"完全有可能为身处风雨飘摇中的非物质文化遗产搭建起一座牢固的足以抵御外来文化冲击的防护大堤。"① 政府的保护举措在当前具有最为现实的意义，比起专家学者们的理论研讨更为实际，比起立法机构的相关立法更为便捷，比其他社会力量的作用更为明显。况且，也正是由于政府强有力保护工作的不断推进，我们的非物质文化遗产保护工作才得以逐步建立起比较完备的保护体系，"由以往的项目保护，开始走向全国整体性、系统性的保护阶段。"但是，政府力量在非物质文化遗产保护工作中处于主导地位，是对于其他参与保护的力量角色而言。我们强调政府在保护工作中的主导地位，其实是强调政府在保护工作中应承担的主导责任，应该履行的主导义务，而并不是在保护工作拥有多大的权利。政府在保护工作中绝不能放手不管，更不能大包大揽，而应该把自己的角色界定于包办与不干预之间，适度参与，坚持"有所为有所不为"，强调公共服务职能，淡化行政管理色彩。苑利将政府的主导作用概括为：建立健全完善的组织管理体系，建立健全完善的政策保护体系，建立健全完善的资金运作体系，建立健全完善的法律保障体系。王文章认为政府的主要职责包括三个方面：①建立健全保护工作领导机制，及时颁布有关非物质文化遗产抢救与保护的政策、法规、战略规划和指导性意见；②建立权威、全面、科学的非物质文化遗产保护决策机构，保证决策的合理与合法；③培育大众的文化自觉，使非物质文化遗产保护深入人心。② 政府主导力量的现实作用主要表现在宏观规划方面，为非物质文化遗产保护工作创设良好的外部环境，提供相应的规章制度、资金等保障，引导和规范其他参与保护的力量有序高效地参与保护工作。在保护实践中，政府应该着眼于长效保护机制的构建，具体实施部门应做到不计一时之利，不图一事之计，不贪一任之名，从保护丰富文化基因和维系民族文化血脉出发，落脚于民族文化品格的彰显和文化事业的昌盛。

① 刘慧群：《民间非物质文化的大学传承》，西南交通大学出版社 2010 年版，第 51 页。
② 王文章：《非物质文化遗产概论》，教育科学出版社 2006 年版，第 272—273 页。

　　各级政府文化部门对非物质文化遗产保护工作要一直保有一个理性的认识，不应寄希望于通过非物质文化遗产保护在短时间内创造巨大的文化效益，而应该认识到文化保护与文化建设的长远意义，把自己的保护工作视为民族文化保护的一部分。因为就文化事业而言，非物质文化遗产保护本是我们文化建设的常规工作，也应是我们一项长期的工作。这一时期的保护热潮并不是我们非物质文化遗产繁荣的前奏，而是对我们以往保护工作欠缺的弥补，是对我们民族文化建设工程的一种修复。一个民族的文化所能产生的效益更多的是社会效益，是隐藏在民族发展骨子里的经络，是看不见、摸不着，但是生活在同一文化背景下的全体社会成员能够切切实实感受到的。民族文化的社会效益需要一个长时间的投入和培育，还要经过长时间的发展才能显现出来，而且效益的发挥也是潜移默化的，是切切实实对民族文化心理和民族文化品格的塑造发挥着极为重要的作用。这是政府力量应主导非物质文化遗产保护工作的内在原因，因为政府是最大范围的社会公众利益代表。延续民族文化的底色，满足社会公众的文化需求，也是非物质文化遗产资源最大价值的体现，因为其价值就在于文化传承、文化教化。

　　由于认知的不准确和不正确的政绩观作祟，部分政府机构在保护非物质文化遗产时过于追求具有"眼球效应"的保护形式，倾向于可考量的效益和短期内的政绩，呈现保护工作短视化现象。部分文化部门保护工作的表面文章做得多一些，忽略了保护规划的长期性和保护措施的连续性，忽略了对非物质文化遗产本身历史背景和文化特征的了解，忽略了非物质文化遗产保护的真正意义和核心价值，浮于非物质文化遗产保护的表面物象，容易导致我们的保护工作走偏、变形，使我们的保护工作遭受不可估量的损失。"以淮河地区为例，该地区很多地方为了申报花鼓灯，不仅集中了大批老艺人进行培训，还请了许多舞蹈从业人员进行指导。"① 上述现象貌似出于善意的保护，实际

---

① 中国民族年鉴社编:《中国民族年鉴》，中国民族年鉴出版社 2009 年版，第 91 页。

上却把民间艺人形式多样的肢体语言变成了千篇一律的舞蹈规范动作，把基于乡野复杂多样的审美诉求变成学院派抽象的审美表达，把大旱之时迫于无奈的祈雨变成了一种应景仪式表演，完全背离了其产生及存续的文化语境，抹杀了其承载的文化意蕴和美学特征，而且还产生了不菲的开支，造成了该类非物质文化遗产项目的变形。上述不科学的作为，使得不少非物质文化遗产项目失去其原生态和稀缺性，非但没有实现保护工作的初衷，反而在一定程度上加速了该类珍贵文化遗产项目的消亡。这种现象的出现很大程度上是因为有关政府文化部门没有摆正自己的社会位置，没有认清自己的保护使命和保护角色，想当然地参与甚至指挥具体的保护工作。政府机构虽然有推动、鼓励民间文化传承人保护非物质文化遗产，并为其创设有利保护环境的义务，而无亲自参与具体非物质文化遗产项目传承的权利，更不可越俎代庖，亲自操刀传承工作。

二 非物质文化遗产保护中的主脑力量： 专家学者

"要成功地进行非物质文化遗产的抢救与保护，离不开精通专业理论且又有实践经验的专家们的指导，他们能从理论上对这项文化工程进行全面论析，形成一套具有指导性、可操作性的较完整的理论学说，为非物质文化遗产的抢救与保护提供理论依据和政策咨询，帮助国家有关部门制定出一系列政策法规和务求实效的工作方案。"[①] 非物质文化遗产保护工作中的专家学者队伍在一定程度上扮演着先知先觉的角色，是我们整个保护工作的大脑，甚至可以说我国的非物质文化遗产保护工作正是在专家学者的力推下蓬勃展开的。基于民族文化保护和推进文化多样化发展的初衷，专家学者在研究非物质文化遗产项目和诸多保护实践的基础上，努力发现非物质文化遗产自身的价值、特点和保护传承发展的内在规律，并积极学习他国的先进经验，有所

---

① 王文章：《非物质文化遗产概论》，教育科学出版社 2006 年版，第 303 页。

取舍地应用于我们的保护实践中。同时，在为各级有关部门、领导者、管理者参谋和处理非物质文化遗产保护中的各种问题，制订出台完善有关法律法规，酝酿有关非物质文化遗产保护的决策过程中发挥思想库和智囊团的作用，使各有关文化部门、领导者、管理者能够在决策时就获得持续的理论指导和长远规划，从而增强政府积极推进的非物质文化遗产保护工作前景的可预测性和保护措施的可操作性，利于保护工作的系统部署和相关保护资源的合理调配。

专家学者在我们的非物质文化遗产保护工作中是超脱于政府与其他保护力量的，是一支靠学术良知驱动，靠专业知识指导的独立力量。他们置身于政府决策层之外，但参与决策过程。他们置身于具体非物质文化遗产项目之外，但是熟知具体非物质文化遗产项目。他们的所有理论判断，都是基于对我国非物质文化遗产保护历史与现实系统研究而做出的，都是为了维系民族文化基因独特性而做出的无私利的研判，也从民族文化的阵地出发保护了世界文化的多样性。在涉及具体利益的研究和保护实践中，专家学者的学术态度既是对其专业知识的考验，更是对其职业道德的验证。在参与非物质文化遗产研究和保护实践中，他们既不会为某些政府部门或管理者的好大喜功而丧失学术良知，沦为某个政绩工程的摇旗派，也不会因对个别项目的好恶而丧失应坚守的学术考量标尺，成为该项目的鼓吹派。

在专家学者的研判视域里，非物质文化遗产研究没有固定的研究方法，没有僵死的研究结论，具体项目的保护方式方法也没有固定的模式。作为民族文化重要基因承载者的非物质文化遗产，其在传承发展的过程中承载的项目核心内容不会变化，但是因为随着社会环境和学术语境的变化，非物质文化遗产的研究也会发生一些不可预测的变化，非物质文化遗产保护也会因时因事出现一些调整。在充分尊重已经验证的原有保护模式的基础上，专家学者勇于尝试各种方法的交叉与合作来扩宽研究视野与研究角度，促进非物质文化遗产保护研究方法本身的相互借鉴与创新，这样既有利于非物质文化遗产研究理论的发展，更有利于不同非物质文化遗产项目保护方式方法的丰富。同时，在非物质文化遗产学或非物质文化遗产保护学远未成长为一个独立学科的当下，从事该领域研究的专家学者要更为注重在理论研究的求真上下功夫，努力厘定非物质文化遗产（保护）学的相关概念，完善非物质文化遗产（保护）学的各个分支，制定非物质文化遗产（保护）学的相关学术规范，构建完整封闭的非物质文化遗产（保护）学的学术体系。在这一过程中，专家学者要淡化学科意识，更要消除学科壁垒，不能因过分注重科学化和规范化而逐渐丧失对文化遗产生存语境的洞察力和理解力，丧失应有的人文精神关怀，万不可把具有丰富人文意蕴和持续生命力的非物质文化遗产变成干瘪的文化遗留物。同时，专家学者更要做好服务社会发展文章，从非物质文化遗产保护传承的实际出发，在非物质文化遗产保护的实践中寻找课题，增强课题的理论性和实效性，切实解决非物质文化遗产保护工作者的理论困惑，增强对实际保护工作的指导作用，服务于当前及今后一个时期的非物质文化遗产保护工作和文化建设事业。

三　非物质文化遗产保护中的主体力量：传承人

非物质文化遗产是生活在一定民族文化语境中的民众为了自我生活的有序和精神的完满而进行的一种持续性文化创造，而且这种活动一直在持续。这种持续性创造会因不同时代审美倾向的改变而有所创新，也会因不同传承人的审美表达差异而有所微调，因而没有一成不变的文化遗产，只有不断丰富的文化信息和文化类型。参与持续性的文化创造可能涉及许多人，但是真正承担或者主导持续性创造的只有传承人。传承人是整个创造活动的主力，他们既可以是一个具体的社会个体，也可以是因独特技艺凝聚在一起的一个具体的区域小集体。虽然传承人生活在民间社会，貌似远离了城市文化圈，但较政府、专家学者而言，其在非物质文化遗产保护传承中的核心地位是不可替代的。

由于文化知识水平相对较低和社会地位的限制，非物质文化遗产项目传承人对其所传承项目内涵的认识不如专家学者深刻，对其传承项目重要性的认识不如政府明了，但是其成长在项目传承的真实语境中，对于项目有着独特的理解和感情，掌握着独特的技艺，坚守着神秘的行业信仰，延续着项目的发展传承脉络，与传承的项目是浑然一体的。正是这份独特的技艺和行业信仰，才使其与项目紧密联系在一起，二者相辅相成，项目依靠传承人而获得持续发展，传承人凭借项目而获得社会认可，若无非物质文化遗产项目便无传承人，若无传承人项目便无踪可循。当前，政府按照一定的标准评选认定了一批知名的非物质文化遗产项目，并视其承载文化信息量的不同等因素而将其分别纳入四级保护目录。为了保护被认定的非物质文化遗产项目，按照由项目寻人的思路认定了传承项目的传承人，并给予传承人一定的社会荣誉和生活保障，使其安心于非物质文化遗产项目的传承。政府对非物质文化遗产项目传承人的认定既有优中选优的初衷，更是基于国家保护力量薄弱现实的无奈，是限于财力与人力的一种择优性保护。这种择优性保护的效果虽然明显，但是在某种程度上就造成了大批的非物质文化遗产项目游离于各级政府的有效保护之外，如田间的野草自生自灭。

非物质文化遗产项目传承人要珍视人民赋予的荣誉，更要清晰自己的保护和传承重任，要对自己和承担的项目有一个准确的认识，真正发挥传承项目的表率作用，为其他（尤其是未入选保护目录的）非物质文化遗产项目和范围逐渐扩大的保护工作积累工作经验。在具体的非物质文化遗产项目的传承中，传承人要避免文化自恋和文化自足，既不能妄自尊大，认为自己优于其他传承人，更不能裹步不前，端祖宗的碗，毫无建树。传承人要始终尊重并维护项目所处的文化语境，要充分认识自身肩负的项目与其所属地方整体文化的相互依存关系，要遵循文化生态法则和地方文化历史逻辑，既要不断吸取地方文化的精华，同时又要积极反哺地方文化建设。传承人要遵循文化宽容原则，对不同项目要保持欣赏、尊重、对话与交流等态度，绝不可盲目主张不同项目之间的接轨，破坏项目承载文化信息的独特性和不同文化的多样性。传承人要在充分认识差别的基础上寻求不同非物质文化遗产项目的共性和普世价值，将自身承担的项目与其他未被纳入名录的非物质文化遗产项目一并推进保护工作，起到由点到面、由点带面的保护效果。

四　非物质文化遗产保护中的参与力量：　其他力量

我国非物质文化遗产项目众多，但政府可投入的保护财力与精力有限，不可能实现保护工作的全覆盖。为了保护更多的非物质文化遗产项目，为了弥补政府保护的不足并争取最大范围的保护，就需要积极开拓其他保护渠道。非物质文化遗产项目多数成长于民间社会，最适合其传承的保护方式和保护环境也在民间，因而应该把保护工作的重点置于民间，发动并依靠政府、专家学者、传承人之外的其他力量来共同保护非物质文化遗产。如果在现实意义上调动政府、专家学者、传承人之外的其他力量参与非物质文化遗产工作保护，我们就必须尊重其特有的保护方式方法。按照"民间事民间办"的思路，充分肯定他们在保护工作中所付出的努力，充分信任他们的保护热情，充分放手由他们主导或主持部分非物质文化遗产项目的传承。发动这部分力量参与保护工作，调动他们的积极性，有利于营造良好的保护氛围，形成保护力量的多元化，构建全民性大保护的格局。为了调动他们参与保护工作的积极性和热情，我们必须在保障非物质文化遗产保护社会效益的前提下，保障他们应有的权益和应得的收益，保障他们在传承过程中的精神满足感。

参与非物质文化遗产保护的其他力量包括高等教育、新闻媒体、民间资本、民间组织等。这些保护力量都有着自身的特点，概括而言有民间性、自主性、公益性、专业性等特点，是一支由多种发轫于民间，具有独立话语权，具有鲜明公益性，具备专业知识和技能的力量构成的复合力量。这支复合力量较政府和专家学者而言，保护触角更为深入民间，保护方式更为形式多样，保护方法更为机动灵活。这支复合力量有参与保护工作的热情和能力，并且有着相当的传承保护经验，如果能够适度加以引导，完全可以进一步扩大充实非物质文化遗产保护力量的阵容，能够对政府、专家学者、传承人的保护起到互补和促进作用，也能在一定范围内发挥监督作用，有利于在更大程度上实现多种保护力量和保护项目范围的全覆盖。

但是，这些参与非物质文化遗产保护的力量也有各自的局限，体现在保护工作中就会产生一定的负面作用。如果这些负面作用不影响非物质文化遗产项目传承的主线，不影响保护工作的持续推进，不影响非物质文化遗产保护工作社会效益的实现，应给予一定的存在空间。这既是基于非物质文化遗产保护工作社会现实的无奈选择，也是调动其积极性的一个前提。其他社会力量参与非物质文化遗产保护工作恰当与否的标准，就是保护模式是否更为科学，保护格局是否更为优化，保护工作是否实现了其应有的社会效益，具体非物质文化遗产项目通过保护工作能否得到有序保护和传承。在制定与执行该标准的实践中，既需要政府的宏观调控与积极引导，需要专家学者的科学理论指导，需要其他保护力量的高度自觉，更需要相关配套措施的健全完善和法律法规的不折不扣执行。

就非物质文化遗产的现实性保护而言，政府的主导力量、专家学者的主脑力量、传承人的主体力量、其他的参与力量在保护实践中并无高低之分，都是保护力量的重要组成部分。但是不同的保护力量在保护实践中有位次之别，其位次是基于不同保护力量的保护效能和保护途径而定。不同保护力量在非物质文化遗产保护中呈现的位次与保护序列并不是一成不变的，而是始终处于一种动态的微调之中。这种动态的微调过程是长期的、渐变的，是随着各种保护力量的此消彼长和国家社会治理模式的优化而不断改变的，是朝着更加进步和高效的方向不断发展的。

就理想的社会服务模式而言，随着保护实践的深入和政府职能的调整，尤其是"小政府大社会"改革模式的探索，政府在非物质文化遗产保护中的主导地位会有不同程度的收缩，由现在的管理面较宽逐渐变窄，由现在的位于前台的直接保护变为处于后台的宏观调控，由显在的指挥性保护变为隐性的服务性保护。在位次发生变化的过程中，各种社会组织将越来越多地进入人们的视野，逐步取代政府在保护工作中的前台位置，出现在保护实践的一线，其保护功能发挥得将更为明显，保护工作将更加表现为全民性的文化自觉，更有利于实现全社会的全员性非物质文化遗产保护格局。在这一保护位次发生变化的过程中，各种保护力量都将极力发挥自己的保护效能，都将争取获得适合自身效能的保护位置，从而不断探索与优化保护效能最佳的保护模式和保护格局。

第二章

非物质文化遗产保护的社会力量

非物质文化遗产保护力量的概念有广义和狭义之分。广义上的保护力量是指一切有保护义务，并能够承担保护责任，参与非物质文化遗产保护的力量，既包括从事保护工作的外在力量，如国际组织、各级政府、社会组织、团体及个人等，也包括从事保护工作的内在力量，如从事项目传承的传承主体。狭义上的非物质文化遗产保护力量是指除传承主体之外的从事保护工作的其他力量。

本研究采用广义上的非物质文化遗产保护力量的概念，并将保护力量分为发挥主导保护作用的政府力量和发挥重要辅助作用的社会力量。当然，在本研究中将非物质文化遗产的保护力量分为两部分仅仅是理论上的一种方法，因为在保护实践中政府力量和社会力量二者密切相关，很难将其截然分开。在保护实践中，政府力量并非一直处于主导保护作用，社会力量也并非一直处于重要辅助作用，要视不同地域、不同时期、不同项目而定。

在现有研究中，学术界多是侧重于政府主导力量的研究，当然这是由我们的现实社会建构特征决定的。我国非物质文化遗产保护工作是在政府主导下实施开展的，如逐步建立国家、省、市、县四级非物质文化遗产代表作名录体系，推进了非物质文化遗产保护制度的建立；文化部公布了国家级非物质文化遗产项目传承人，各级地方政府也公布了本区域的非物质文化遗产项目传承人；政府着力推进非物质文化遗产保护生态区建设，探索了整体性、活态性保护；各级各类保护机构的建立、相关保护人员的培育、保护经费的划拨、保护项目的遴选等。这些工作也取得了较大成绩，在一定程度上保护了我国的非物质文化遗产。

但是，随着非物质文化遗产保护实践的深入，我国非物质文化遗产保护工作已经由以往单项的选择性的项目保护逐步进入整体性、系统性的全面保护阶段。我们在保护实践中也逐渐意识到，由于我国幅员辽阔，政府财力有限，且诸多非物质文化遗产项目散存于各地，尤其是一些相对封闭和经济落后的地区，政府的保护力量还难以实现全面覆盖，以致许多区域的非物质文化遗产项目处于一种未被关注的状态。当然，这并不是政府不想为，不作为，而是政府力所不能及，财所不能为。

当然我们不能否定，反而应该充分肯定政府部门在我国长期的非物质文化遗产保护中所发挥的积极作用，因为政府"具有的强大的行政资源、经济实力、话语权"，所以政府"完全有可能为身处风雨飘摇中的非物质文化遗产搭建起一座牢固的足以抵御外来文化冲击的防护大堤"①。当前，政府的保护具有最为现实的意义，比起学术界的理论研讨更为符合实际，比起立法机构漫长的相关立法过程更为便捷。况且，也正是由于政府强有力保护工作的不断推进，我们的非物质文化遗产保护工作才取得今天的成绩。但是我们也必须认识到，非物质文化遗产保护工作绝不仅仅是政府的事情，而是全社会的共同责任，需要社会上各种有益于非物质文化遗产保护工作的力量共同参与。但在目前的非物质文化遗产保护实践中，很多地方却只有政府相关部门在唱独角戏，并未能真正形成多种力量保护非物质文化遗产的齐抓共管的长效工作机制。而且非物质文化遗产的保护是一个庞大、深刻、复杂的工作，任何希望将此项工作简单化，或者认为通过政府部门的

---

① 苑利：《非物质文化遗产传承人保护之忧》，《探索与争鸣》2007 年第 7 期。

某些政策或行动就能够一劳永逸地解决该项工作的观点，都是极其幼稚的。当然在当前的社会环境和服务体制下，政府的保护作用具有最为现实的意义。但随着我们认知的逐步深入和非物质文化遗产保护范围的不断扩大，将有更多的非物质文化遗产项目逐步被纳入保护范围。鉴于政府承担的社会事务过于繁重，其财力和精力势必相对分散多个社会领域，恐难着力满足非物质文化遗产保护工作所需。在非物质文化遗产保护实践中，如单凭政府保护力量恐怕难以实现全面系统的保护，这就需要其他保护力量的有效配合。

目前，学术界对于非物质文化遗产保护中其他保护力量的研究相对匮乏，不利于调动其他保护力量的积极性，难以形成全社会保护的氛围，难以唤醒广大民众的文化自觉，如此非物质文化遗产保护工作恐成为政府主导的一场文化保护运动。这与我们开展保护工作的初衷是相背离的，因为我们一直力图将非物质文化遗产保护工作建设成为一个系统成熟的文化保护模式，而避免成为一阵风的文化保护运动。对非物质文化遗产保护中社会力量的研究，就是对其组成部分的总体特征、角色定位、内部关联、与政府力量之间的关系进行系统研究，寻求社会力量在非物质文化遗产保护中发挥作用的最佳方式并探索社会力量与政府力量共同发挥作用最优化的有效机制。通过相对系统的研究，推进非物质文化遗产保护合力的形成，进一步推动我们保护工作的深入。

一 非物质文化遗产保护中社会力量的界定

关于非物质文化遗产保护中社会力量的界定标准。在不同的学科领域，社会力量有着不同的界定，这是由不同学科领域的特点和性质决定的。本部分所界定非物质文化遗产保护中社会力量的标准主要包括以下两项内容：

1. 切实在非物质文化遗产保护中发挥积极且不可替代的作用

非物质文化遗产保护相对其他文化工作而言，还是一个相对新颖的工作，相关的保护实践和理论研究还存在诸多问题。这也导致我们很难在现实中界定哪些力量应该参与到非物质文化遗产保护工作中来，参与到什么程度，与政府保护力量之间的关系等，这是需要靠长期的保护实践来解决的问题。虽然在声势浩大的非物质文化遗产保护工作中参与的力量较多，但是我们必须明确一点，只有切实在保护工作中发挥积极且不可替代作用的力量组成，才是我们要纳入研究的社会力量范畴，这也是研究非物质文化遗产保护中社会力量的基点所在。

2. 遵守我国的相关法律制度，并且获得政府某种程度的认可

法律是一个国家正常运转的规则秩序，任何行动都必须符合法律的要求，非物质文化遗产保护工作也不例外。任何试图参与我国非物质文化遗产保护工作的力量，必须首先遵守我国的相关法律制度，在法律许可的范围内参与保护工作。在保护实践中，我们完全可以把我国政府的认可视为其他力量参与非物质文化遗产保护工作的行政许可，这既是基于政府保证国家各个组成部分有效运转的需要，更是促进不同力量保护效能优化的现实手段。

3. 在保护实践中，保护所带来的正面效益要远大于其负面影响

各种保护力量在非物质文化遗产保护中都能发挥一定的作用，这是不容置疑的。但是，我们必须要知晓各种保护力量在发挥作用的同时，其实是其作用的两个层面同时在实现，一种是积极有效的正面保护，一种则是消极损伤的负面影响，这是不可避免的。我们要杜绝"非此即彼"的思维怪圈，而应该用"亦此亦彼"的眼光来分析这个问题，全部发挥正面保护作用的力量是不存在，如同全部发挥负面损伤作用的力量不存在一样，关键在于究竟是正面保护的作用大，还是负面损伤的影响大。只要在保护实践中发挥的正面作用大于负面作用的保护力量，就是我们所要鼓励和支持的，也是应纳入我们研究范围的。

以上三项内容是不可分割的，必须同时符合以上三条标准的力量才能纳入本研究中的社会力量范畴。任何非政府的力量只要能够在我

们的非物质文化遗产保护中发挥积极的作用，既能对我们的保护工作起到某种促进或推动作用，又能够在保护实践中获得政府的某种认可，就可以纳入社会力量的范畴。即使这种社会力量在非物质文化遗产保护中也存在某些消极的影响，只要这种消极影响远低于其所带来的积极影响，就不妨碍其被纳入社会力量的范畴。因为任何力量所发挥的作用都存在相反的两个作用力，关键在于哪一个作用力处于主体位置，并起决定作用。

按照切实在非物质文化遗产保护中发挥积极且不可替代的作用，并且获得政府某种程度认可的标准，我们将非物质文化遗产保护中的社会力量界定为：在我国非物质文化遗产保护中，遵守我国相关法律制度并发挥着积极作用，对政府主导力量形成有益补充的其他力量，如学术界、各类教育机构、新闻媒体、社会资金、行业协会等。

我们也必须明确，非物质文化遗产保护中的社会力量如同其他概念一样并不是一个停滞不变的范畴，而是不断发展并不断丰富的范畴。随着学术研究和保护实践的深入，势必有新的力量加入到社会力量的行列中来，或者原有的力量因时代的变化而不断排列组合形成新的力量形式，社会力量的范畴也就随之发生变化，呈现出全新的时代特点。故在非物质文化遗产保护实践中，我们要坚持用发展的辩证的眼光来对待这个问题。

在研究中，我们视社会力量主要为五个不同组成部分，是为了更清晰明了地对各个组成部分进行研究分析，同时也便于探寻它们彼此之间的相互作用关系，而并非绝对地将其割裂。这种划分视各个不同组成部分为一种理论上的存在，但在保护实际中并不是截然独立存在的，其彼此之间存在着某种联系，甚至任何两个部分在某个区间都存在交集的可能。通过对非物质文化遗产社会保护社会力量五个组成部分的研究，尝试建立不同保护力量之间保护效能最大化的有效机制，努力实现不同保护力量保护效能的最大化和集体保护效能的最优化。

二　非物质文化遗产保护中社会力量研究的必要性

通过梳理我国非物质文化遗产保护的实践，我们不难发现在初期的保护实践中，各级政府发挥着主导性的保护作用，也取得了很大的成绩，如由文化部会同国家民委、中国文联有关文艺家协会自 1979 年陆续发起并组织实施的《中国民族民间文艺集成志》编撰工程。该编撰工程的成果为十部中国民族民间文艺集成志书，包括《中国民间歌曲集成》《中国戏曲音乐集成》《中国民族民间器乐曲集成》《中国曲艺音乐集成》《中国民族民间舞蹈集成》《中国戏曲志》《中国民间故事集成》《中国歌谣集成》《中国民间谚语集成》和《中国曲艺志》，涵盖了中国民族民间音乐、舞蹈、戏曲、曲艺和民间文学诸学科，收集、整理了流传于民间的各民族文学艺术的基础资料，如歌种、乐种、舞种、剧种、曲种、神话、传说、故事、歌谣、谚语等，通过对民间文学艺术的产生、发展、衍变的记述，介绍了它的历史和发展规律；通过人物介绍、文物、音乐、图片、照片、服饰、场所等记载，表现了各门类艺术的原始面貌特色。这项声势浩大且成就卓著的文化工程，是对我国浩如烟海的民族民间文艺进行的一次全面、深入的普查、挖掘和抢救，系统地收集和保存了我国各地各民族民间优秀文学艺术遗产，记述了各地各民族民间优秀文学艺术的历史和现状，为我国的民族文化事业筑就了伟大的文化长城。

但是我们也不难发现，政府力量在具体的保护实践中某种程度上是在唱独角戏，缺乏其他力量的配合，整体性的社会保护合力在某种程度上处于缺位状态，尤其是社会力量（学术界、各级教育机构、新闻媒体、社会资金、行业协会等）在非物质文化遗产保护和研究中的作用尚未得以发挥，多元化的保护格局还没有完全建立。在开展非物质文化遗产保护工作的过程中，若政府大力推进，民间参与非物质文化遗产保护的热情就相应随之高涨，政府因阶段性的工作未突出非物质文化遗产保护工作，民间的保护工作似乎就陷入一片平寂。政府保护力量与民间保护力量的互动，在某种程度上成了一种政府保护力量的单项触动，民间保护力量的被动反应。当然，这既有我们对社会力量的认知不足的问题，更与我们缺乏这方面的保护工作经验有关。

随着非物质文化遗产保护实践和学术研究的深入，我们逐渐认识到社会力量是非物质文化遗产保护力量的重要组成部分，是对政府主导保护力量的有益补充。社会保护力量作用的有效发挥，对于非物质文化遗产保护所需的良好社会氛围的营造、充沛资金的投入、理论研究的推进、后继人才的培养、相关行业的自律、管理体制的完善、政府行为的约束、保护行为的规范等，都将起到极大的促进作用，对于贯彻"保护为主，抢救第一，合理利用，传承发展"保护方针，执行"政府主导，社会参与，明确职责，形成合力，长远规划，分步实施，点面结合，讲求实效"的保护原则具有重要意义，有助于实现非物质文化遗产保护力量的多元化。因而我们应该探索通过各种途径不断提高社会力量对非物质文化遗产的认识度和保护工作的参与度，重视并鼓励学术界、各级教育机构、新闻媒体、民间资金、行业协会等力量积极参与到非物质文化遗产保护工作中来，并为他们创造参与保护工作的便利条件，使政府倡导的全社会被动保护逐渐成为全社会自发自觉的保护，保护力量由一元化壮大为多元化，保护格局由单方发展到多方共赢。

系统地开展非物质文化遗产保护中的社会力量研究，将填补非物质文化遗产保护力量研究的一个空白，利于调动一些可以推动非物质文化遗产保护工作的力量，使得非物质文化遗产保护工作成为新时期文化保护与建设工作的一个新模式。此研究将能够对在非物质文化遗产保护中发挥作用的各种力量组成部分予以明确，使其获得社会的认可，并逐步走向非物质文化遗产保护的前台，为各级政府制定非物质文化遗产保护政策、推进非物质文化遗产保护工作等提供理论依据和决策参考。

学术界从来没有间断过关于非物质文化遗产保护力量的探讨，中外学者对此都很关注，这些学者中也不乏学术大师，所提出的有些论点也是后人所难以超越的。但就现有的研究成果而言，大多是关于非物质文化遗产保护的政府力量主导保护作用研究和传承主体研究，对保护工作中的多种社会力量的研究涉及较少。在一些成果中，即使偶有涉及，也多为其他研究的一个佐证或者附带，而不是作为一个核心的独立研究对象。

当然，我们现在开展非物质文化遗产保护中社会力量的研究，也面临着如何进一步明确多种社会力量在非物质文化遗产传承保护中的角色和作用，以及如何建立社会力量不同组成部分之间良性互动和保护效能最大化的有效机制等问题。这些都将是我们倡导多元化保护工作所不能回避，而且是必须解决的问题。如果这个问题解决不好，非但无益于非物质文化遗产保护工作，而且容易对保护工作造成多头干扰的局面，将极大地影响甚至延迟我们的保护工作。只有解决了这些问题，才能充分发挥多种社会力量在非物质文化遗产保护工作中的认识世界、传承文明、创新理论、资政育人、资金支持、服务社会等方面的作用，从而更好地形成非物质文化遗产保护合力，进一步推进我国非物质文化遗产保护与研究工作。

在一些非物质文化遗产保护较有成效的国家，多种社会力量的作用发挥得较为充分，而且社会力量的不同组成部分也切实找到了自身在非物质文化遗产保护工作中的合理定位，以及相对固定而为民众认可的社会角色。如日本、韩国作为亚太地区非物质文化遗产保护研究和实践的先行者，关于此类问题的研究及实践已经远远走在了我国的前面，而且取得了相当的成绩。法国、意大利等国的研究与实践也已经形成了适合本国实际的理论体系和保护模式，其诸多措施对于我国非物质文化保护研究工作有一定的借鉴意义。当然，日本、韩国、法国、意大利等国的社会力量在本国非物质文化遗产保护实践过程中也经历了不断摸索，不断寻找自己的定位，并不断修正自己社会角色的过程。经过多年的实践，其国内的社会力量在非物质文化遗产保护的社会角色已经相对定位准确，而且切实在发挥作用，多种力量之间的高效互动，推动了本国的非物质文化遗产保护工作。

我们在开展非物质文化遗产保护实践社会力量研究的过程中，可以尝试采用以下方法：①个例分析法。在全国范围内寻找一些典型实践案例，寻找社会力量在其中所扮演的角色，衡量其权重，分析其原因。②归纳分析法。统计社会力量在非物质文化遗产保护的典型角色和措施，探寻社会力量在非物质文化遗产保护的理论建设，尤其是保护实践中所发挥的作用。③比较研究法。对比我国与他国社会力量在非物质文化遗产保护中的角色差异，借鉴经验，为我所用。④文献检索法。主要通过以下三个渠道收集文献资源：相关学者的基础理论著作；国外关于非物质文化遗产保护力量效能发挥的规章制度；国内对此问题有所涉及的相关课题及论文。

三　非物质文化遗产保护中社会力量与政府力量的关系

在我们的保护实践中，社会保护力量和政府保护力量在非物质文化遗产保护工作中共同发挥作用。当然，从整体保护效果而言，政府保护力量在现实保护工作中发挥着主导作用，对非物质文化遗产保护工作起着方向性的作用，在一些重大问题上起着决定性的作用，这是不可否认的。如政府不断加大普查工作力度，对珍贵、濒危并具有历史价值的非物质文化遗产进行真实、系统和全面的记录，建立了档案和数据库；不断完善法规建设，制定了相关实施细则，健全了相关的法律、法规，使保护工作有法可依、有章可循；实行分级保护制度，明确保护责任，利于统一协调、指导保护工作；根据各地非物质文化遗产的实际状况，建立以人为本、科学有效的传承机制，采取各种方式鼓励非物质文化遗产的传承人进行传承、传习活动，使非物质文化遗产从后继无人逐渐发展为后继有人；制定和落实相关政策，科学合理地进行非物质文化遗产的开发与利用；将有关非物质文化遗产资源列入爱国主义教育内容，广泛开展非物质文化遗产教育的宣传工作，努力营造全社会重视非物质文化遗产的氛围等。

但是，我们也应该看到在非物质文化遗产保护工作的某些环节，如在学理方面的探索、行业禁忌的维护、民间社会威望的重塑等方面，社会力量更容易发挥作用，其所取得的实际效果要远胜于政府力量。恰恰就是社会力量在这些政府力量所不能触及的领域发挥作用，才使得我们的非物质文化遗产保护工作能够不断向前推进。因而我们可以肯定地说，在我国的非物质文化遗产保护实践中，社会保护力量是对政府主导力量的有益补充，是推动非物质文化遗产保护工作的重要力量。

但是，我们也应该看到在非物质文化遗产保护实践中，社会保护力量也有一定的弊端，对此我们不能忽视，更不能小觑。如何最大限度地发挥社会保护力量的积极作用，消除其消极影响，使其更好地配合政府力量来推进非物质文化遗产保护工作，就成了我们保护中一个比较现实的问题。这就需要我们妥善处理社会保护力量与政府保护力量的关系，力求二者保护效能的最大化。在处理二者之间的关系时，应该坚持的"一个核心"就是有条不紊地推进我们的非物质文化遗产保护工作；"两条原则"就是调动社会保护力量和政府保护力量的各自作用的最大化和两种力量保护合力的最优化。

有条不紊地推进我们的非物质文化遗产保护工作，是保护实践中的"一个核心"，是不能更改和动摇的。无论政府保护力量还是社会保护力量都要围绕这个核心开展工作，在非物质文化遗产保护工作中的任何偏离，都可能造成政府保护力量和社会保护力量对非物质文化遗产保护工作的伤害。积极调动政府保护力量和社会保护力量实现各自作用的最大化是充分发挥其潜能的需要，但是政府保护力量和社会保护力量是相伴相生的，它们共同在非物质文化遗产保护工作中发挥作用，因而要探究两种保护力量保护合力的最优化，这是围绕"一个核心"开展工作所要坚持的"两个原则"。

1. 学术界的角色定位及与其他保护力量的关系

在我国的非物质文化遗产保护工作中，学术界所发挥的作用是其他任何保护力量所无法代替的。学术界所拥有的丰富知识、先进的理念、研究手段和前瞻性的视角，都是非物质文化遗产保护工作中不可缺少的智囊要素。学术界的作用是通过深入细致的研究，从理论的高度，告诉每一位非物质文化遗产守望者什么是文化遗产，为什么保护文化遗产和怎样才能科学地保护文化遗产。正是因为学术界的专家学者因其深厚的学识积累和较中立的研究与判断立场，所以能够为非物质文化遗产保护提供功利性较少、学术性和人文性更强的意见建议。在非物质文化遗产保护实践中，政府有关部门应高度重视学术界的意见建议，使自己的每一项决策和颁布的每一项条例都具有科学性和人文意义，尽最大努力减少功利色彩和人为因素。此外，我国作为非物质文化遗产保护工作的后起之秀，要想迎头赶上非物质文化遗产保护先进国家的水平，就要积极引进国际社会的先进理念、先进做法，有所选择地应用到我们的保护实践中去。这就需要学术界积极地走在我国非物质文化遗产保护实践的前沿，走在我国非物质文化遗产理论研究的前沿，注重现实性强、应用性强的研究。

学术界在我国非物质文化遗产保护工作中扮演着先知先觉的角色，尤其是在创新理论方面发挥着不可替代的作用，一直走在我们非物质文化遗产保护实践的前沿。学术界在非物质文化遗产保护所发挥的作用主要表现在以下三个方面：①考察其他国家的非物质文化遗产保护的做法和经验，并做以科学研究，积极引进并有选择地运用于我们的非物质文化遗产保护工作；②探寻我国非物质文化遗产保护工作的特点和传承规律，探寻符合我国国情的保护理念和保护方式，形成我国的保护特色；③为各级政府机构提供关于非物质文化遗产保护工作的建议，发挥智囊团和智慧库的作用。

学术界在非物质文化遗产保护中的学术研究固然重要，但同时也存在学术研究可能出现脱离我国国情的现象，如何引导其探索符合现实国情的理论建设就成为政府当前面临的现实问题。这就需要政府在尊重学术研究先进性的基础上，充分发挥其引导性作用，既要鼓励学术界积极开展学术研究，又要保证学术界的研究符合我国国情，能够切实对我们的保护工作起到推进作用。需要明确的是，政府的积极引导并非是对学术界学术研究的禁锢，相反这正为学术研究提供了更为现实的研究领域和研究方向。

学术界与各类教育机构的关系。在我们的保护实践中，学术界和各类教育机构在某个区间内是重合的，即学术界的很多成员同时在各类教育机构工作，或工作本身存在很大的重合性。学术界在开展非物质文化遗产研究的同时，通过教育机构的教育活动将其研究成果传播开来，此时学术界的各位成员扮演着理论研究者和知识布道者的双重角色。当然，并不是所有的学术界成员都在教育机构工作，但是其研究的成果已经或多或少地深入到各类教育机构的教学活动中，内化于不同层级的教育内容中。

学术界与新闻媒体的关系。在我们的非物质文化遗产保护工作中，学术界可以称为是新闻媒体传播相应理论的思想库，因为学术界不断开展的研究及其研究对象生存现状为新闻媒体提供了相应的新闻素材和新闻背景。什么是非物质文化遗产，怎样来认定非物质文化遗产，如何区别不同的非物质文化遗产，怎样保护类型不同、层次不同的非物质文化遗产等诸多问题都是需要学术界来解答的。因而在某种意义上说，正是由于学术界学术研究的存在才有了新闻媒体关于非物质文化遗产保护的相关宣传报道，尤其是深层次的文化解读。在新闻媒体报道非物质文化遗产传承的过程中，往往需要学术界专家给予专业的、通俗易懂的解读，详细介绍非物质文化遗产中包罗万象的艺术内容、独特的审美价值，以及其所在该文化类别中所处的地位，从而帮助受众在传统与创新、个人与社会、个人与自然等关系中寻找平衡。当下，在非物质文化遗产的保护与传承面临矛盾与困境之时，学术界可以通过新闻媒体的介入，为非物质文化遗产的传播与推广提供新的表现形式和媒体形态，帮助其得以保留和传承，扩大非物质文化遗产的传播范围和影响能力。

学术界与社会资本之间的关系。其实不仅在我国，在其他国家也一样，学术界与社会资本之间的关系较为微妙。学术界为了保证学术研究的独立性，总是要尽可能地远离有可能产生相应利益关联的利益集团。但是，我们在保护实践中也发现，一些有社会责任和长远经济眼光的社会资本，已经开始关注非物质文化遗产的理论研究和保护实践，甚至已经通过多种方式参与到我们的保护实践中来，其中生产性保护就是一个典型的途径。

学术界与行业协会的关系。学术界相对行业协会而言占据着理论研究的制高点，其所开展的理论研究及相应的研究成果，尤其是学术界从国外引进的一些非物质文化遗产保护的相关理论和实践对于行业协会建设有重要的借鉴意义。学术界探究得来的关于一些具体的非物质文化遗产项目的项目特点和传承规律等对行业协会内的相关非物质文化遗产项目开展传承活动和交流活动有重要的参考价值。

2. 各类教育机构的角色定位及与其他保护力量的关系

各类教育机构在非物质文化遗产保护工作中扮演着布道者的角色，在人才培养、知识传承、文明重塑等方面发挥着不可替代的作用。各级教育机构在非物质文化遗产保护工作中所发挥的作用主要表现为以下两个方面：一是将学术界关于非物质文化遗产保护研究的成果和实践理念用易于接受的方式和语言传授给各位受教育者，包括非物质文化遗产项目的传承主体。在一定程度上提高了非物质文化遗产传承人的认知，有利于非物质文化遗产的传承与振兴；二是培养了一批从事非物质文化遗产保护工作的专业人才和热心于保护工作的民众，为我国的非物质文化保护事业提供了强大的智力支持。

各级教育机构在开展非物质文化遗产教育工作中既要传授相关的知识和一定的技能，更要向受教育者讲清楚某些非物质文化遗产项目的某些独特行业禁忌的时代背景和其独特的时代意义。尤其是当传授的某些行业禁忌与政府所倡导的文化理念相背离时，各级教育机构更要严格按照政府的教育方针，开展多个层面的分析，让受教育者在接触相关知识、继承传统文化的同时，又能够辩证地分析这些独特的行业禁忌，让受教育者既能看到这些行业禁忌在非物质文化遗产传承的积极作用，又能看到其不可掩饰的时代局限性。如某些传承项目存在"传男不传女"的戒律，虽然具有保护项目的独有性，保证其家族对该项目的独占性作用，但同时也在另一个层面传递着重男轻女的封建思想。

各类教育机构与学术界的关系。各类教育机构为学术界开展非物质文化遗产研究和推广其研究成果提供了一个良好的平台，并且有组织、有计划地将一些非物质文化遗产研究与保护理论编入相应的教材，开展系统的教育活动。同时，各类教育机构也采用了多种方式邀请学术界的相关专家担任兼职教授，以开展专题讲座、举办专题演展等多种学术交流的方式开展教育活动。

各类教育机构与新闻媒体的关系。教育机构涉足在非物质文化遗产传承是必不可少的。笔者认为，教育机构不但要培训爱好非物质文化遗产的普通人，还应该针对非物质文化遗产传承人进行培训。一般来说，非物质文化遗产传承人往往专攻技术，视野较窄，也不具备完备知识，因此培训教学不能局限于专业技艺，更要针对传承人的文化素养、审美能力、学习能力等涉及教学内容。各类教育机构在通过展示、分析、培训等多种方式加强受教育者关于本土文化，尤其是容易被忽视的非物质文化遗产的认知和传播自觉，提高他们对非物质文化遗产项目的认知力和参与热情，同时也为非物质文化遗产的宣传教育活动造就了大批人才和受众，为繁荣新闻工作提供了一定的人力支持。新闻媒体在报道非物质文化遗产保护传承的时候，往往通过对各类教育机构开展的非物质文化遗产传播过程进行报道，向受众传达非物质文化遗产的保护过程、发展特点和近期成效等，从而吸引更多的受众关注关心非物质文化遗产保护工作。

各类教育机构与社会资本之间的关系。各类教育机构通过有针对性地开展系列的非物质文化遗产保护项目的培训活动，在壮大保护力量的同时，间接地为社会资本参与非物质文化遗产保护工作提供了一定的人力资源。同时，各类教育机构广泛开展有关非物质文化遗产的教育活动，也对社会力量中的相关人员起到了一定的非物质文化遗产相关知识普及作用，从而对社会资本参与到非物质文化遗产保护工作起到一定的理论引导作用。

各类教育机构与行业协会的关系。各类教育机构所开展的教育活动是在不同非物质文化遗产项目自身开展专业性传承的同时，在另一个平台上对更大范围的受众开展有关非物质文化遗产传承的普及性教育，是对行业协会内部相关传承活动的良好补充。同时，由于各类教育机构在一定科学理论指导下开展教育工作，因而其教育活动在某种程度上又对行业协会的传承与保护工作起到了一定的理论指导和实践规范作用。

3. 新闻媒体的角色定位及与其他保护力量关系

国务院办公厅在《加强我国非物质文化遗产保护工作的意见》中明确指出："要鼓励和支持新闻出版、广播电视、互联网等媒体对非物质文化遗产及其保护工作进行宣传展示，普及保护知识，培养保护意识，努力在全社会形成共识，营造保护非物质文化遗产的良好氛围。"

新闻媒体一直以来都是非物质文化遗产保护中的积极力量、重要手段，非物质文化遗产能够通过新闻媒体的传播延续其留存时间、扩展其分布空间。总部设在意大利的国际文化财产保护与修复研究中心就专门设立了拯救艺术新闻奖，我国国家文物局以及很多省市也设有文物保护好新闻奖，这些都体现了社会对新闻媒体在文化遗产以及非物质文化遗产保护方面积极作用的充分肯定和大力支持。

对于新闻媒体来说，非物质文化遗产代表着一种当地历史的记忆、一种地域文化的鲜明符号，而非物质文化遗产传承人则担负着传承一种或者数种中华民族优秀传统文化血脉的责任。对于新闻媒体来说，虽然随着社会发展，许多优秀的传统文化已经走进历史的记忆中，但是只要有"活"的传承人存在，那么新闻媒体就有责任有义务将其挖掘报道出来，使本地的优秀传统文化保护传承下去。作为新闻媒体来说，媒体人应该肩负起传播非物质文化遗产的重任，透过"非遗"现象，去挖掘其历史背景、传承过程以及丰富而独特的文化内涵，用历史与现实相结合的方式，着重描述非物质文化遗产的流传原因、独特性，甚至报道出其与当今社会主流文化之间的争议点，让受众自然而然地去了解非物质文化遗产本身，以此呈现出一个有血有肉有骨架的非物质文化遗产，唤起受众对非物质文化遗产的重视和关注，使非物质文化遗产重新发扬光大，绽放出更加夺目的光彩。

长久以来，新闻媒体在非物质文化遗产保护中一直扮演着传播者、传递者与监督者的角色，不但将政府的有关政策法规和学术界的最新理论成果传播给广大民众，而且又对一些非物质文化遗产保护工作进行舆论监督。

新闻媒体在非物质文化遗产保护中的作用主要表现为以下四个方面：第一将国内外关于非物质文化遗产类别和保护的相关理念在社会上广为传播，提高广大民众对非物质文化遗产及其保护工作的认知；第二把非物质文化遗产通过媒体人独特的发现视角，把其各种实践、表演、表现形式、知识体系等，以广大民众能够接受、能够理解的语言报道出来，激发广大民众的好奇心，吸引大家关注非物质文化遗产保护工作；第三在广大民众和政府、学术界之间架起双向沟通的桥梁，传递和回应社会普遍关注的与非物质文化遗产保护密切相关的热点问题；第四发挥监督作用，既积极倡导非物质文化遗产保护的好经验，又对一些有损于非物质文化遗产保护的错误行为进行揭露和纠正。

新闻界有义务去引导公众，让大家正确认识这些无形的非物质文化遗产存在的价值。近年来，新闻媒体积极利用电子媒体和平面纸质媒体的互动，寻找适合我国宣传非物质文化遗产的有效途径，弘扬中华民族优秀文化，抢救和保护人类口头与非物质文化遗产。在非物质遗产保护的过程中，新闻媒体具有独特的优势：

受众广泛。自传统媒体时代起，由于信息的传播相对比较闭塞，纸媒、电视、广播成为原来人们所了解信息的主要途径，如今，微博和微信通过互联网给人们大量可获取的信息，新闻媒体界也审时度势，开辟了新媒体的战场，在保持老受众的基础上，重新吸引了一大批新的受众，并迅速以长期的影响力和真实性成为了受众的重要信息源。

传播深度和效度有保障。新闻界一直以来都是以内容为王，具有良好的公信力。在适应时代进步的同时，新闻界也在开辟自己的新领域，不仅包括报纸、广播、电视等传统媒体，更突破至新媒体。新闻媒体在对非物质文化遗产的保护方面，通过对传承人、文化形态等进行文字记录、影像拍摄，可以真实地将历史渊源、传承过程、声音、动作、内容、样式、解说等通过数字化的方式记录下来，并通过大众喜闻乐见的形式、贴近生活的语言进行梳理解读。这样既可原汁原味地留存非物质文化遗产的本貌，又可充分展示其艺术特征、表现手法或唱腔等独特神韵，还能做到长久保存，并通过将记者的作品精心选择与编辑，使传送给受众的非物质文化遗产内容既结合新媒体特征，考虑了用户的阅读习惯，又根据新闻传播的深度报道，使用户在阅读与非物质文化遗产有关的新闻时，能按照自己的意愿和思路，主动地对非物质文化遗产进行文字、图片、视频、音频等选择了解，从而大大满足民众的好奇心，并增强其对非物质文化遗产的认识和理解，扩大了受众在非物质文化遗产方面的知识面。

可以实现即时交流互动。新媒体的即时交互特性，可以加深受众对非物质文化遗产的理解和支持，并可以方便地让受众之间、受众与记者之间、受众与非遗传承人之间进行即时在线交流和沟通，从而增强受众对非物质文化遗产保护和传承重要性及必要性的认识，较好地达到扩大非物质文化遗产传播范围和加强其影响力的目的。

虽然新闻媒体在非物质文化遗产保护中一直扮演着传播者与监督者的角色，但是我们也看到由于个别媒体从业者的素质差异也确实存在一些误导的现象。由于媒体话语权的作用，一旦误导现象存在，那么就存在这种误导影响被无限扩大的可能，所造成的社会负面影响将难以估量。因而新闻媒体在非物质文化遗产宣传中要在政府的引导下，不断加强和改进新闻舆论工作，牢牢把握正确导向，提高舆论引导的及时性、权威性、公信力、影响力，引导社会关注的热点、疏导公众情绪；加强和改进舆论监督，推动解决党和政府高度重视、群众反映强烈的非物质文化遗产保护工作中的实际问题；要秉持社会责任和职业道德，真实准确传播非物质文化遗产保护的信息，自觉抵制错误观点，坚决杜绝虚假新闻，在对好的"非遗"项目进行宣传的同时，也要看清一些伪"非遗"项目，并及时揭露批判，使人们能够更好地了解"非遗"、更好地保护"非遗"。

对新闻媒体而言，非物质文化遗产保护还是一项比较新的工作，既需要媒体人加强这方面的理论学习，更需要加大宣传的力度，使非物质文化遗产在社会中得到认可、尊重和弘扬。我们应利用各种新闻、出版、广播、电视和其他新闻媒体，采用各种方式，大力宣传非物质文化遗产文化保护工作的重要意义，普及非物质文化遗产文化保护知识，培养全民保护非物质文化遗产文化的意识，努力在全社会形成保护非物质文化遗产文化的社会环境和舆论氛围。有效的宣传教育活动，能够使非物质文化遗产的保护工作得到全社会的支持，唤起全民参与热情，提高国人的文化自觉，克服文化殖民心态，珍视、继承承载着民族文化记忆的非物质文化遗产，增强民族文化的"危机意识"和"自我意识"。

新闻媒体与学术界的关系。新闻媒体在非物质文化遗产保护过程中，首先需要向学术界获得极其专业的知识并进行通俗化的解读，不但要积极向受众传播有关非物质文化遗产的知识，更应该架起政府和学术界的桥梁，把专家的观点和意见及时地传播出去，让专家的意见成为政府决策的依据。新闻媒体在传播非物质文化遗产相关知识的同时，也要不断发现保护实践中存在的一些问题。作为传递者，关注广大民众对非物质文化遗产的若干疑问，并反馈给学术界，无形中为学术界提供了一些可供选择的且现实性较强的研究方向。这些研究方向在很大程度上反映了社会普遍关注的非物质文化遗产热点问题，具有很强的针对性，使得学术界的研究具有了更强的现实意义。非物质文化遗产之所以能延续至今日，是因为在传承过程中不断地与时俱进，亦即"活态"。然而随着社会形态的不断发展变化，人们的思维意识在不断更新，对于先前的物质需求或者精神需求兴趣不再，从而造成非物质文化遗产项目和今天的社会文化意识有所差异或者有所冲突。那么，要想使非物质文化遗产项目传承有序、彰显人文价值，于今天来说，最重要的莫过于采取什么样的传承手段与保护方式了。因此，有了新闻媒体的反馈，学术界可以针对非物质文化遗产保护和传承方面的问题和短板进行有的放矢的研究，挖掘非物质文化遗产的新的生命力所在，适应社会的发展，让非物质文化遗产焕发出新的生机。而学术界专家的意见通过媒体传播和放大，甚至能够成为人们的共识，对非物质文化遗产的保护是非常有利的，而媒体作为公共知识的传声筒，应该承担起这样的责任。

新闻媒体与各类教育机构的关系。新闻媒体在非物质文化遗产的保护方面具有很强的互动性，通过对非物质文化遗产项目的报道和传播，社会大众易于接受并且乐于参与其中，大众参与门槛低，参与范围广，有效地提高了传播速度，拓宽了传播广度，从而使非物质文化遗产项目从封闭走向开放，从精英化走向通俗化，形成"蝴蝶效应"，吸引更多人群的关注。因此，新闻媒体在传播非物质文化遗产相关知识的同时，也在无形中为各类教育机构提供了一些渴望得到非物质文化遗产相关知识的受教育者，各类教育机构可以通过新闻媒体对非物质文化遗产项目的报道所获得的反馈，了解非物质文化遗产项目在大众心中的重视程度，从而有选择性地聘请有关传承人进行现场示范、答疑解惑，通过展现自己的绝活，把更多非遗项目的制作流程、文化特点、艺术内涵更为细腻地呈现给大众。同时，新闻媒体可以积极联合各类教育机构开展与非物质文化遗产保护相关的活动，这样不但能扩大非物质文化遗产的社会影响，提高广大民众对非物质文化遗产的社会认知，唤起民众对非物质文化遗产保护工作的参与热情，更能潜移默化地带动整个社会的文化审美，使传统文化发扬光大，形成文化自信，对社会主义精神文明建设产生强大的推动作用。如东昌府木版年画经过《聊城日报》的报道后，地方高校的美术学院专门聘请了东昌府木版年画的传承人为学生进行实地授课，有关此次授课活动的照片刊发后，再次扩大了此项非物质文化遗产项目的社会影响力。

新闻媒体与社会资本的关系。非物质文化遗产具有无形性、活态性、传承性、民族性和地域性等特征。如果在保护实践中只投资保护而不加以利用，光投入而不产出，无法焕发出真正的活力，最终很难真正保护和传承下去。授之以鱼不如授之以渔，在保护的同时进行适当的开发才是比较好的传承方式。新闻媒体在传播非物质文化遗产知识的同时，也为社会资本提供许多可供关注的投资项目，成为社会资本了解非物质文化遗产价值的一个中介。同时，新闻媒体对社会资本参与非物质文化遗产保护相关活动的关注，在传播参与经验和输出参与模式的同时，也对其中一些影响非物质文化遗产科学传承的做法进行了披露，无形中对社会资本参与非物质文化遗产保护的方式起到了一定的规范作用。当今社会，很多地方的非物质文化遗产项目通过吸引社会资本的注入，借用市场化的多种方式，使其获得了新的生命力。比如东昌府的葫芦雕刻文化，在经过新闻媒体的报道和传播以后，社会资本积极注入，使其雕刻工艺水平不断提升，种植面积及消费市场逐步扩大。目前，东昌府区葫芦雕刻工艺品已初具规模，不仅成为地方经济的特色产业，还代表中国民间传统文化销往世界各国，为传播中国文化起到了重要作用。因此，非物质文化遗产的保护离不开社会资本的注入，社会资本注入后，新闻媒体可以通过长期、连续性的关注和报道，对此进行评估，因为这一理念合作需要设计商业模式，但是又不能过度商业化。在新闻媒体的报道中，我们可以了解到，重新焕发生机的非物质文化遗产项目往往采取区域性或景区式的保护和利用措施，挖掘其文化价值，让非物质文化遗产与旅游产业挂钩，使之成为活化石式的体验或展示项目，提升人们对非物质文化遗产的兴趣和需求，让它具有一定的商业价值，才有利于实现其长久可持续保护和传承。因此，新闻媒体不但可以成为社会资本注入的中介，还可以成为具体非物质文化遗产项目发展的评估者与见证者，甚至是指点者。

新闻媒体与行业协会的关系。新闻媒体的宣传报道在向世人介绍非物质文化遗产项目的同时，也使得与非物质文化遗产密切相关的行业协会进入了人们的视野，使人们充分了解这一长期存在于民间、自成体系并具有重要作用的组织。同时，新闻媒体的报道使行业协会更加公开化，使其更加谨慎地发挥自己的作用，这对于行业协会的规范建设也有一定的促进意义。在通过对行业协会的深入了解后，新闻媒体能够更清晰地明确某种非物质文化遗产在该行业中的水平和所处位置，从而更有针对性地对非物质文化遗产的传播进行解读。行业协会则通过新闻媒体的报道传播，扩大该行业的知名度和影响力，促进该行业的发展。

由于非物质文化遗产保护是一项复杂的社会实践，并没有现成的经验可以借鉴。新闻媒体担负着传授知识、承递文化、弘扬道义的职责，主动参与非物质文化遗产保护义不容辞。因此，在这场"文化战役"中，新闻媒体既要坚持专家立场、艺术视角，同时也要避免片面追求理论化、殿堂化倾向，应投身"非遗"保护实践，结合实践进行理性思考，注重适应性、实效性，以更加符合时代要求。

4. 民间资本的角色定位及与其他保护力量的关系

民间资本在非物质文化遗产保护中扮演润滑剂的角色，对非物质文化遗产通过文化产品的方式进入广大民众的视野发挥着不可替代的作用，又为其传承提供了必要的经济支持。民间资本在非物质文化遗产保护中所发挥的作用主要表现为以下两个方面：一是通过资本的注入，为具有强大市场潜力的非物质文化遗产项目提供巨大的资金支持。二是通过经济效益的调节，促进一些非物质文化遗产项目的振兴与繁荣。

民间资金在非物质文化遗产保护中一直扮演润滑剂的角色，对于诸多非物质文化遗产项目的振兴和文化市场的繁荣发挥着不可替代的作用。但是，我们也应该认识到由于民间资金的趋利性，其所作出的任何举动最终都要归结于经济效益的实现，甚至存在为了经济效益实现的最大化不惜对非物质文化遗产项目进行歪曲篡改的现象。因而政府应该对其进行积极引导，既要充分尊重其合理的经济诉求，又要保障其在参与非物质文化遗产保护工作过程中把社会效益摆在首要位置。尤其是当民间资金在一些非物质文化遗产项目的生产性保护中发挥作用时，必须保证核心技艺的原真性和工艺流程的完整性。我们可以鼓励和支持民间资金在一个平台以具体非物质文化遗产项目为蓝本进行产业化、商业化，甚至机械化，但必须以另一个平台原汁原味传承非物质文化遗产项目为前提。

民间资本与学术界的关系。民间资本通过设立专项基金来吸引学术界开展非物质文化遗产某个领域的专题研究，同时对专题研究的成果予以多种形式资助，在无形中参与到非物质文化遗产保护工作中来，这种参与活动无形中拉近了民间资本与高层知识分子的距离，以较为低的代价传播与自身相关的品牌文化，同时也潜在地培养了一批高层次的潜在客户群。清华大学美术学院院长李当岐教授曾在接受采访时表示："非物质文化遗产保护工作的部分成果将会被应用于柒牌男装的设计、创新中。"2008 年 8 月 3 日，由福建柒牌集团有限公司在清华大学艺术与科学研究中心设立的"柒牌非物质文化遗产研究与保护基金"。基金成立当天，柒牌集团董事长洪肇设指出："保护非遗就是珍藏中国人的梦想，传承非遗就是传递中国人的情意，通过非遗保护和传承能让更多人领略中国世代相传的艺术之美，能让所有中国人为我们优秀的民族文化而自豪。"截至 2013 年 6 月，柒牌"非遗"基金共支持非遗研究项目累计 60 项，研究项目遍布全国 35 个地区，积极促进我国传统、民间非物质文化遗产的挖掘、抢救、保护及传承工作，同时，也为中国非物质文化遗产的转化工作积极探索新的思路，在实现课题研究多元化及研究成果市场化的同时，柒牌更将中国"非遗"艺术元素呈现于服装、服饰设计之中，铸建了行业内民族文化弘扬的领航标杆。①

民间资本与各类教育机构的关系。民间资本出于塑造公众形象或关联企业发展的需要，经常会在教育机构中设立多种与非物质文化遗产相关的奖学金或冠名专题讲座，利用教育机构的教育活动无形中宣传了自己的品牌，同时也可以有选择地为与自身相关联的企业培养一批人才。同时，民间资本也通过设立专题的非物质文化遗产项目的考察与研究，直接参与到各类教育机构的非物质文化遗产教育工作中。

民间资本与新闻媒体的关系。民间资本作为一种成分复杂的资金复合体参与非物质文化遗产保护活动较易成为新闻媒体关注的对象，这固然与社会资本的自身特点有关。在非物质文化遗产的报道中，新闻媒体也希望能够看到一些民间资本涉足其中，帮助非物质文化遗产通过市场化找到出路进行传承，而民间资本在进行非物质文化遗产的扩大生产过程中，往往利用新闻媒体不断扩大其正面形象的同时，也通过与新闻媒体共同寻找新的与非物质文化遗产相关的关注对象，不断提升自身的社会形象。因此，在非物质文化遗产的传承方面，民间资本和新闻媒体可以说是一种相互支持、互利共赢的关系。

民间资本与行业协会的关系。民间资本要参与到非物质文化遗产保护中来，就不可避免地要受到行业协会的制约。但是，民间资本也通过经济利益在不断诱使行业协会的态度和立场发生有利于其的变化，使其相对容易地参与行业协会的活动。在参与行业协会的相关活动中，由于其拥有的强大经济话语权，使得行业协会在某种意义上成为其利益的维护者或附和者。

①　数据来源于 http：//news. sohu. com/20130608/n378396073. shtml。

5. 行业协会的角色定位及与其他保护力量的关系

行业协会在非物质文化遗产保护中扮演自律者的角色。由于它最接近非物质文化遗产项目，因而在某种程度发挥着组织者的角色，更为重要的是其自律作用的发挥。行业协会在非物质文化遗产保护中的作用主要表现为以下三个方面：一是通过制定一些行业规范，发挥其服务功能，推进行业内的自律；二是面临行业性危机时，发挥其组织功能，聚集力量共同应对，寻找解决方法；三是延续一些神秘的行业禁忌，发挥其行业文化维护功能，使得一些非物质文化遗产项目具有更为神秘的文化意义，对于某些优秀传承人社会威望的重塑有重要号召作用。

行业协会在非物质文化遗产保护中一直扮演自律者的角色。但是由于行业利益的现实存在，也确实存在一些为了本行业利益损害其他行业从业者、消费者利益的现象。当这一现象出现时，就需要由政府积极引导，逐步建立起政府主导、社会监督、行业自律、各传承主体依法传承的良性互动机制。只有这样，才能保证该行业的健康发展，保证该行业所涉猎的非物质文化遗产项目能够良性发展和有效传承。同时，也能够保证与该行业密切相关的其他行业的健康发展，保证非物质文化遗产项目所需的上游资源和下游出口，形成一个良好的产业链，促进非物质文化遗产相关产业的大繁荣和大发展。

行业协会与学术界的关系。非物质文化遗产领域的行业协会是学术界关注的重要对象，尤其是行业协会在非物质文化遗产项目的组织、协调、自律等方面的作用更是学术界关注的重点。行业协会自身的建设和功能的转变往往能够成为引导学术界研究的风向标。

行业协会与各类教育机构的关系。非物质文化领域的行业协会拥有独立的培养后继人才的制度，出于保护某些具体技艺的需要，往往对受教者设置诸多的严格要求。这种内部的人才培养机制与各类教育机构的培养活动并不冲突，行业协会关于非物质文化遗产的某些知识往往成为各类教育机构学习借鉴的重要内容，因而行业协会在某种意义上是非物质文化遗产领域的民间教育机构。

行业协会与新闻媒体的关系。非物质文化领域的行业协会由于其存在的民间性和某种程度的私密性，往往对于新闻媒体有一种内发的排斥感，不愿过多表露其内在的运行机制，尤其是一些行业禁忌。但是出于表达行业诉求的需要，行业协会又希望新闻媒体能够关注其所面临的现实困难，希望通过新闻媒体的关注唤来政府的支持，通过外力的帮助渡过行业难关。新闻媒体可以通过对非物质文化遗产项目以及整个行业的深度了解，挖掘出共同点以及非遗项目的突出点，力争对该行业的发展进行指导性建议。

行业协会与社会资本的关系。非物质文化领域的行业协会从内心排斥社会资本，这是由诸多非物质文化遗产项目的自身特点决定的。因而行业协会不希望社会资本更多参与到非物质文化遗产的传承中来。但是，出于发展和振兴非物质文化遗产项目的需要，行业协会又希望社会资本能够为其提供一定的资金支持，有条件地允许其在行业内部发挥作用。

社会力量同政府一样是非物质文化遗产保护的主体。对于非物质文化遗产来说，社会力量存在的民间社会是不可缺的文化载体，无论何种族群、个体都生活在民间文化中，都离不开非物质文化遗产所在的社会大环境。从这个意义来说，保护非物质文化遗产是社会力量所有组成部分的责任和义务，要唤起社会力量自觉的角色意识，自觉高效地开展非物质文化遗产的保护工作，使非物质文化遗产代代相传。

在非物质文化遗产保护实践活动中，政府是各方力量的组织者、整合者，是文化遗产保护工程的指挥者、实施者。为此，政府要注重资源整合，形成合力，避免重复劳动，才能更好地发挥学术界、教育机构、新闻媒体、社会资本以及行业协会的作用，让其积极参与到文化遗产的保护工作中，并利用自己的优势，来帮助、鼓励、推动民间社会对非物质文化遗产的自主传承。

附　录

一　相关文献

[1] 段友文、郑月：《"后申遗时代"非物质文化遗产保护的社会参与》，《文化遗产》2015 年第 5 期。

[2] 张武桥：《中国非物质文化遗产网络传播媒介研究》，《湖北民族学院学报》（哲学社会科学版）2015 年第 5 期。

[3] 叶鹏、周耀林：《非物质文化遗产建档式保护的现状、机制及对策》，《学习与实践》2015 年第 9 期。

[4] 王水维：《文化传承与非物质文化遗产社会教育路径探究》，《思想理论教育》2015 年第 12 期。

[5] 李荣启：《对非遗传承人保护及传承机制建设的思考》，《中国文化研究》2016 年第 2 期。

[6] 王杰文：《"遗产化"与后现代生活世界——基于民俗学立场的批判与反思》，《民俗研究》2016 年第 4 期。

二　相关文件

《国家级非物质文化遗产保护与管理暂行办法》

（文化部令第 39 号）

《国家级非物质文化遗产保护与管理暂行办法》已经 2006 年 10 月 25 日文化部部务会议审议通过，现予发布，自 2006 年 12 月 1 日起施行。

第一条　为有效保护和传承国家级非物质文化遗产，加强保护工作的管理，特制定本办法。

第二条　本办法所称"国家级非物质文化遗产"是指列入国务院批准公布的国家级非物质文化遗产名录中的所有非物质文化遗产项目。

第三条　国家级非物质文化遗产的保护，实行"保护为主、抢救第

一、合理利用、传承发展"的方针，坚持真实性和整体性的保护原则。

第四条 国务院文化行政部门负责组织、协调和监督全国范围内国家级非物质文化遗产的保护工作。

省级人民政府文化行政部门负责组织、协调和监督本行政区域内国家级非物质文化遗产的保护工作。

国家级非物质文化遗产项目所在地人民政府文化行政部门，负责组织、监督该项目的具体保护工作。

第五条 国务院文化行政部门组织制定国家级非物质文化遗产保护整体规划，并定期对规划的实施情况进行检查。

省级人民政府文化行政部门组织制定本行政区域内国家级非物质文化遗产项目的保护规划，经国务院文化行政部门批准后组织实施，并于每年十一月底前向国务院文化行政部门提交保护规划本年度实施情况和下一年度保护工作计划。

第六条 国家级非物质文化遗产项目应当确定保护单位，具体承担该项目的保护与传承工作。保护单位的推荐名单由该项目的申报地区或者单位提出，经省级文化行政部门组织专家审议后，报国务院文化行政部门认定。

第七条 国家级非物质文化遗产项目保护单位应具备以下基本条件：

（一）有该项目代表性传承人或者相对完整的资料；

（二）有实施该项目保护计划的能力；

（三）有开展传承、展示活动的场所和条件。

第八条 国家级非物质文化遗产项目保护单位应当履行以下职责：

（一）全面收集该项目的实物、资料，并登记、整理、建档；

（二）为该项目的传承及相关活动提供必要条件；

（三）有效保护该项目相关的文化场所；

（四）积极开展该项目的展示活动；

（五）向负责该项目具体保护工作的当地人民政府文化行政部门报告项目保护实施情况，并接受监督。

第九条　国务院文化行政部门统一制作国家级非物质文化遗产项目标牌，由省级人民政府文化行政部门交该项目保护单位悬挂和保存。

第十条　国务院文化行政部门对国家级非物质文化遗产项目保护给予必要的经费资助。

县级以上人民政府文化行政部门应当积极争取当地政府的财政支持，对在本行政区域内的国家级非物质文化遗产项目的保护给予资助。

第十一条　国家级非物质文化遗产项目保护单位根据自愿原则，提出该项目代表性传承人的推荐名单，经省级人民政府文化行政部门组织专家评议后，报国务院文化行政部门批准。

第十二条　国家级非物质文化遗产项目代表性传承人应当符合以下条件：

（一）完整掌握该项目或者其特殊技能；

（二）具有该项目公认的代表性、权威性与影响力；

（三）积极开展传承活动，培养后继人才。

第十三条　国家级非物质文化遗产项目代表性传承人应当履行传承义务；丧失传承能力、无法履行传承义务的，应当按照程序另行认定该项目代表性传承人；怠于履行传承义务的，取消其代表性传承人的资格。

第十四条　国务院文化行政部门组织建立国家级非物质文化遗产数据库。有条件的地方，应建立国家级非物质文化遗产博物馆或者展示场所。

第十五条　国务院文化行政部门组织制定国家级非物质文化遗产实物资料等级标准和出入境标准。其中经文物部门认定为文物的，适用文物保护法律法规的有关规定。

第十六条　国家级非物质文化遗产项目保护单位和相关实物资料的保护机构应当建立健全规章制度，妥善保管实物资料，防止损毁和流失。

第十七条　县级以上人民政府文化行政部门应当鼓励、支持通过节日活动、展览、培训、教育、大众传媒等手段，宣传、普及国家级非物质文化遗产知识，促进其传承和社会共享。

第十八条 省级人民政府文化行政部门应当对国家级非物质文化遗产项目所依存的文化场所划定保护范围，制作标识说明，进行整体性保护，并报国务院文化行政部门备案。

第十九条 省级人民政府文化行政部门可以选择本行政区域内的国家级非物质文化遗产项目，为申报联合国教科文组织"人类非物质文化遗产代表作"，向国务院文化行政部门提出申请。

第二十条 国家级非物质文化遗产项目的名称和保护单位不得擅自变更；未经国务院文化行政部门批准，不得对国家级非物质文化遗产项目标牌进行复制或者转让。国家级非物质文化遗产项目的域名和商标注册和保护，依据相关法律法规执行。

第二十一条 利用国家级非物质文化遗产项目进行艺术创作、产品开发、旅游活动等，应当尊重其原真形式和文化内涵，防止歪曲与滥用。

第二十二条 国家级非物质文化遗产项目含有国家秘密的，应当按照国家保密法律法规的规定确定密级，予以保护；含有商业秘密的，按照国家有关法律法规执行。

第二十三条 各级人民政府文化行政部门应当鼓励和支持企事业单位、社会团体和个人捐赠国家级非物质文化遗产实物资料或者捐赠资金和实物用于国家级非物质文化遗产保护。

第二十四条 国务院文化行政部门对在国家级非物质文化遗产保护工作中有突出贡献的单位和个人，给予表彰奖励。

第二十五条 国务院文化行政部门定期组织对国家级非物质文化遗产项目保护情况的检查。

国家级非物质文化遗产项目保护单位有下列行为之一的，由县级以上人民政府文化行政部门责令改正，并视情节轻重予以警告、严重警告，直至解除其保护单位资格：

（一）擅自复制或者转让标牌的；

（二）侵占国家级非物质文化遗产珍贵实物资料的；

（三）怠于履行保护职责的。

第二十六条 有下列行为之一的，对负有责任的主管人员和其他直接责任人员依法给予行政处分；构成犯罪的，依法追究刑事责任：

（一）擅自变更国家级非物质文化遗产项目名称或者保护单位的；

（二）玩忽职守，致使国家级非物质文化遗产所依存的文化场所及其环境造成破坏的；

（三）贪污、挪用国家级非物质文化遗产项目保护经费的。

第二十七条 本办法由国务院文化行政部门负责解释。

第二十八条 本办法自 2006 年 12 月 1 日起施行。

二○○六年十一月二日

第三章

非物质文化遗产保护领域中的民间资本

我国民间资本体量巨大。2012—2014 年，仅民间固定资产投资累计分别为 223982 亿元、274794 亿元和 321576 亿元，其投资累计增长分别为 24.8%、23.1% 和 18.1%，民间固定资产投资占全社会固定资产投资比例分别为 61.4%、62.3% 和 64.1%。由此可见，民间投资对促进经济平稳较快发展发挥了至关重要的作用。[①] 学术界 20 世纪就已经开始关注民间资本，因而对关于民间资本的研究成果众多。关于民间资本的投资领域研究，如厉以宁早在 20 世纪就呼吁让民间资本广泛参与社会建设。其后，有学者开展了如何吸引民间资本广泛参与到包括公路、铁路、电信等城市基础设施等社会发展各个领域的研究工作，如唐建新在其文《中国引入民间资本进行基础设施建设若干问题探讨》（1999）、肖贤春在文《积极引导民间资本投资基础设施产业》（1999）、李新永等在其文《关于我国基础设施建设中引入民间资本的问题与方法》（2000）均开展了在基础设施建设领域引入民间资本的必要性和具体方式研究。郑延智在其硕士学位论文《我国收费公路吸收民间资本问题研究》（2005）对吸收民间资本进入收费公路建设进行了研究，刘庆在其硕士学位论文《我国民间资本进入天然气产业问

---

① 刘变叶：《民间资本投资困境、成因与对策》，《商业经济》2015 年第 6 期。

题研究》（2005）中对民间资本进入天然气产业进行了研究。关于民间资本与区域经济发展的关系研究，如安晓云、卢嘉瑞在其文《民间资本发展与收入增长源泉》（2001）中指出民间资本的发展有利于实现居民收入水平的稳定增长，从而有效推动消费，最终将促进经济增长。杨国群在其文《我国民间投资现状及发展研究》（2003）、胡岳崛在其文《激活民间资本促进经济发展》（2004）均认为民间资本投资已逐渐代替国有经济投资成为推动经济持续增长的关键。民间资本的影响因素研究，当属国家统计局投资司课题组（2003）的《影响民间投资增长的因素分析》最具权威性且最为详尽，文中指出：影响民间资本投资的主要因素有市场供求、心理预期、利率、税收、市场准入、金融政策、国债、财产保护。民间资本规范监管制度研究，如闻宝龙在其文《吸引民间资本以 BOT 模式投资于基础设施建设的法律思考》（2005）、黄文明在其文《民间资本参与 BOT 项目法律问题研究》（2007）认为民间资本以 BOT 模式进入时存在诸多法律问题，须尽快制定相关法律，并分别提出了单项法的立法形式，特许协议和政府保证等。苏自申在其文《浅议民间资本的监管》（2011）认为规范与引导民间资本的正常流动，加强对民间资本的监管可以从界清模糊地带，加大对合法民间信贷行为的保护力度、完善社会信用体系、加大惩处力度、增大违法成本等几个方面着手。张贵堂在其文《构建我国民间资本参与创业投资的制度环境分析》（2006）等提出应加快创业投资法律制度环境的建设，建立完善的税收制度，活化创业投资的退出通道。通过梳理，我们不难发现学术界已经开展的相关研究，为我们开展民间资本如何在非物质文化遗产保护领域发挥积极作用的研究提供了有效参考。

民间资本是非物质文化遗产保护领域的重要力量，是保护资金投入的重要组成部分。系统开展吸引和规范民间资本参与非物质文化遗产保护工作的研究，对于逐步形成政府主导、社会广泛参与的投入机制，确保保护工作扎实有效地开展有着积极的意义。在我国目前建设任务繁重、政府投资压力大的现状下，民间资本在非物质文化遗产保护领域的作用更为显现，加强对其研究也就显得尤为重要。非物质文化遗产保护领域中民间资本的概念、特点与研究的意义，如何实现民间资本的积极作用，如何对其进行适度规约、督促其履行社会责任，这些问题是研究工作中应该关注的重点。

一 非物质文化遗产保护领域中的民间资本的若干问题

研究非物质文化遗产保护领域中的民间资本，必须明确该领域民间资本的概念、特点。刘希章、李富有认为，"民间资本是民营企业以及股份制企业中属于私人股份的所有私人资本的统称。"[1] "民间资本包括民营企业所掌握并用于投资的资本，以及居民储蓄存款、市场游资、居民手持现金、退休基金、房屋保险基金、非国有经济资产等。"[2] 张晓琴认为，"民间资本是相对于国有资本和外商资本而言的非政府拥有的资本，指一个国家或者地区内部的非国有资本和非外商资本的总和，是掌握在民营企业以及股份制企业中属于私人股份和其他形式的所有私人资本的统称"。[3] 参照学术界其他专家学者对民间资本的界定和非物质文化遗产保护领域民间资本的现状，我们可以把非物质文化遗产保护领域中的民间资本用以下三条标准来衡量：①民间资本是蕴藏于民间，为民间所掌控但为政府所监管合法存在的资本；②遵守我国的相关法律制度，为非国家所有并且获得政府某种程度的认可；③在非物质文化遗产保护领域中有独特且不可替代的作用。依据上述标准，国家资本和外资之外能够在保护工作切实发挥促进或推动作用，又同时符合以上三条标准的资本，就可以纳入本研究中民间资本的范畴。关于非物质文化遗产保护领域中民间资本的研究，并不

---

① 刘希章、李富有：《民间资本供求博弈、缺口预测及趋向判定》，《当代财经》2016 年第 3 期。

② 刘希章、李富有：《我国民间资本供求失衡问题研究》，《上海经济研究》2015 年第 6 期。

③ 张晓琴：《我国民间资本发展问题研究》，硕士学位论文，华东师范大学，2009 年。

是否认其在非物质文化遗产保护领域中的某些消极影响，而是在正视其消极影响的前提下开展积极研究。因为任何资本所发挥的作用都存在相反的两个作用力，关键在于哪一个作用力处于主体位置，并起决定作用。对民间资本的负面作用进行研究，也能够对我们的非物质文化遗产保护工作起到借鉴作用。

（一）非物质文化遗产保护领域的民间资本概念及特点

按照前文述及的标准，我们将非物质文化遗产保护领域的民间资本界定为：在非物质文化遗产保护实践中，遵守我国相关法律制度并发挥巨大积极作用且蕴藏于民间非国家所有的资本。当然，民间资本也会以不同的形式或名目出现在非物质文化遗产保护实践中，在不同的方面发挥作用。参与到非物质文化遗产保护实践中的民间资本，具体形态可以是真实资本，如现金、原材料、作坊、陈列馆等，也包括虚拟资本，如某种记忆、技能、管理才能等。既可以是目前存在的资本，也包括潜在未发生的资本，比如未来可能塑造的品牌，因而非物质文化遗产领域的民间资本可以视为一种资本的集合体。

非物质文化遗产保护领域的民间资本具有以下特点。

1. 产权主体清晰

民间资本的投资者既是资本的所有者又是投资主体，其产权边界具有清晰性。因此，民间资本所有者努力拥有对整个投资过程的掌控权，或将此权利交付可以信赖的人或民间组织代为行使。民间资本的这一特征使其所有者能够和其他投资主体一样成为符合市场经济特征的投资主体。民间资本本身就是市场经济发展的产物，其产生与逐步壮大莫不与市场经济休戚相关。当然，鉴于民间资本的规模相对较小（较国家资本而言），其在参与非物质文化遗产保护的过程中多以微观投资主体的形式出现。

2. 民间资本的逐利性

民间资本投资的根本动机就是追求自身经济利益和投资回报的最大化，这也是一切资本的属性。尽管民间资本投资也会产生一定的社会效益，但那并不是其根本出发点。究其本质而言，民间资本更倾向于投资在回收期限短、收益高的领域。但是由于民间资本不能掌握完整的市场信息，其在投资时不可避免地有一定的盲目性和盲从性，容易造成重复建设和盲目建设，其投资曲线具有相当大的波动性，容易造成区域经济或行业经济的大起大落，造成整个经济的稳定性缺乏保障。

3. 民间资本存在与发生域相对狭小，但和非物质文化遗产项目的分布区域有很大交集

浙江工商大学程乾教授运用地理信息技术，对 1530 项非物质文化遗产的地理空间分步进行了分析，发现多分布于中国历史悠久、文化繁盛及少数民族聚居的区域①。地理空间上的分布主要表现为：①中国非物质文化遗产区域分布不平衡，从南北看，多分布在中国南方地区，尤其是东南沿海一带；②从东中西部看，主要分布在东部和中部地区，而西部地区相对稀少；③从全国看，主要分布在东部沿海发达地区，长江中下游平原较为集中；其次是西南少数民族聚居地区。

民间资本主要集中在民间，尤其是经济较为发达地区的民间，相当部分是活跃在发达地区的中小城镇，这个范围恰恰是非物质文化遗产项目分布较密集的区域，如浙江、山西、山东、广东、福建、江苏等省份。因而，我国民间资本的存在、发生区域和非物质文化遗产项目分布有很大的交集，在有意和无意中不断发生着各种联系。

（二）非物质文化遗产保护领域中民间资本研究的价值

系统开展非物质文化遗产保护领域中民间资本的研究，既是完善非物质文化遗产保护理论研究的需要，也是推进非物质文化遗产保护实践工作的需要，是理论价值和现实价值兼具的重要课题。

（1）加强非物质文化遗产保护领域的民间资本作用研究，鼓励和引导民间资本参与非物质文化遗产保护工作，有利于对逐步壮大和四

---

① 程乾等：《中国非物质文化遗产的空间分布特征及影响因素分析》，《地理科学》2013 年第 10 期。

处游离的民间资本进行合理疏导，在一定程度上消解民间资本的无序状态，将其纳入国家的整体发展规划中，为庞大的民间资本暗涌找到一个泄洪口。

（2）加强非物质文化遗产保护领域的民间资本作用研究，鼓励和引导民间资本积极参与非物质文化遗产保护工作，对于营造全员参与的保护工作体系，明确民间资本在非物质文化遗产保护领域的角色，优化政府调配保护资金的比重，改善保护资金结构，间接促进政府宏观管理体制改革和职能的转变有重要的现实意义。

（3）加强非物质文化遗产保护领域的民间资本作用研究，鼓励和引导民间资本参与到非物质文化遗产保护工作中，有利于促进产业结构的调整。我国的非物质文化遗产项目相对集中于第三产业的范围内，国有资本对此关注相对较少，因而存在一定的资本空置区间。大量民间资本的介入既能够补充该区域的资本洼地，更有利于调节我们的产业结构，拓展基层区域市场，加速区域内各种文化生产要素和资源的流动与转化。

二　非物质文化遗产保护中的民间资本角色与作用分析

民间资本是满足民间自我生产、自我消费之后的闲置资本，因而也可以理解为民间日常生活之外的资本。当然民间资本也可以根据其逐利性分成不同的部分。如逐利性较强的民间资本，这部分资本可以用于非物质文化遗产保护，但是资本所有人只愿将其投入到回报率较高的项目中，因为资本所有人为了回本索息，必然要求较好回报，必然会千方百计地在保护实践中索求回报。一般逐利性民间资本是指个人所有但短期内又无利润较高的投资项目，为避免资本闲置而投入非物质文化遗产项目，以求保证有一定收益的资本。这部分资本一般投资于那些经济效益不大好（或近期经济效益不大好而远期经济效益较好），但有一定稳定社会效益的项目。无逐利资本是指无需追求利润的资本，主要来源于社会上的各种捐赠等，一般是热爱非物质文化遗产的热心人士和组织捐赠设立。无逐利性民间资本由于其规模不大，决定了其在非物质文化遗产保护领域的施展空间不大，因而其所能在保护工作的发挥作用相对较小。在保护实践中，我们也发现由于民间资本的不稳定性和投资的非长期性，很难把民间资本长期投资在社会效益较好的项目上。

民间资本同其他资本一样都有逐利性，并且能够因为其所逐利润的大小而改变自身在一定时期形态的大小。民间资本在相当程度上处于一种散兵游勇的状态，其逐利性、灵活性和追求效率性，导致其民间资本缺乏合理有效的长期投资规划，使其投资具有随机性、盲目性和投机性。如果民间资本可以参与的经济活动有相当大的利润空间，那么民间资本的体量就会不断变大，甚至会把其他的资本也转移到这一经济活动中。如果民间经济活动所参与的经济活动利润空间较小，或者不能参与有利润空间的经济活动，那么民间资本就可能以其他形式参与到整体经济运行中，如储蓄、购买国债、基金、理财产品等。

非物质文化遗产保护领域的民间资本较其他领域而言，相对体量较小，因为非物质文化遗产保护领域的利润空间较小，而且可参与的空间不大。鉴于非物质文化遗产项目普遍存在于民间社会的现状，而且很大一部分非物质文化遗产项目并不能进入生产流通领域，所以民间资本参与其中的机会不大。但是，随着我国推广生产性保护在一些传统技艺、传统美术和传统医药药物炮制类非物质文化遗产领域的实施，也就为民间资本积极参与其中提供了政策支持和良好机会。《文化部关于加强非物质文化遗产生产性保护的意见》已经表明了政府的积极态度，并且鼓励民间资本通过多种途径、多个渠道参与到保护实践之中。比如东阿阿胶是国家首批非物质文化遗产，其在发展的过程中就有一定时期面临资本面紧张的状况，其通过股票、债券市场向社会融资，解决了发展中所需有限的问题，成为我国非物质文化遗产传承发展的排头兵。

三　非物质文化遗产保护领域民间资本的适度规约

我国非物质文化遗产保护工作的初衷是为了延续更多的文化基因，保护文化的多样性，最终目的是为了保护非物质文化遗产的有序传承。因而参与非物质文化遗产保护工作中的民间资本必须"以保持非物质文化遗产的真实性、整体性和传承性为核心，以有效传承非物质文化遗产技艺为前提"，以一种生产要素的形态参与到非物质文化遗产具体项目的生产、流通、销售等环节，在推动非物质文化遗产项目有效传承的前提下，实现自身的合理收益。民间资本作为社会保护力量的一部分，积极参与到非物质文化遗产保护工作中，也是我们开展全民保护的一种探索。民间资本参与非物质文化遗产保护，只是社会力量参与非物质文化遗产保护实践的一种方式，绝不是全部的、万能的保护方式，更不是唯一的保护方式。因而在保护实践中，我们应当对民间资本进行一定的规约，避免走一些不必要的弯路，以便实现预期的保护效益。

1. 积极探寻非物质文化遗产具体项目活态传承与当前经济社会发展之间良性互动的有效机制

活态流变性和恒定性是非物质文化遗产的主要特点和重要发展规律，如果因为民间资本参与保护实践而使非物质文化遗产传承受到冲击，那我们是绝不能让其参与到保护实践中的。倡导和鼓励民间资本参与到非物质文化遗产保护实践，是为了尝试建立非物质文化遗产具体项目活态传承与当前经济社会发展之间良性互动的有效机制，实现非物质文化遗产保护与改善民生的有机结合。同时，民间资本参与非物质文化遗产保护工作，并不是可以参与到所有的保护项目中，这既有民间资本规模有限的原因，更有不同非物质文化遗产项目传承特点各异的原因。民间资本规模较其他资本而言规模较小，而且由于我国关于民间资本投资管理的体制机制不够完善，故民间资本不可能而且资本所有人也不敢参与到太多的非物质文化遗产项目的传承中。我国非物质文化遗产项目形态各异，传承方式和发展规律也各不相同，因而并不是所有的非物质文化遗产项目都适于民间资本参与其中。只有与市场紧密相关、需要借助市场来实现传承的项目，才可以成为民间资本参与的对象。若民间资本不加区分地参与到其他非物质文化遗产项目中，非但不能实现自身的合理收益，反而会对非物质文化遗产项目造成不同程度的伤害。

2. 必须坚持社会效益的首要位置，坚持社会效益和经济效益有机结合

民间资本参与非物质文化遗产保护实践的经济收益通过非物质文化遗产及其资源转化而成的文化商品的售卖而实现。就投资收益而言，其大小在很大程度上就成为了民间资本是否决定参与保护实践的重要砝码。"天下熙熙皆为利来，天下攘攘皆为利往"，民间资本天然具有很灵敏的利益嗅觉，哪里有收益，就会蜂拥而至。[①] 如果我们的保护实践不能为参与其中的民间资本带来一定的经济收益，那么就很难吸引民间资本参与非物质文化遗产保护实践。我们要在一定程度上保障民间资本在非物质文化遗产保护工作中的收益，这是实现全民保护的重要步骤。针对具体非物质文化遗产项目的不同情况，可以提供不同的扶植措施，如实行税收、信贷以及设立文化产业发展基金等倾斜性政策，使参与非物质文化遗产实践的民间资本的利益能够从另一个方面得到保障。

在保护实践中，我们必须认识到非物质文化遗产保护实践离不开一定经济效益，但是经济效益绝不能代替社会效益成为衡量保护实践成败的最主要因素。在保护实践中，我们必须而且始终坚持社会效益的首要位置，坚持社会效益和经济效益的有效结合。唯有如此，才能够实现优秀传统文化的繁荣发展，满足人民群众的精神文化需求，又能够促进文化消费，实现保护工作与改善民生的有机结合。

---

① 刘变叶：《民间资本投资困境、成因与对策》，《商业经济》2015 年第 6 期。

3. 是否允许民间资本参与到具体非物质文化遗产项目的传承，必须充分尊重传承人的选择

参与非物质文化遗产保护的力量和方式有很多种，甚至每一个具体的非物质文化遗产项目都有符合自身特点的保护力量和方式。在对保护力量和保护方式的选择中，我们要充分尊重传承人的选择，坚持保护方式的多样性。民间资本能否促进具体非物质文化遗产项目的保护传承，关键在于要对具体的非物质文化遗产项目具体问题具体分析，要从其传承的特点和规律出发来加以判断选择。全部推进民间资本参与到所有非物质文化遗产项目的保护传承，是对具体非物质文化遗产项目的巨大伤害；全部拒绝民间资本参与到非物质文化遗产保护工作中，将会延误一些急需民间资本的项目的正常发展。在取和弃的选择中，要避免外在力量的过度干预所造成的一刀切的做法，应充分尊重具体项目传承人的意愿，并结合项目传承发展的实际情况来做决定，绝不可出现个别部门、专家学者甚至新闻媒体等其他力量越俎代庖的现象，更不可不顾具体项目之别而盲目跟风。

4. 尝试建立非物质文化遗产保护领域的民间资本监管协调机制①

民间资本参与非物质文化遗产保护工作需要监管，监管的主体就是各级政府部门，监管的重点是制定民间资本监管政策、规则与制度，发布民间资本监管信息，按照制定好的政策、规则和制度进行实时监管。

推进成立民间资本领域的行业协会，发挥其自我监管功能。民间资本行业协会是介于政府与民间资本组织之间，提供服务、咨询、沟通、自律及协调等功能的社会中介组织，肩负着对民间资本组织各类经济风险的提示、分散、自律、检测、协调及救助职能，因此民间资本协会监管迫在眉睫。

建立健全民间资本组织的内部控制系统。民间资本组织的内部控

① 刘希章、李富有：《民间资本供求博弈、缺口预测及趋向判定》，《当代财经》2016 年第 3 期。

制系统应包括以下内容：成立组织机构；明确内部控制目标；确立内部控制原则；建立内部经营风险监测机制；分析内部控制的环境；加强信息收集反馈与沟通；成立内部监督等。

加强司法部门对民间资本的法治监督和规范。民间资本的法制监管应该包括：对民间资本行业协会相关章程及监管行为的司法审查；对民间资本组织违规行为的司法审查与惩戒；对民间资本借贷纠纷的审理、调解与仲裁；对民间资本参与主体行为的引导、规制与防范等。

民间资本对于非物质文化遗产保护并不是一个新鲜事物，因为部分非物质文化遗产项目的传承发展本身就是与之密切相关的。但是，系统地开展非物质文化遗产领域的民间资本研究却是一项空白，这也严重影响了各种保护力量参与非物质文化遗产保护实践的积极性，迟滞了全社会力量参与非物质文化遗产工作的进展。

附　录

相关文献

［1］林龙飞等：《非物质文化遗产传承的资本化运作——以传统戏剧为例》，《浙江艺术职业学院学报》2011 年第 3 期。

［2］吕俊彪：《神圣与世俗的通约：非物质文化遗产保护与发展的悖论性抉择》，《思想战线》2011 年第 3 期。

第四章

非物质文化遗产保护中的高等教育

高等教育是我国非物质文化遗产保护力量的重要组成部分。在非物质文化遗产保护实践中，在理论体系构建、人才培养等多个领域发挥着不可替代的作用。但在我们的现实保护工作中，很多人还普遍存在着对高等教育在非物质文化遗产保护角色与作用认识不清，对其所承担的责任和功能认知不明的现象，这严重影响了高等教育在我国非物质文化遗产保护中的作用发挥，影响了社会整体保护合力的形成，使得保护工作所急需的指导理论和人力资源在某种程度上处于一种缺位状态。为改变这种状况，必须解决高等教育在非物质文化遗产保护工作中的角色及其实现途径问题，从理论上廓清了这些问题，我们就能更好地开展保护工作。

一　高等教育在非物质文化遗产保护中的角色分析

任何一种社会力量在非物质文化遗产保护工作中都扮演一定的角色，并依据自我的这个角色发挥着一定的作用。高等教育作为非物质文化遗产社会保护力量的一部分，在非物质文化遗产保护中主要扮演两种角色：一是非物质文化遗产保护理论体系的主要构建者，二是非物质文化遗产保护工作人才的主要培养者。这两种角色并不是截然独立的，而是相互关联的，甚至可以将其视为一种角色。但是，为了学术研究的方便，我们还是将其分为密切关联的两种角色。

（一）高等教育是非物质文化遗产保护理论体系的主要构建者

虽然由于我国政府的积极推进，非物质文化遗产保护工作开展得如火如荼。各级政府也相应地开展声势浩大的保护活动，一些机构也逐步建立，大批非物质文化遗产保护专家逐渐走向了前台，普及关于非物质文化遗产或非物质文化遗产保护的相关知识，并对政府的有关保护工作出谋划策。从表象上看，非物质文化遗产保护已经成为当前社会的一个热点，已经点燃了全面的热情，成为了一个全国性的文化热潮。但是我们也必须认识到，受系统的非物质文化遗产研究时间所限，我国专门从事非物质文化遗产理论研究的学者较少，且这些学者的学科背景多而杂，微观研究势头较强而宏观把握相对不足，导致基础理论研究相对滞后，真正具有稳态知识谱系的规范的非物质文化遗产理论体系尚未建立。从近10年的成果统计分析看，非物质文化遗产保护的研究成果无外乎以下两类：一是学者把各自原从事的专业作为出发点开展与非物质文化遗产有关的研究，从而丰富了非物质文化遗产研究的视角；二是学者以各自原从事的专业为落脚点，把逐渐形成的非物质文化遗产保护的理念和方法应用到本专业研究，丰富了原专业研究的思路和方法。鉴于以上原因，就造成了我国非物质文化遗产研究出现了学术话语不尽统一、研究视角稍显纷杂、立论言说互不支撑的现状。当然，学术界也有一批比较有代表性的研究成果，如王文章的《非物质文化遗产概论》、苑利的《非物质文化遗产学》、乌丙安的《非物质文化遗产保护理论与方法》等，但这些论著多侧重于教材建设和保护实践指导，其研究广度与研究深度与非物质文化遗产学理论研究的系统化建设是不相符的。故强化基础理论研究，扩大研究视角，提升研究水平，完善理论体系，将是我们今后非物质文化遗产理论研究及科学化建设面临的核心问题。

为满足我国非物质文化遗产保护工作的人才需求，高等教育的专家学者应承当起推进非物质文化遗产学科逐步成长的重任，把规范理论研究和理论体系建设作为首要任务。高等教育凝聚了相当一大批非物质文化遗产研究的专家学者，无论在学历层次还是理论水平上都可担当推进非物质文化遗产保护理论体系构建与完善的重任。因此，高等教育完全可以有组织有计划地开展非物质文化遗产的系统研究，从根本上构建和丰富非物质文化遗产保护的理论体系，使非物质文化遗产从一个学术概念成长为学术方向乃至一个学科，从而解决非物质文化遗产保护研究"缺少高度综合的基础理论的知识体系作为支撑"的困境。

（二）高等教育是非物质文化遗产保护人才的主要培养者

《中华人民共和国非物质文化遗产法》第三十四条明确规定，"学校应当按照国务院教育主管部门的规定，开展相关的非物质文化遗产教育"。由此而言，非物质文化遗产教育已经从法律上成为国家系统教育内容不可缺少的组成部分。作为国民教育序列的重要组成部分，高等教育应当担负起培养非物质文化遗产专业人才的重任，这既是高等教育作为教育形态与生俱来的义务，也是法律所赋予的必须担当的责任。高等教育培养非物质文化遗产保护人才，主要在两个层面进行。第一个层面是专业人才的培养，如高素质的理论研究人才、高水平的一线工作者、优秀的传承人。尤其培养高素质的专业人才是高等教育的重要任务之一。高素质的非物质文化遗产保护理论研究人才是保护工作的基础，我们当前的保护工作走了不少弯路，很大程度就是因为理论研究人才的匮乏而导致理论研究的不足。第二个层面是培养广大民众的保护自觉，提高最大范围的广大民众的认知度和认可度，使非物质文化遗产保护成为一种自觉的文化活动，促进全民长效性保护工作的开展。

二　高等教育在非物质文化遗产保护中角色实现的途径分析

非物质文化遗产保护工作中的每一种社会力量都有其实现自我角色的途径，高等教育也不例外。众多的社会力量扮演自己的角色，发挥自己的保护作用时，因为彼此之间的关联导致存有彼此实现途径交集的状况，这在一定程度上也促进多重保护力量之间的自我优化。

（一）充分发挥人才与学科资源优势，积极构建中国特色非物质文化遗产保护理论体系

高校是优秀人才集聚地，也是非物质文化遗产理论构建的策源地。因而高校应充分调动不同学科背景专业人才的积极性和创造性，围绕非物质文化遗产理论若干研究问题，组建研究团队，在考察非物质文化遗产保护历史的基础上，从国情实际出发，充分借鉴国外非物质文化遗产保护理论成果，构建中国特色非物质文化遗产保护的理论、方法与体系。

与此同时，在理论研究的过程中，高校要充分汇集全社会力量，着眼于非物质文化遗产保护实践性强的特点，坚持开放性研究的思路，将田野调查法、共时调查法、历时调查法等应用到非物质文化遗产理论研究之中；要吸引民间优秀传承人直接参与理论研究，为理论研究提供更多素材，增强理论研究的实践性和现实性。

（二）调整高等教育课程内容结构，将非物质文化遗产保护的理论课程与实践课程有机融合

考察当前非物质文化遗产人才培养的现状，我们发现一个致命的问题：系统地接受非物质文化遗产保护相关理论知识教育的学生，普遍缺乏与之密切相关实践类课程的学习经历，导致学习的理论知识严重脱离实际；相反，接受过相关实践类课程活动的学生，普遍缺乏接受系统学习相关理论知识的机会，以致停留在对技术和项目的浅显理解层面，无法读懂非物质文化遗产的背景知识和社会价值。如此而言，非物质文化遗产学相关教学内容的重大缺失和理论教学与实践课程的不平衡，将导致受教育者的知识结构不健全，其以后要承担相关业务工作势必受到影响。为解决这一问题，高等教育应主动调整非物质文化遗产学的相关课程，在强化基础理论教育的同时，加大实践类课程的比重，让受教育者在保护非物质文化遗产的实践中不断验证学习到的基础理论，并在保护实践中找到基础理论的结合点，努力做到理论

研究上顶天，保护实践上立地，真正使非物质文化遗产保护成为一种拥有理论高度并接地气的学科和工作。

（三）积极开展非物质文化遗产保护教学模式、手段方法的研究与改革，不断提高人才培养质量

在非物质文化遗产保护相关课程的教学过程中，高校可根据具体学校和区域文化实际，把案例教学法、项目教学法等启发性、针对性、综合性于一体的新型教学方法融入教学过程之中，把部分课堂教学移到非物质文化保护的田野、传习所、展示所等场所，通过实训、示范、交流、研讨等方式，构建师生共同参与、生动活泼、基础知识与专业技能并举、课堂教学与实习实训相结合的教学模式。

（四）创新人才培养方式，推进多种培养方式的有机结合

非物质文化遗产保护工作最终还是要落实到高水平的一线工作者身上，一线工作者的水平将直接决定着保护工作的真实绩效。保护实践中，不少地方出现"保护成了一种新的破坏"的现象，恐怕与一线保护工作者的水平欠缺有很大关系。在人才培养实践中，高水平的一线工作者可以通过访问学者、在职研究生班、继续教育本科、短训班等多种方式接受再教育。鉴于非物质文化遗产学还没有列入本科专业目录的现状，也可以尝试在相关学科中探索相应本科层次的教育。各种形式的短期培训是非物质文化遗产教育的补充形式，可以解决由于入学门槛高、学习程序复杂而不能接受专业教育的工作者的求知需求。因而择时择机举办短期培训班，也可以在一定程度上满足保护工作的人才缺口之急需。非物质文化遗产保护人才的培养可以尝试突破其他专业人才培养的模式，不断探索，实现职前培养与在职培养、专业人员培养与辅助人员培养相结合的新模式。

三　与其他保护力量的联动

高等教育作为非物质文化遗产保护社会力量的重要组成部分，与其他社会保护力量如政府、新闻媒体、行业协会、社会资金等是有密

切关系的。高等教育要紧紧抓住资源共享、合作办学、合作育人、合作发展的基本要求，推动高等教育与其他部门共同制定理论研究与人才培养目标，推出系列研究成果，精心设计课程体系，组建教学团队，多方共建实践平台等，促进非物质文化遗产保护理论研究和人才培养工作的开展。

（一）高等教育与政府有效联动

高等教育在某种意义上是政府力量的一种延续，但是由于高等教育对社会的引领作用，其在很大程度上担当着政府关于非物质文化遗产理论研究先行者的角色，同时又在政府指导下系统传授非物质文化遗产保护的有关知识。高等教育在非物质文化遗产保护理论构建与完善方面的能力，正是政府高效开展保护工作所需的参谋和智囊。高等教育在非物质文化遗产人才培养方面的义务，也是最有效传达政府保护理念的途径。当然，政府在开展非物质文化遗产保护实践中遇到的一些问题也就成为高等教育学术研究关注的焦点，因而政府保护工作的需要也就成为高等教育非物质文化遗产学术研究的现实方向。在持续开展的保护实践中，政府也不断验证着高等教育的理论研究成果，并用自己的保护实践不断影响高等教育的研究方向和研究范围。

（二）高等教育与新闻媒体有效联动

高等教育通过多种方式提高受教育者关于本土文化，尤其是容易被忽视的非物质文化遗产的认知和传播自觉，提高他们对非物质文化遗产的认知力和参与热情，同时也为非物质文化遗产的传播事业造就了大批人才和受众，为繁荣新闻工作提供了一定的人力支持。新闻媒体在保护非物质文化遗产保护工作中发现的一些问题，也逐渐进入高等教育理论研究的关注视野，并为高等教育提供了不少双面的素材。

（三）高等教育与非物质文化遗产领域行业协会有效联动

高等教育所开展的教育活动是在传承主体开展专业性传承的同时，在另一个平台上对更大范围的受众开展了普惠性教育，是对行业协会和传承人开展相关传承活动的良好补充。同时，非物质文化遗产领域行业协会在高等教育的指导下可以更好地系统开展宣传、展示、教育、传播、研究、出版等活动，根据国家有关部门的要求制定有关非物质文化遗产代表性项目在原材料、传统工艺流程和核心技艺方面的相关标准和规范，开展行业管理、行业服务、行业维权等工作，通过行业自律和行业监管，推动非物质文化遗产保护工作的健康发展。

此外，高等教育还要处理好与参与非物质文化遗产保护的民间资本之间的关系。鉴于政府建设任务较重，因而不可能长期承担非物质文化遗产保护工作所需的大量资金，势必会鼓励其他资金力量积极参与到非物质文化遗产保护工作中来，民间资本便是其中最大的资金力量。但是由于民间资本的自利性决定了其参与非物质文化遗产保护工作的出发点和落脚点都是为了自身利益，参与保护工作不过是其最终获得收益的方式或者途径。参与非物质文化遗产保护的民间资本出于塑造品牌的需要，会有针对性地设立一些有关非物质文化遗产保护的课题，通过提供课题研究资金的方式吸引高等教育参与研究。同时，高等教育通过有针对性地开展系列培训活动，在不断壮大各种保护力量的同时，也为民间资本参与非物质文化遗产保护工作提供了一定的智力支持。高等教育的理论研究和人才培养的成效还可以在一定程度上限制民间资本过于注重自利的本性，避免对具体保护项目造成新的破坏。

总而言之，高等教育能够通过系统的理论研究，推进非物质文化遗产理论体系的构建和学科化建设；能够通过多种形式的人才培养，提供非物质文化遗产所需的智力资源；能够通过与其他保护力量的有效联动，实现整体保护效能的最优化。

附　录

相关文献

[1] 张泰城、龚奎林：《高校保护与传承非物质文化遗产的优势与路径探究》，《江苏高教》2012 年第 6 期。

［2］张泰城、何建良：《非物质文化遗产融入高校教育的路径研究》，《国家教育行政学院学报》2012 年第 12 期。

［3］黄龙光：《民族文化传习馆：区域性大学非物质文化遗产传承新模式》，《文化遗产》2012 年第 1 期。

［4］张泰城、龚奎林：《非物质文化遗产融入高校教育教学的方式研究》，《中国大学教学》2013 年第 2 期。

［5］郑芳梅：《高校图书馆特色馆藏建设与非物质文化遗产保护》，《高校图书馆工作》2013 年第 4 期。

［6］徐英微、孙韬：《原生态民族体育非物质文化遗产在高校教学中的传承研究》，《黑龙江高教研究》2014 年第 6 期。

［7］王水维、苏明：《论非物质文化遗产的高校德育功能》，《江苏高教》2015 年第 5 期。

［8］陈思琦：《非物质文化遗产在高校校园中的传播研究》，《中华文化论坛》2015 年第 7 期。

［9］王水维：《文化传承与非物质文化遗产社会教育路径探究》，《思想理论教育》2015 年第 12 期。

［10］杜莉莉：《非物质文化遗产保护作为高等教育的新使命——以法国大学为例》，《现代大学教育》2016 年第 3 期。

第五章

非物质文化遗产保护中学者作用的发挥

在当前非物质文化遗产保护实践中，学者已成为非物质文化遗产保护的一个重要主体，他们不仅是非物质文化遗产的看客和研究者，也是参与构建非物质文化遗产内涵的行动者。要研究作为动态系统的非物质文化遗产，就必须科学认知学者在非物质文化遗产保护工作中的角色、功能和诉求。非物质文化遗产不是静态的"活化石"，而是随着现实变化、社会变迁而流转的活态文化。正是由于其"活"，其鲜明的当下性、流动性，我们必须重视其在不断变化、重构中的传承、保护与研究，这一过程无法随意或自发完成，而必须由包括学者在内的非物质文化遗产保护的诸多主体共同完成。

一 非物质文化遗产保护主体概说

谈及非物质文化遗产的保护主体，人们首先想到的是该文化遗产所属的某个民族和人群。但是分析起来，非物质文化遗产的保护与传承实际上聚合了联合国教科文组织、国家（中央政府）、地方政府、文化持有者和涉足此领域研究的学者等主体，这些主体共同构筑了非物质文化遗产保护工作复杂、多样的关系和面貌，而且其所处的层次、诉求各不相同。

作为保护工程发起和推动机构的联合国教科文组织是非物质文化

遗产保护工程策划和评估的主体，负责出台相关文件和契约，其诉求强调保护非物质文化遗产对世界文化多样性和可持续发展的积极作用。这一诉求建立在以下观念之上：多元文化并存可以避免人类因过分依赖某些特定的文化设施或文化内容，而导致整体文化因僵化而丧失演化优势，多元文化是帮助人类适应生物和文化演化挑战的利器①。

面向联合国教科文组织，中国政府是我国非物质文化遗产的申报主体，面对地方政府时又是我国非物质文化遗产的评估者和管理者。对外与对内，它在非物质文化遗产问题上的诉求有所相同，它制订保护规划、政策，建立保护机构，开展相关科学、技艺研究及方法研究，制订具体有效的教育和培训计划，向公众进行宣传。国家投身非物质文化遗产保护工作，更看重文化遗产作为展示国家独特形象的符号和表征，表达文化独特性的巨大功用。许多非物质文化遗产在极"左"思潮泛滥的时代曾受到严厉的压制与批判，而今天随着中国在国际舞台上的迅速崛起，文化自信促使我们找寻自身文化的独特之处与丰厚底蕴，也让国家可以放开胸怀，给原被视为"草根文化"的许多文化以充分的生存和展示空间②。从而非物质文化遗产保护和非物质文化遗产项目申报在今日演变成轰轰烈烈的文化运动，非物质文化遗产得以大规模复兴和再造，一改其原始、落后、迷信等负面评价而成为原生态、独特、文化的代名词。其间，国家力量的主导作用不可忽视。

地方政府是具体组织非物质文化遗产申报的主体。在非物质文化遗产的申报和保护工作中，地方政府的角色最耐人寻味。在已有的学术探讨中，地方政府因过分看重非物质文化遗产申报成功后带来的经济效益和政治利益，较少关注非物质文化遗产项目的保护、传承而受到很多指责。然而，作为非物质文化遗产保护的主要执行者，地方政府向上连接国家、向下沟通具体社区和文化传承人，成为非物质文化

---

① 赵霞：《传统乡村文化的秩序危机与价值重建》，《中国农村观察》2011 年第 3 期。
② 莫林虎等：《大众文化新论》，清华大学出版社 2011 年版，第 39 页。

遗产保护工作链条上位置关键的节点。

非物质文化遗产的最终保护节点是某个社区、人群或个人，它（他）们是非物质文化遗产项目的实际持有者和传承主体，也得到了社会最大的关注。对于具体的个人和人群来说，被我们称为非物质文化遗产的文化形态是他们所在的群体从过去延续至今的精神财富、集体记忆、生存空间和生活方式。不管有无非物质文化遗产保护这项工作，这些事项始终在他们的生活中起着不可替代的作用。

在现有的研究成果中，以上四种主体都已经引起了学术界的高度关注，相关成果也比较丰硕。然而，还有一种主体往往容易被我们忽略，那就是学术研究的主体——从事非物质文化遗产研究的学者。众多学者一贯担负着审视世界、言说世界的角色，看似站在非物质文化遗产保护之外，但实际上他们也是保护工作中不可或缺的重要力量，在充当观察者和解释者角色的同时，也是一个更关键的行动者。就非物质文化遗产保护工作而言，在其中作为专家的学者虽然在场，但我们很难在相关的研究中看见他们作为研究对象的存在。这是一个奇怪的现象：一方面，从事相关研究的学者不仅在场，而且参与了具体的非物质文化遗产保护工作；另一方面，学者自身并没有得到足够的关注。

二　非物质文化遗产保护中学者的角色定位

首先，从事非物质文化遗产研究的学者应该是学术研究者的角色，这是其最基本的定位。学者基于该立场，应以学术为基点，冷静观察，积极、客观、全面地记录与研究非物质文化遗产的相关物象。这要求从事非物质文化遗产研究的学者尽量将自己的身份客观化，无论现实中的研究对象如何变迁，包括遗产形态的充实、蜕变、扭曲、断裂等，都要始终清醒地履行自身的第一任务，就是冷静细致地进行追踪考察，利用现代非物质文化遗产保护学理论和高科技手段尽可能详尽地搜集录制资料，然后予以科学的分析研究，探讨其演变的原因和规律。因为就学术研究而言，非物质文化遗产不是凝固不变的历史"遗留物"，它是活态的文化生命体，始终处在生生不息的流变之中，在社会非常态发展的情况下，发生剧烈变化是一种必然的现象；从事非物质文化遗产研究的学者能够赶上这种经济社会和非物质文化遗产形态大发展大变动的时代，实在是一种难得的机遇和幸运，更有责任将这一文化领域的重要事项真实地记录下来，并加以研究。

与西方国家相比，特别是在非物质文化遗产基础理论方面，我们还有很长的路要走。真正意义上的非物质文化遗产学在中国尚未建立，目前还是一个建设中的学术研究方向，因此它还需要多领域的建设工作要做。建设和发展一门学科，必须以坚实的理论建构为基础。当前，对于非物质文化遗产传承与保护的理论研究，我们仍然较多地借鉴人类学与社会学的方法与理论，从最早的芬兰地理历史学派的 AT 分类法，到普洛普的故事形态学理论，再到现在的美国公众非物质文化遗产保护学、表演理论，很多都是嫁接别人的东西，基本上是改良了的"拿来主义"。这些理论虽然经典，但很多都是在大量的外国例证基础上建立的，不一定符合我们的国情，因此我们必须从本国的实际出发，把他们的理论拿来当参照物，尽可能创造、建构出自己的非物质文化遗产保护学理论体系。

由于非物质文化遗产学特殊的学科方向现状，从事非物质文化遗产研究的学者特殊的知识素养，再加上他们经常去基层社区做田野调查，更多地接触到了众多的非物质文化遗产项目的持有者，因此他们对文化环境有自己独特的理解，也能体会到群众的实际需求，可以说是仅次于基层民众的"文化拥有者"，这些特殊性决定了从事非物质文化遗产研究的学者在研究保护工作中理应扮演更重要的角色，承担更多的责任。

诚然，保护和传承非物质文化遗产绝不仅仅是某个人或者是某几个部门的事情，这是需要全社会共同承担、共同完成的长久的历史使命。而在所有的角色中，从事非物质文化遗产研究的学者应当以一个智者或者说是"大脑"的角色参与到非物质文化遗产的保护工作中来。非物质文化遗产保护涉及方方面面的利益，关系到很多人，所以在制订保护策略或者工作方法时必须照顾好各个层面的利益。目前，非物质文化遗产保护主要分为项目申报和申报后项目两部分，在非物质文化遗产项目的申报工作中需要从事非物质文化遗产研究的学者大量参与，在某些项目的申报中甚至起到了关键作用，可是当非物质文化遗产项目审批通过后，从事非物质文化遗产研究的学者就开始被边缘化了，甚至是慢慢就无人问津了。作为非物质文化遗产保护的实际部门，地方政府和相关部门似乎忘记了相关学者曾经的智囊作用，开始更多地为自己如何从非物质文化遗产项目获取经济收益等作打算。从一个地方利益集团的角度来看，这种作法是无可厚非的，但是在今后的开发与利用中无疑就失去了一个很值得信赖的帮助者、可持续发展的研究推动者。而在实际保护中，有时不科学的方法可能会给具体的非物质文化遗产项目带来毁灭性的打击，或许他们根本没有意识到自己的做法是错误的、危险的，但如果这种做法长期得不到修正，对非物质文化遗产保护无疑是一种致命的伤害。

任何文化类型都有自己的发展运动规律，任何人或部门都无法去改变它，要想挖掘文化的价值，只能顺应其规律。从长远的角度来看，对非物质文化遗产的保护和开发利用，让熟知这些文化理论和内在规律的从事非物质文化遗产研究的学者继续参与进来，充分发挥其智囊团和思想库的作用，对于非物质文化遗产的保护与传承是大有裨益的。只有从事非物质文化遗产研究的学者充分地发挥出"智能提供者"的关键作用，把社会各界的力量很好地融合在一起，让他们各司其职，各就其位，非物质文化遗产保护工作才能按部就班地开展下去。前面所述是就当前的非物质文化遗产保护的大环境而言，与此同时，从事非物质文化遗产研究的学者自己也应该积极主动地参与到后期的非物质文化遗产的保护当中去，将自己所学的知识与现实工作的实践有效地结合起来，为非物质文化遗产保护尽到自己应尽的责任。

其次，从事非物质文化遗产研究的学者应该承担社会责任的角色。作为从事非物质文化遗产研究的学者，他首先是一个社会人，更应怀揣社会责任感，更应积极、合理地介入到非物质文化遗产保护工作中。因为任何从事相关研究的学者都不可能是一个纯粹的客体，他一定同时又是不同程度地置身于非物质文化遗产研究与保护之中的有血有肉的主体。与一般非物质文化遗产保护主体不同，他的介入必须"合理"，该处的"合理"并不是指介入多与少的"分寸"问题，而是说必须按照非物质文化遗产保护研究的学理去进行介入。

这样的介入可以有多种思路和方式，比如：对那些由民众自愿选择以及无法避免的政府决策所造成的非物质文化遗产项目变迁，在观察、记录、研究的同时，建议将其中易逝的部分，包括物质的、仪式的、口传的等进行广泛搜集，呼吁并协助逐步建立各类级次（国家的、民族的、地区的、乡村的）的非物质文化遗产博物馆。也可以根据不同文化项目的实际情况，以建立调研、考察基地的方式保留部分传统文化聚集区，如传统文化村落等。因为非物质文化遗产虽然不是历史的遗留物，但它确实有自己独特的历史演进过程，每前进一步，既会有所增益，也会有所缺失。从具体非物质文化遗产项目本身来说，缺失的东西可能已经不重要，但对于历史来说，恰恰是不可缺少的。因此这样的介入不仅是可以的，而且是切实必要的。而对那些因政府的错误决策和民众盲目行为可能造成的非物质文化遗产文化内涵的破坏与流失，提出积极的建议与对策，及时制止某些不必要的缺失，保护有价值的非物质文化遗产，则是极为必要的。如冯骥才先生对天津文化街的保护，阮仪三教授对江南周庄、同里等传统水乡小镇建筑群的保护，由民协发动和组织，即将开展的文化遗产抢救工程等①。通过相关学术成果的宣传，普及非物质文化遗产的有关知识，提高政府

---

① 欧阳正宇：《旅游产业弱势区基层政府对非物质文化遗产保护的现状分析》，《宁夏社会科学》2016 年第 5 期。

官员和民众保护非物质文化遗产文化的自觉性，力争在文化大变动时期，把非物质文化遗产形式与内涵的破坏和流失减少到最小程度，并促成其积极健康的演化与发展。同时，对于那些具有积极意义但并没有被充分认识的非物质文化遗产物象，要作充分的学理解读，使其能够在当今社会继续传承发展并发挥应有的积极作用，比如成年礼等。上述工作既体现着从事非物质文化遗产研究的学者自身的学术立场，又是体现着他们担负的社会责任。

我国的传统文化源远流长，作为中华民族的一分子，我们每个人都有义务去宣传我们自己的文化。但是，在现实社会中依然有很多人，特别是基层的民众，他们还没有形成应有的文化自觉，认为就是自己祖祖辈辈的生活方式，没有什么太特别的地方，根本算不上"文化"，这就需要我们从事非物质文化遗产研究的学者站出来，给他们解读，替他们说话，替他们宣传自己的文化。从事非物质文化遗产研究的学者就是研究人民生活方式的学者，对人民大众的文化可以从一个新的高度和新的视角来认识，可以上升到更高的精神层面，从而也更适合来做传统文化的解读与宣传工作。

在非物质文化遗产保护的浪潮下，越来越多的人开始关注非物质文化遗产及保护工作，开始关注自己所在的文化圈。我国民族众多，地域广阔，在历史的发展中已经形成了很多有特色的地方文化，要想让世人了解我们的特色文化，就必须做好宣传工作。政府、民众、媒体、从事非物质文化遗产研究的学者都可以担任文化宣传大使。最熟悉当地文化的宣传大使更应该是当地民众，但由于他们的知识、文化、自我觉醒意识不足，难以担当文化传播使者的大任。而从事非物质文化遗产研究的学者既有理论方面的优势，又有传播文化的热情，而且这也是他们作为学者的主要任务之一，所以从事非物质文化遗产研究的学者是最合适的文化宣传大使，也只有他们才可以做好文化宣传的前期工作。非物质文化遗产保护工作的陆续展开，充分反映出我国政府对文化工作的重视，而这一时期大众文化的自我觉醒意识也达到了很大的提升，我们从事非物质文化遗产研究的学者应该抓住这个千载难逢的机遇，发挥出自己的专业特长，将非物质文化遗产的内涵充分发掘出来，让人们更多地享受非物质文化遗产带来的无穷乐趣，更加丰富民族文化的多样性。

从事非物质文化遗产研究的学者要避免带着功利心去工作，而应把宣传文化、传播文化作为自己应尽的义务，充分利用自己的知识，积极推动当今的非物质文化遗产保护工作更好地开展起来，让社会民众更好地了解自己的文化，享受文化带来的愉悦，把全社会的力量调动起来去保护非物质文化遗产，保护文化的多样性。只有当从事非物质文化遗产研究的学者做好非物质文化遗产保护排头兵，做好宣传工作，才可以使以后的具体工作顺利地进行下去，才可以很好地完成时代赋予我们的使命。

再次，从事非物质文化遗产研究的学者应该是深具人文关怀的角色。这一角色，在非物质文化遗产研究的具体时空领域也许并不彰显，实际上却是隐含其中的最重要的精神要素，它的存在使学者从单纯的学术立场上升到人文关怀的高度，从而达到更高的境界。它要求从事非物质文化遗产研究的学者在面对众多非物质文化遗产项目不得不在社会发展洪流中逐渐演变的时候，更多地从正在变革的非物质文化遗产的民众主体的角度进行思考，理解他们生存、发展的人性欲求，尊重他们自己合理的现实选择。唯其如此，才能和具体非物质文化遗产项目的持有者成为朋友，才能接近和融入他们的自我提升之中，才能更真切地观察，更深入地体验，更准确地收集，进而实现更科学地研究。反之，如果不能与非物质文化遗产的传承主体进行深层次的沟通，就很难走进非物质文化遗产项目之中，相关学术研究也将成为价值不大的学术探讨，很多研究命题也就成了"空命题"和"伪命题"。人文立场实际上是学术立场的一种升华，人文立场也是从事非物质文化遗产研究的学者能否合理介入的前提，是研究成果能否真正与民众、与非物质文化遗产形态相通的关键。

最后，从事非物质文化遗产研究的学者还应是新型的文化传承人。据有关学者分析，现在的非物质文化遗产项目的传承大体有四种方式：群体传承、家庭传承、社会传承和神授传承，正是靠着这四种传承方式，我们的非物质文化遗产一代又一代地传承下来①。随着时代的发展，非物质文化遗产的传承方式也在发生变化，传承人在逐渐地减少，群体传承一般无所谓传承人，它本来就是靠人民大众来传承的，所以没有真正意义上的传承人，而家庭传承和社会传承主要是靠传承人来完成，他们靠的是从上一代传承人那里学习，加之自己的努力来延续他们的技艺文化。随着经济社会的发展，以前用来谋生的技艺退居到次要地位，越来越多的人放弃学习这些传统的技艺文化改用别的方式来谋生，这就造成了传承人在不断减少、传承链条出现了无人继承的问题。以前的老一辈艺人、传承人现在的年岁已经很高，很多处于体弱多病的状态，而这些人往往掌握着我们非物质文化遗产中很多核心的技能，一旦他们辞世，也许这一技艺就要从世界上消失了，就成为一种书写在历史书籍中的文化样式了。

由此，保护非物质文化遗产传承人，对于保护传承非物质文化遗产就越发显得重要了。除了具体项目的传承人以外，对非物质文化遗产项目最熟悉的人，就是从事多年非物质文化遗产研究的学者。这些从事非物质文化遗产研究的学者对一些项目的关注程度很高，有些人甚至一生都在研究某一领域，对这些非物质文化遗产有较深的研究与造诣。比如多年从事木版年画研究的王树村、薄松年等学者，没有人比他们更熟悉木版年画这一非物质文化遗产项目，他们在某种意义上也成为了年画文化的传承人。我们从事非物质文化遗产研究的学者应该向他们学习，不能将自己的研究仅仅停留在在理论层面上，而应该积极地承担起传承的任务，投身到实际的传承实践当中，做一名多方

---

① 尹凌等：《从传承人到继承人：非物质文化遗产保护的创新思维》，《江西社会科学》2008 年第 12 期。

面的传承人。同时，从事非物质文化遗产研究的学者也要肩负起对传承人的培养，要对接受非物质文化遗产相关课程教育的学生们传授系统的知识、熟练的技法，使他们在自己的学习和今后的研究中承担起文化传承的紧迫任务。

三 当前非物质文化遗产保护中学者具体作用的发挥

非物质文化遗产保护概念从日常生活层面上升到文化研究层面离不开学者的界定与解释，如何对其进行分类，如何制订科学有效的保护策略，同样要汲取学者的智慧。当前，有关学者积极参与了非物质文化遗产保护相关法律法规的立法和解释，是相应法规的实际践行者和布道者；在联合国教科文组织制定的保护公约中有学者在场，学者也是评估遗产价值、判断申报项目是否进入名录的重要力量。具体而言，在国家层面，有学者组建的多个专家委员会；在地方层面，学者是地方文化建设和非物质文化遗产保护的重要参与者。在文化持有者层面，学者往往会成为具体非物质文化遗产项目的发现者和研究者，他们穿梭于各个层面的主体之间，促进了各个层面的相互沟通，扮演了同一个非物质文化遗产在不同语境中的"翻译者"角色。

一是文本。非物质文化遗产保护公约、各层级的保护名录、表格及保护规范等都是以文本的形式出现并固定下来的，无论颁布规则者，还是遗产申报者都竭尽全力想把文化形态表述得周全且条理清晰。于是，在很多相关文本中，我们看见了由精致的措辞和严密的逻辑所包裹的非物质文化遗产项目。而这一工作，没有多年的学科理论积累、写作训练和申报项目经验是不可能胜任的，只要翻开任何一份成功的非物质文化遗产申报表，就会发现其中有较高的学术含量。在具体非物质文化遗产填表申报的过程中，学者能做的是帮助申报者选题论证、撰写内容、润色文字，把现实中的非物质文化遗产项目转换为文本中的非物质文化遗产概念，把非物质文化遗产项目的特点及特有的审美表达转化为受理部门、具体受理者可接受和听得懂的话语。学者参与国家申报世界非物质文化遗产面对的是联合国教科文组织的专家，地方非物质文化遗产申报工作面对的是国家层面的专家。在一定程度上，非物质文化遗产申报工作包含着学者与学者之间的对话，而且这种对话的重要性并不亚于国家之间或国家与地方的对话。参与制订表格的人是某些专家学者，参与填写表格的人也是专家学者。他们透过表格进行学者间的交流。申报项目本身就带有学术交流的含义，透过这一工作进行对话或竞争的主体往往是不同地方的学者而不是其他人。更为具体地讲，申报者不能擅自更改栏目，必须非常到位地理解制订表格者意图，通过表格获取什么样的信息，否则就会造成误读。其实填表者提交的文本是供评审者阅读的，为了填好这个表格，申报者首先要读懂表格制订者的信息需求及体系佐证。

"我们在中国看到，先是少数几个专家受文化部委托，试探着按照联合国教科文组织的这个概念把中国的文化事项对号入座，当中国的昆曲艺术（2001）、古琴艺术（2003）、新疆维吾尔族十二木卡姆、蒙古族长调民歌（2005）先后被教科文组织宣布为'人类口头和非物质遗产代表作'的时候，这个概念持续地在中国的新闻媒体和文化部门引起广泛的关注。"① 须知，世界性的遗产公约、名录从概念、标准、分类、申报、评审等的主导者都是西方学者，中国要进入世界性的非物质文化遗产保护体系，必须要有熟悉双方文化和游戏规则的人充当沟通者，把中国所陌生的西方话语和规则转化成国人能理解的内容，也把西方所陌生的中国话语转化成它可接受的内容。与此同时，还必须具备获取最新的非物质文化遗产信息及一种以西方眼光审视中国文化的能力。由此，有海外游学经历、掌握国际文化动态和游戏规则的遗产学者正是完成这项衔接工作的最佳人选。有一个非物质文化遗产申报成功的案例，一位教授曾参与南方某省世界级遗产的申报。他早年游学法国，学的是文化人类学，与联合国遗产申报机构的学者

---

① 高丙中：《作为公共文化的非物质文化遗产》，《文艺研究》2008 年第 2 期。

建立并保持着良好的关系。作为中国文化部非物质文化遗产专家委员会成员，他一直关注国际遗产学的最新动态、项目类别的新增或扩展、不同国家的遗产定位和主打项目。南方某省的遗产项目在 2006 年成功申报进入国家级遗产名录，属于民间音乐类。此次本来也是放在音乐类申报世界遗产，但教授认为沿用这个类别申报不恰当，原因之一是此前中国申报成功的世界遗产都属于音乐类，再次申报该类遗产的空间已经不大。遗产门类中有"文化空间"这个类别，该项目作为文化空间申报获批的希望比作为音乐要大得多。该省听取了这一建议，并聘请他主持项目申报的修改工作。最终，该项目获得批准。

二是田野。中国地域广阔，民族众多，文化形态丰富而复杂，所以非物质文化遗产其实是分层的。像昆曲和古琴这样的文化遗产自古就是文人墨客称道、雅好的闲情逸致，在古代典籍、诗词歌赋中早就得到大量的书写。而那些处在相对的社会底层的非物质文化遗产，从来被官方正典和文人所漠视，在古代每每因为淫邪之名被驱逐出庙堂，在近代被视为迷信，再后来被学者冠以非物质文化遗产、民俗遗留物之名带着批判的眼光加以研究。这种二元对立可以用阳春白雪与下里巴人、雅文化与俗文化、大传统与小传统等分类模式加以描述和理解。时至今日，雅、俗之分仍然存在，学者在这两种遗产中所起的作用并不相同。昆曲、古琴可以称之为代表整个国家、民族精髓的遗产，有被众人认可的命名和清晰的历史脉络，学者充当的不是发现和命名的角色，而是推广和宣传的角色。而散落于村落、市井的文化遗产代表的是某个地域、某个民族的文化，不足以代表整个国家的文化，不仅需要有人来推广和宣传，更需要有人来发现和命名，使它进一步脱去迷信、低俗的外衣或者把它翻译成官方和主流意识形态可以理解和接受的形态。

被人类学称为"田野"的地方是中国遗产最重要的集散地和发现之地。原本被称为民风民俗的文化事象，从民间草根之事变为官方正典之实，跻身于遗产之列，需要借助研究、书写、宣传它的学者的点石成金之手。最终位列名录的遗产项目，是假借学者之眼所见，经学者的发现和表述，按照学者的理解重新建构起来的。从迷信到文化遗留物，再到非物质文化遗产，其中的价值话语转换，除了国家力量的干预，自然离不开学者的论证和"鼓吹"。

一个很好的例子是 2006 年成为国家级非物质文化遗产的"安顺地戏"，村民原本称之为"跳神"，从"跳神"到"地戏"，经过 20 多年学者在田野与文献中的研究，同样的文化事象彻底脱去迷信的外衣，被纳入到戏曲这一雅致的系统中，既能通过主流意识形态的审查，又符合学者对遗产的文化认知。① 如果该遗产按照村非物质文化遗产称的"跳神"来"申遗"，其所担的风险和后果可想而知。如果没有学者们多年来的研究和梳理，"跳神"不会成为"地戏"。但是，站在一味强调研究的客观性而否认建构性的科学主义立场上，在遗产"原生态"这类暗含学术道义、其实又无法兑现的伪命题束缚下，学者不由得惧怕承认自己的研究已经进入村民的遗产，参与了遗产的再造。

一个学者为研究"安顺地戏"来到贵州某村落进行调查，他发现这个村有很多先前学者研究留下的痕迹，就像那个经典的人类学笑话，"每个印第安人家里都收藏着一本人类学家关于印第安文化的研究报告"。刚到村落，他就看见一条标语悬挂在村落中心广场的村舍上。风吹日晒之后，红布已经褪色，但大大的白字依然醒目："欢迎民族学、人类学专家学者到九溪村考察"。进而他发现有的村民对"课题""田野"等概念耳熟能详，甚至像是要主动教他如何做田野。他很好奇：村民是如何学到这些本不是他们熟悉也远离他们生活的知识的？他又发现准备考察的非物质文化遗产在村民那里有不同于在学者那里的名称、理解，同时村民也学会用学者式的名称和解释来对外介绍自己的遗产，也就是说，他们掌握了两套不同的遗产话语。于是，他开始留意其他学者的文本与村落的现实是否有某种对应关系，试图在以

① 庹修明：《中国军傩——贵州地戏》，《民族艺术研究》2001 年第 4 期。

往学者的文本中找到学者在场的证据，却失望地发现学者们都不把自己和别的学者写进去。

这个事例表明学者与非物质文化遗产的关联，但它同时揭示了学者的在场和影响被规避的现象。这里引出的问题是，学者与非物质文化遗产究竟有何深层次的关系，为什么学者不可或缺的存在会被忽视或遮蔽。作为公共知识分子，有的学者可以出现在媒体，发表自己对非物质文化遗产的见地。这似乎表明学者没有被忽视，而恰恰是被推向前台。然而，在涉及"遗产的制造"这件事时他又是隐身局外的。这样说的原因是，我们很少看到关于学者与遗产制造关系的研究。站在科学主义的立场，学者一贯是说者和看者，他与被说者和被看者一定要保持不介入的距离，只有这样，他的看才是客观的，而他的说也才有说服力。这可能是他被设计成不在遗产的制造现场露面的原因。看来，有个维度可能被我们忽视了，那就是看者在看的同时也可能成为被看者，说者在说的同时也可以成为被说者。在非物质文化遗产的推广和研究中，学者所起的作用恐怕是别人无法替代的。不过，他的存在像是一个局外人，可以发表议论，但又不在其中。

三是学校。当前，非物质文化遗产引进学校，特别是高校，它形成了非物质文化遗产与学校教育的良性互动，使我国的非物质文化遗产在更广的范围中传承，让青少年进一步了解非物质文化遗产，并在此基础上热爱非物质文化遗产和我国的传统民族文化，有利于我国素质教育的落实和发展。其间，从事非物质文化遗产研究的学者对于青少年学生的非遗知识理论教育自应当仁不让。首先，高校培育非物质文化遗产传习人，具有独特的优势。与中小学生不同，高校的学生基本是年满18岁的青少年，初步形成了自己的价值观，勇于探索自己感兴趣的新事物，接受和适应能力较强，富有创造性，通过高校系统化、专业化培育机制的锻造，将来可推动非物质文化遗产的创造性发展和转化，使非物质文化遗产在保留原有本真性的同时与时俱进。其次，相关学者应充分利用高校教学科研优势，通过现代教学资源，采用多样化的形式对非物质文化遗产进行传承，如多媒体教学、展板展示、校园表演等。相关学者在全国范围内招收对非物质文化遗产传承和保护感兴趣的学生前来高校进行专业的学习，这样有效地解决了生源的问题，不再受限于地区的因素，在高校中师生传授，大范围地对非物质文化遗产进行了传播和普及。最后，学者在高校培育非物质文化遗产传承人，能够对我国的非遗保护事业的发展起到重要的推动作用。大学生具有一定的理论基础和文化技能，一旦深入接受系统的非遗保护教育，可以在很大程度上对入学前的生源地和毕业后工作地的非物质文化遗产传承起到积极的促进作用。

四　科学提升从事非物质文化遗产研究的学者影响力的思考

笔者认为，从事非物质文化遗产研究的学者在以下几个方面达成基本共识非常必要。

第一，非物质文化遗产保护学者应该不断扩大自身的解释力，努力应对民众具有多样性的社会生活和文化实践，并朝向能够展开文化批评和社会评论的方向发展，这样才能最大限度地发挥非物质文化遗产保护学的社会价值和应用性，以造福于国民。非物质文化遗产既涉及公共权力，也涉及商业化，事实上也可能与普通百姓日常生活中的任何问题均发生关联，所以，加强非物质文化遗产研究尤其是批判视角的研究，就有可能真正显示出非物质文化遗产保护学的巨大潜力及现实推进的可行性。伴随着非物质文化遗产研究评论视角之成果的不断积累，以及持续开展对诸多非物质文化遗产现象的研究实践，我国非物质文化遗产保护学对当代中国社会与文化的解释力也才能得到相应提高。

第二，非物质文化遗产保护学必须是公共性、实践性与学术性并重的一门学问。大面积地研究当代中国的非物质文化遗产事项，正是非物质文化遗产保护学之公共性的要求，也是其实践性与学术性所追求的目标。因为只有这样，它才能够获得对于现代中国社会之民众日常生活及其文化创造实践的深刻理解。经由政府及各个部门以及从事非物质文化遗产研究的学者介入而形成的非物质文化遗产现象，换个角度也可以说是一些"公共非物质文化遗产"，那么，通过对非物质文化遗产概念及相关事项的检讨，也就为中国非物质文化遗产保护学中"公共非物质文化遗产保护学"的发展方向开拓了新的可能性。

第三，现代非物质文化遗产保护学要求从事非物质文化遗产研究的学者不断反思自己置身其中的状况，包括与行政权力的关系、与商业资本的关系、与学术话语权的关系等。非物质文化遗产保护学的建立和近现代民族国家及其文化的建构密不可分，所以，非物质文化遗产保护学也具有显而易见的政治性，对此，从事非物质文化遗产研究的学者应该有所觉悟。与此同时，从事非物质文化遗产研究的学者对于自身作为调查者、研究者、批评者、政策建言者、文化表象者、生活解释者的立场，亦应时常心怀警惕、谦恭之心和内省、反思之念。显然，透过非物质文化遗产视角的研究，从事非物质文化遗产研究的学者才能意识到由于自身的存在和行为所可能引发的各种后果，从而有助于从事非物质文化遗产研究的学者正确地处理好自身与民众、与国家，以及与置身其中的学术共同体的多种关系。

笔者认为，"学术研究"与"学以致用"是两种不同进路的工作，前者是学者的工作，后者是公共知识分子的工作。所谓"研究"，也即细细研磨、仔细推究，其对象必须是曾经存在过的观念或事项。从这个角度说，人文学者只有言说过去的资格，所有的人文学者都是历史学家。而当从事非物质文化遗产研究的学者在对非物质文化遗产进行价值判断、对保护工作献言献策的时候，实际上他们是在以"公共知识分子"而不是以"学者"的身份说话。

从学术史的角度来看，任何被冠以"运动"的学术历程，虽然热闹风光一时，但最终都是以学术水准的大幅倒退而收场的。"学"是"用"的前提。如果没有踏实的学术研究做后盾，根本就谈不上学以致用。非物质文化遗产保护学界的人力资源是如此有限，当大家都热衷于"用"的时候，沉浸于"学"的人力资源必然大为削弱。既然没有"学"，那么，从事非物质文化遗产研究的学者的作用就丝毫不优于一个公共知识分子。事实上，在如火如荼的非物质文化遗产保护运动中，从事非物质文化遗产研究的学者担任的主要角色是"造神者"，而不是"研究者"。从事非物质文化遗产研究的学者头衔只是一个参与舞会的唬人面具，非物质文化遗产保护运动就是从事非物质文化遗产研究的学者们的"假面舞会"，这一点应引起相关学者的深刻反思。

学术与政治、与商业的合作必然以牺牲学术的独立思想为代价。"保护运动"本身并不存在任何学理的因素。学者一旦脱离自己专业领域的具体研究而介入公众话题，他就不再具有任何优越于普通知识分子的优势。当前，只要有文化热点事件，学者必然参与意见，而且众说纷纭，唯恐发言席上少了自己的独特见解。学者当然也有关心时世的权力，但针对时世发言的学者只是作为普通人在发言。学者的权威性只能限于学术领域，当学者不在自己专业领域发言的时候，拿出"院士""博士"的头衔来要挟舆论就不对了。

所谓非物质文化遗产保护只是一种行动方案，是地方政府和具体的文化传承人在权衡各方利益之后的综合决策，而从事非物质文化遗产研究的学者所能掌握的至多是一种有关非物质文化遗产事象的"片面真理"，他们既不需要也不可能具备全局观念。从事非物质文化遗产研究的学者的学识只代表他对于过去非物质文化遗产的了解，并不代表他有权对当下文化现状进行价值判断。具体的文化传承人才是"当事人"，而从事非物质文化遗产研究的学者只不过是一个旁观的"他者"。如何处理各种非物质文化遗产是文化传承人自己的事务，"传承"和"变异"是一个硬币的正反面。选择继承既有文化遗产中的哪一部分，或者扬弃哪一部分，视乎文化传承人自己的需要，而不是"他者"的理想图景。

许多所谓的从事非物质文化遗产研究的学者往往乐意充当帝王师，

在非物质文化遗产保护问题上对地方政府和地方文化工作者指手画脚。一旦保护运动失败,这些从事非物质文化遗产研究的学者肯定是拍拍屁股走人,根本无须为决策的失误承担任何责任。一个不能为决策后果承担责任的人,当然也不能拥有决策权力。学者不必介入地方事务,同样,文化传承人也没有替学者圆梦的义务。但是,非物质文化遗产一旦被学者"神化",接踵而来的则是从事非物质文化遗产研究的学者对于神化对象的本真性要求,作为"遗产"的生活文化往往就这样被从事非物质文化遗产研究的学者们的"真实性""原生态""原汁原味"等一系列漂亮的时髦话语所绑架了。比如,老百姓的春节本来就过得好好的,从事非物质文化遗产研究的学者们非要把好好的春节"保护"起来,而且打着弘扬传统文化的旗帜,告诫老百姓春节应该这样过不应该那样过,用权威话语"威逼"民众挤着春运的火车回家包饺子,诱导民众通宵达旦用震耳欲聋的鞭炮去"驱邪",为各种本来已经废弃的非物质文化遗产事象做翻案文章,为之赋予各种文化的乃至民族的"意义"。每个人都有权按自己愿意的方式过他的春节,有人喜欢热闹,有人喜欢宁静,凭什么认为没按从事非物质文化遗产研究的学者指点的方式过春节就是"没有文化内涵"?学者往往喜欢以"求真"为标榜,而文化传承人却没有这种义务,他们根本不必关心非物质文化遗产在现实世界内是否为"真",他们更关心这些文化遗产在意义世界内是否为"善",他们的生活还得继续,他们的文化还得发展。文化传承人的目的是要在传统的继承与发展中求得利益之"善",而学者不在这个利益圈内。

作为学者,从事非物质文化遗产研究的学者的立场必然会与文化传承人的立场有所不同。这些差别并不构成从事非物质文化遗产研究的学者干涉地方事务的借口。文化传承人及其生活世界是非物质文化遗产保护学的研究对象而不是改造对象,地方文化工作者作为文化传承人中间的精英分子,一样是非物质文化遗产保护学的研究对象,而不是从事非物质文化遗产研究的学者的合作者,因此,不能以"求真"的标准来要求这些地方文化工作者。从事非物质文化遗产研究的学者必须清醒区分这种身份差别。一个负责任的学者，面对地方文化工作者，应该做到"观棋不语真君子"。从事非物质文化遗产研究的学者不必以一种文化持有者或者文化权威的姿态去"干涉"他们的工作，而是更应该"关注"他们的工作，冷静地观察和思考一种新的文化现象"是否能够"，或者"如何能够"成为当下发明的新传统。

第四，非物质文化遗产保护学必须直面当代中国社会的现实日常生活，而不是那些"特殊化"的、被挑选出来的非物质文化遗产。非物质文化遗产保护学是当代学，但它并非只研究当代社会里得以温存的那些"传统"。非物质文化遗产保护全面渗透到当代中国民众日常生活的方方面面，它甚至就是生活本身。对于这些非物质文化遗产展开研究，恰恰是非物质文化遗产保护学克服过往那些固定观念、接近现代社会之日常生活的捷径。非物质文化遗产或传统的重新建构和非物质文化遗产的商品化等，说到底乃是现代社会的寻常状态。非物质文化遗产保护学要求从事非物质文化遗产研究的学者对现代社会拥有深刻的认识，包括已经在相当程度上被鲍辛格所揭示的"科学技术世界"中生活文化的形态，"传统"在现代社会以非物质文化遗产方式得以延续或扩展的意义等。

现代社会的大量生产、大量消费导致商品在日常生活中的无所不在；科学技术尤其是信息技术对生活世界的彻底渗透导致其在日常生活中无所不在；民众不断建构意义的需求导致非物质文化遗产在日常生活中的无处不在。虽然非物质文化遗产保护工作经常对过往的非物质文化遗产或传统要素进行改良、挪用、重构等，但它本质上是现代社会的当下行为。因此，关于现代中国社会里各种非物质文化遗产事象的讨论，必然涉及非物质文化遗产保护学如何面对现代社会，非物质文化遗产保护学如何介入现代日常生活，非物质文化遗产保护学如何对当下的各种社会及文化问题保持敏感，如何对现代社会的多元文化和多样性的日常生活形态展开独具本学科特色的研究等许多重要的问题。

非物质文化遗产保护学在不同国家各有其发展轨迹和方向，但它们无一例外的都是瞄准和聚焦于当下的现代社会。在德国是借助"生活世界"的概念，重新发现了日常生活，进而发展出对当代社会的经验文化学研究，当然，还有诸如区域社会的文化史、社会文化变迁的经验研究等；在美国是发展出了文化政治学和公共非物质文化遗产保护学；在日本是相继出现了建构能够应对市民社会的非物质文化遗产保护学，以及提倡新的公共非物质文化遗产保护学，或是回归当下的日常，追问现代社会之日常的"理所当然"等诸多动向。

在我国，目前对非物质文化遗产保护学未来发展方向的各种探讨仍在摸索之中，非物质文化遗产保护学正在发生着许多重大变革，但它的现代转型尚未完成。笔者认为，在发展公共非物质文化遗产保护学的思路中，非物质文化遗产保护学的公共性与实践性应得到充分发挥，同时也应兼顾民众日生活实践的意义。非物质文化遗产保护学虽然面临将非物质文化遗产及其传承人客体化的批评，但它为跨越文化边界展示社区传统提供了有效的技术和概念工具。从事非物质文化遗产研究的学者要意识到自己作为外来者，亦即"文化经纪人"干预了社区的生活和制度，对于被展示的传统有不可避免的影响。因此，我们必须深刻反思此类干预性实践的后果。但同时，从事非物质文化遗产研究的学者在推动社区成员以及自我视角展示其文化的实践性努力也应该得到评价。被现代非物质文化遗产保护学视为研究对象的现代社会里的一般民众，亦即市民、国民、公民等，正如日本从事非物质文化遗产研究的学者菅丰指出的那样，在很多场景下，往往具备和从事非物质文化遗产研究的学者差不多相同或接近的思考问题，以及搜集资料和分析或传达信息的能力，这意味着非物质文化遗产知识的普遍化与大众化，将会促使从事非物质文化遗产研究的学者的学术权威性被稀释、被相对化，而不再具有绝对的话语解释权。现代社会里能够参与创造、解释甚或消费非物质文化遗产的主体越来越多样化，从事非物质文化遗产研究的学者只是其中的主体之一。

由此，非物质文化遗产保护学必须同时重视传统承载者亦即民众在其生活中创造非物质文化遗产的实践和从事非物质文化遗产研究的学者的学术研究、应用性实践及其两者的通力协作关系。例如，调查或采集非物质文化遗产的研究者等他者 A，其各样行为与实践对当地居民或对象社区民众等他者 B 带来的各种影响；有关他者 A 的实践对于他者 A 自身所产生影响的研究，例如，参与政府公共部门组织的非物质文化遗产活动的从事非物质文化遗产研究的学者 A，有可能会受到这些非物质文化遗产活动的影响；对于某一现场的多种多样的实践研究，例如，来自多种立场的主体围绕着某一非物质文化遗产的实践场景得以展开的互动；对相关实践的各种技法的研究，亦即实践的技术论；有关自己的实践对于他者影响的研究，这是从事实践性活动的从事非物质文化遗产研究的学者对于自身行为给他所介入的社会及人们带来何种影响的反思；等等。总之，从事非物质文化遗产研究的学者有必要更加谦虚和真诚地思考，为了传统与非物质文化遗产承载者的"幸福"，究竟该如何去应用或实践的问题。

在现代社会之日常生活的文化研究这一非物质文化遗产保护学的方向性思路中，也同样有必要将民众的日常生活视为创造文化的实践。现代社会的市民或公民，完全不同于以往非物质文化遗产保护学所假定的非物质文化遗产之民间性，在多数场景下，他们的"理想型"是具有自我个性的主体性意识，具有自律、自立、能动和自发地参与公共性建构的人们。只要承认非物质文化遗产是生活世界中人们特定的实践行为或其模式化，就很难简单地采用实证科学的方法来对待并研究非物质文化遗产实践，因为这会导致对实践主体的人格、精神以及责任能力和自由能力的忽视或遮蔽。生活世界的非物质文化遗产保护学本来就应该是实践非物质文化遗产保护学。若是再把从事非物质文化遗产研究的学者的学术实践性也纳入其中，那么，现代社会之日常生活世界的非物质文化遗产实践，就会更加复杂和丰富，不仅"文化"成为人们遵循特定规则的思维活动、解释活动和行为活动的实践；作为当代学的非物质文化遗产保护学实际上也是遵循着特定规则的实践。

总之，无论非物质文化遗产保护学的上述哪一种思路或方向，都需要充分地关照到以下几点：对生活者（承载者、消费者、实践者、各种形态和身份的"民"）的主体性的尊重，对其日常生活和文化实践的尊重，以及对他们的利益、创造力和反思能力的尊重；对研究者自身的立场、理念、概念工具和方法论等的经常性检省；以及对研究者自身和作为研究对象的生活者及其生活实践和创造性行为之间的关系，有自觉地意愿和能力去进行反思；孜孜不倦地追求建立在上述两点基础之上的非物质文化遗产传承与保护的最大化效果。这样一来，非物质文化遗产保护学便能够积极介入文化行政和文化遗产的保护事业，承接相关的文化项目，对文化政策进行批评，对非物质文化遗产事象和日常生活展开评论，并且把这视为是它对现代社会做出应对、做出贡献的路径，也由此展现自身的公共性、实践性与学术性。在现代非物质文化遗产保护学的立场看来，非物质文化遗产的承载者们有动机、也有能力去维系自己的生活与文化，从事非物质文化遗产研究的学者对于他们在其日常生活中的各种文化实践进行研究所取得的成果，如何能够在成为学术财富的同时，也能够"还原"给他们及其日常生活，应该是一个非常重要而又基本的课题。

五　对非物质文化遗产保护中学者诉求与权利的反思

在非物质文化遗产保护实践中，学者充当的角色可以分为不同的类型，有的学者偏重于纯学术研究，拒绝把非物质文化遗产当作谋取政治或经济利益的工具，对文化生态的破坏和造假痛心疾首，他们对待遗产的态度是把遗产当作学术研究对象。另一类学者在学术研究之外还关心非物质文化遗产保护实践给文化持有者能够带来什么，而不仅是遗产本身，在遗产的真与伪这件事上，他们的态度

不像前一类学者那么固执。第三类学者所关心的是国家和地方政府
如何才能有效地管理遗产、推进遗产运动并且借助遗产来促进社会
的治理和发展，这些学者可能本来就是官员。概括而言，第一类学
者关心的是遗产本身，第二类学者关心的是人，第三类学者关心的
可能是整体的社会格局。

这里有一个贵州德江县"申遗"的例子，故事中的学者见证该县
12 年间发生的变化，站在学术和道德的立场，她感触良多：12 年后重
返德江的她，强烈地感受到学术对地方的非学术意义。此时，人们沉
浸在"非物质文化遗产"这个概念中。对于当地人，尤其当地政府而
言，"申遗"＝获得国家投资＝推动文化开发＝发展旅游业＝促进地
方经济的发展。作为一个自然资源和社会资源匮乏的边远小县，德江
县官员似乎把发展经济的所有希望寄托在"傩堂戏""申遗"这件事
上，有种孤注一掷、背水一战的感觉。不幸的是，傩堂戏并非该县独
有。邻省江西斥巨资，也在为本省"傩堂戏申遗"做着声势浩大的努
力。这是一场力量悬殊的竞争。地方政府变得有点儿过于敏感，封锁
一切与此相关的信息，把与傩文化有关的资料视为本地最高机密，甚
至怀疑任何外来者都是竞争对手派来搞垮己方的奸细。对曾经帮助过
自己的老朋友也持这种态度。她还听到有人传言说自己当年拍摄的傩
文化录像资料在国外卖了 40 万美金。12 年前贫穷、艰苦中的纯粹和
美好，12 年后似乎只剩下穷凶极恶的利害算计了。20 世纪 80 年代初，
当地政府利用傩作为土家族民族识别的文化标志，成功地为近 20 万群
众恢复了土家族身份，使德江县从一个少数民族人口仅占全县人口
0.03% 的汉族地区，变成少数民族人口占全县人口 53.81% 的少数民
族地区。当地政府和群众因此在诸多方面享受到了国家民族政策的优
惠。此后，傩又被当地政府打造成一个地方文化品牌，使本来有迷信
之嫌的傩得到国家政策与经济的双重支持，成为带动地方经济发展的
一张王牌。当旅游业在全国兴起，傩顺理成章地成了文化旅游产品，
带动地方旅游业发展的龙头。2005 年"申遗"热浪席卷德江，傩成了

利益争夺的焦点。

　　再举一个例子：针对贵州"屯堡文化"这一遗产，一位美国学者提问说"谁的屯堡？"他引述地方学者对自己所言"屯堡概念是学者们创造出来的，它对我们学者很重要，但在村民那里却没有什么大的意义"，认为"屯堡"这个概念首先是学者们构造出来的，官员们和企业家们接受了它并使这个概念大众化。"屯堡"概念不是产生在屯堡村民内部，而是首先出现在地方学者和有关的文化机构里。村民们只是近来才对这个概念熟悉起来……"他们是按照官方的理解去理解屯堡文化的""很多村民们都把屯堡文化当作是外面的官员、学者和开发商们的财源。当许多外人相信屯堡文化会给屯堡村寨带来巨大的繁荣时，却几乎没有多少村民对此抱有期望……问题不在于屯堡文化是否是资源问题本身，而是村民们在屯堡文化发展决策和实施方面没有足够的声音和权利"①。

　　上述两例大致代表学者的两类诉求。一个是站在"物"的角度说遗产如何遭到破坏和利用，另一个站在"人"的角度说作为资源的遗产如何从村民那里被攫取。无论其观点如何偏激，我们在其中看到学者对待非物质文化遗产的认真态度和深厚情感。在这件事上，他们投注过心血，遗产仿佛也是他们的孩子。他们有权利和义务维护遗产，为非遗维权。一方面，我们可以问：谁的遗产（所有权）？谁可以支配它（使用权）？谁有权解释它（解释权）？表面上看，学者没有任何权利，但实际上并不是这样。只要我们换一种方式来提问：谁提出的遗产概念？谁制定标准？谁来分类？谁来填表？谁来评估？谁发现？谁命名？……就会发现学者不仅拥有遗产的解释权包括对遗产的命名、分类和溯源等，同时也享有另外两种权利。离开了学者的参与，现在所说的遗产还是遗产吗？学者的权力赋予学者以权利，这句话反过来说也成立。

---

　　①　周耀明：《族群岛：屯堡人的文化策略》，《广西民族学院学报》2015 年第 2 期。

笔者的研究出发点是遗产不是自在之物而是建构性之物，关注点是学者在遗产的建构中以何种姿态在场。最终希望唤起学界注意的是这样一个看似简单的事实：学者作为建构者的积极意义，学者角色的关键性意味着既不能徒劳地规避参与，又要慎重地参与建构。揭示学者在场这一事实并不意味着遗产是被学术所改造的，而是要表明非物质文化遗产在当下的真实状况。

附　录

相关文献

[1] 宋俊华：《非物质文化遗产研究的学科化思考》，《重庆文理学院学报》2009 年第 4 期。

[2] 乌丙安：《非物质文化遗产保护理论与方法》，文化艺术出版社2010 年版。

[3] 施爱东：《学术创新：压垮学者和学术的第三座大山》，《云梦学刊》2009 年第 4 期。

[4] 施爱东：《学科界限与学术取向》，《民间文化论坛》2007 年第2 期。

[5] 施爱东：《学术运动对于常规科学的负面影响——兼谈民俗学家在非遗保护运动中的学术担当》，《河南社会科学》2009 年第 3 期。

[6] 吕微、刘宗迪、施爱东：《两种文化：田野是"实验场"还是"我们的生活本身"》，《民间文化论坛》2006 年第 1 期。

[7] 吉国秀：《知识的转换：从民众的知识到民俗学者的知识》，《民间文化论坛》2006 年第 3 期。

第六章

非物质文化遗产保护中的媒介传播力量

作为人类社会的基本活动，传播是人类确立自我意识、人类社会活动得以建立共同的行动范式，具有共享的文化意义的前提，是人类历史文化赖以建立、生成和延续的基础。人类的文化传播活动，经过了 20 个世纪，完成了一项又一项的媒介叠加过程，进入了 21 世纪的网络传播时代。这是一个文化多元化、旋律构思五彩缤纷的时代，又是一个文化传播高度民主化与自由化的时代，文化传播的一切都带有合理性和可能性。因此，在非物质文化遗产传承的所有环节中，挑战与机遇、竞争与发展、碰撞与包含、理解和宽容，已经成为不可回避且应积极面对与利用的现实。

一　非物质文化遗产传播的必要性

将非物质文化遗产本身作为主体考虑，其传播的内在性实际上就规定了传播的自发性和必要性。从整个人类文化系统来认知，非物质文化遗产传播的必要性，主要体现在以下几个方面。

第一，各种非物质文化遗产的存在、传播和传承有利于保持文化多样性，维护健康的文化生态群落。文化多样性包含两个层次的意义：其一，一个社群、一个民族或国家，乃至整个人类文化体系，作为有机的整体，是由各种不同形态、不同功能的文化关联而成的。非物质文化遗产是其中的重要组成部分，与其他种类的文化形成多样共生的生态关系；其二，在非物质文化遗产内部，也存在着文化多样性。不同民族人民创造了不同形态的非物质文化遗产，这些文化艺术多姿多彩、各具特色，在非物质文化遗产的大观园里相映成趣、相得益彰。文化多样性的存在，营造了一个朝气蓬勃、生机盎然、兼容并蓄的文化生态群落，使人们的精神更自由，情感更丰富，人性更完善，生活更充实，与传统和祖先的关系更紧密，因此前进的步伐迈得更扎实、更稳健。

第二，不同民族非物质文化遗产的保护与传播以及在此基础上的理解和沟通有助于人们克服种族歧视，放下民族偏见，尊重文化差异，建立平等、和谐、共享的文化交流氛围；有助于维持民族平等、世界和平的政治格局。文化是一个民族、一个国家立于世界民族之林的根本，尤其是非物质文化遗产，更是民族的精魂，是支撑其自立自强的脊梁。凝聚在非物质文化遗产中的民族情感、智慧、美德，是坚船利炮摧不毁、掠不去的。然而，在文化霸权主义伺机抬头的世界政治经济文化格局中，"文化入侵""和平演变"却是需要警惕的。强根固本之策，则是在取长补短的同时，大力弘扬民族传统文化，继承、传播本民族的非物质文化遗产，用文化武装民众，以文化之振兴促进民族之振兴，以文化之独立博得主权之独立，以文化之和平维护政治之和平。

第三，非物质文化遗产记录了人类文明的发展历程，承载着人类文化的优秀基因，传播非物质文化遗产就是延续人类文明，就是传承文化基因。非物质文化遗产是人类传统文化的典型和杰出代表，集成了人类在不同历史时期的文明成果，刻画了人类在"文化苦旅"中的精神历程，在帮助我们还原历史、回溯本源的过程中提供了重要线索，具有独特的认识价值。例如，图腾崇拜、祖先崇拜、自然崇拜（包括天地日月、雷电风云、土地崇拜或山神水神崇拜）等，虽然曾经备受争议，但仍然是人类文明进化树上结出的果实，这些信仰形态生动体现了各民族人民的想象力和创造力，表达了人类在历史早期对自身、对自然和宇宙的认知与态度，也间接反映了当时的物质生产和生活状况。固然，非物质文化遗产的传播，不是让我们去模仿原始崇拜的表象，而是要继承和发扬蕴涵其间的想象力、创造力，还有重视生命、追求天人合一的人生宇宙观，以及探索世界、追求真理、善于思考的科学求知精神。可见，即使是看起来并无艺术成分也毫无科学道理的木祖土偶，在其形式背后，也可能蕴藏着宝贵的人类文化基因。不过，物态的遗存只是文化基因的表达作品，是历史标本。要想实现人类优秀文化基因的延续，还必须依靠非物质文化遗产的活态传承。

　　第四，非物质文化遗产传播的必要性还表现为人类生活对它的依赖性。试想，如果非物质文化遗产停止传播与传承，会导致怎样的后果？也许我们还是会穿着鲜艳华美的服饰，但是那只是布料、图案和色彩的物理组合，任何人在任何场合都可以穿戴任意服装，没有什么可以显示人们的身份，更没有什么可以长久地占据我们的衣柜并唤起我们深沉美好的情感和记忆；也许我们仍然会哼唱各种不知名的小调，但是再也不能欣赏到除了现代流行歌曲之外的任何音乐；我们将没有传统节日，不过年，也没有张灯结彩的元宵节，五月初五不吃粽子不划龙舟，八月十五不必团圆也没有月饼，甚至连农历也不再用，只有公历和公历中规定的劳动节、国庆节、禁烟日、爱牙日，等等；我们将不再有庙会可赶，而是只能逛商场超市；我们将再也享受不到美味小吃和各派菜式，甚至要与美酒佳酿绝缘；我们的生活将失去戏剧、中医药、国画、书法、风筝、麻将、丝绸和茶……如果没有非物质文化遗产传播，在回顾过去时，我们将对着历史的空白一片茫然，"迷不知吾所如"；在面对同类时，我们将在千人一面中患上"脸孔遗忘症"，甚至辨认不出自己。幸而非物质文化遗产传播尚未终止，并且其必要性已为越来越多的人们所意识到。

二　非物质文化遗产传播形态的演变

　　人类历史上传播媒介的发展，经历了从口头到文字，从广播到电影、电视，再到网络的发展历程。先秦时代，对话是人们生活交际的主要表现形式。这一时期，各种非物质文化项目的表现是非常活跃的。史诗、歌谣、神话、传说、民间故事等口头文学类以及相关的表达文化和其他口头传承艺术，自此开始世代传承下来。中世纪开始，人类进入了以书写、文本为标志的文字传播和印刷传播时代。书写的传播方式虽然有利于众多的非物质文化项目的记载和保存，但它不仅丧失了口语传播的当下性、即时性和现场感，与音乐、节奏、庆典和宴饮等一系列的超语言因素剥离开来，同时也割裂了一些非物质文化遗产项目赖以生存的人文环境，泯灭了其中双向、互动的对话精神。

可以说，传播媒介的发展更新，对于非物质文化遗产传播而言是把"双刃剑"。20 世纪，人类进入以广播、电影、电视等大众媒介为标志的电子传播时代。"收音机的对象是世界，而不是个人。"① 于是，个人性的传播完全被公共性的传播所取代，因而成为一个真正意义上的大众传播时代。在此，人的感官的这种延伸，使听广播的听众和看电视或电影的观众在声音与图像面前完全沦为一个失去了言说权和书写权的被动受众，一个无法参与的、剩余的他者。可见，传统传播方式离口语传播的那种当下性、实时性和即时性越来越远，使直接参与的对话愈发变得不可能，因而沦为纯粹的独白。从上述意义上说，文字印刷传播时代和电子传播时代的出现，对非物质文化遗产的传播尤其对口头传承艺术是一场"灭顶之灾"。大众传播所带来的全民信息化水平的提高，直接或间接地导致负载着民间口头文学、民间艺术和手工技艺的传承使命的艺人日益减少乃至"消失"，民族的"文化记忆"出现中断的概率大为增加。

从另一角度讲，对于大众传播的基本功能，按照著名学者哈罗德·拉斯韦尔和查尔斯·赖特的观点②，简单说来就是监测社会环境、协调

---

① 孟伟：《声音传播：多媒介传播时代的广播听觉文本》，中国传媒大学出版社 2006 年版，第 181 页。
② ［美］拉斯韦尔等：《宣传、传播和舆论指南》，中山大学出版社 2008 年版，第 104 页。

社会关系、传承文化和提供娱乐。拉斯韦尔强调，大众传播具有传承文化的功能。他明确指出，人类社会的发展建立在对历史的继承和创新的基础之上。只有把前人的智慧、知识、经验加以整理、记录、保存、留传给后代，我们才能在前人的基础上进一步完善并发展和创造。非物质文化遗产能够通过大众媒介传播延续其留存时间、扩展了其分布空间，因此大众传播也成为非物质文化遗产代代相传的重要手段和保证。

进入 20 世纪末，被称为"第四媒介"的互联网开始出现，人类进入到波斯特所谓的"第二媒介时代"①。迅猛发展的网络使整个社会信息系统发生着革命性的变迁。互联网不仅适用于大众传播，而且也应用于人际传播。网络全方位、立体型、双向地延伸着人的所有感官，使上网的双方获得亲密的接触，并且实现了能够共享在同一人文环境的"虚拟社区"中。由此，人类重归"亲自接触"的口语传播时代。总之，文化传播归于对话。

在信息化高度发达的今天，大众传媒扮演的角色愈发重要，文化传承成为其重要功能之一也是不争的事实。随着现代化进程的加快和全球政治、经济一体化趋势的加强，中国传统的民族民间文化正遭受前所未有的冲击，许多承载着传统民族文化和民族精神的优秀文化遗产正逐渐消亡，各级各类媒体都在非物质文化遗产的保护与传承工作中各尽其能、各司其职进行有效的挽救、保护、推广和传承工作。文字、录音、录像、图片、照片、数字化多媒体等各种手段与方式的运用不一而足，使非物质文化遗产的研究、保护和传播工作取得了具体实效。

其中，报纸、电视、广播等传统媒体具有信息容量大、时效性强、报道深入、声画结合的特点，在介绍非物质文化遗产的渊源、背景、现状、未来的发展、对中国社会的影响诸多方面，以及将非物质文化

---

① ［美］马克·波斯特:《信息方式》，范静晔译，商务印书馆2000年版，第65页。

遗产由抽象的文字变成直观的视听感受的优势依然明显，成为传播的主体宣传形式。新媒体中的网络媒体迅捷、信息量大、互动性强的特点在保护工作中的作用也进一步凸显。各地纷纷建立非物质文化遗产网站或以在一些大的门户网站设立专题网页的方式进行宣传。尤其是网络新媒体的参与使非物质文化遗产保护的主要传播方式逐渐发生改变。部分非物质文化遗产以口传身授的方式进行人际传播，随着时代的发展，人们的社会需求也在不断的变化中，在新的文化语境下，非物质文化遗产的传播方式如果只依赖口耳相传的传统人际传播方式显然不能达到保护传承的目的，只有在更广阔的社会网络和更复杂的社会层次中，通过大众传播媒介收集、整理、宣传、刊发、反馈，才能保证非物质文化遗产传播的效果。大众传播媒介在先进的传媒手段与传播技术的支撑下，可以跨越时间和空间的限制，在拓展非物质文化遗产的传承范围、延续非物质文化遗产的传承时间、丰富非物质文化遗产的传承内涵等方面，传播效果远超人际传播。尤其在全球化的背景下，在跨文化传播过程中，通过大众传播媒介的推介，大量的非物质文化遗产项目能够获得国际性的广泛关注，进而为其传承赢得更为广阔和更加多元化的发展空间。

由此，新媒体时代的到来，为必须在对话和交流的土壤中才能更好地开展非物质文化遗产的传播提供了现代化的技术支撑。从此，非物质文化遗产有可能获得更为广阔的传播空间。而这仅仅是个前提，不能忽略的问题是，现代社会的民众能否以久违的激情，充分利用互联网的对话优势传承而非走马观花似地对待代表着文化多样性和文化身份认同的非物质文化遗产。由理论上的可能变为现实中的实践，还需要我们立足培育非物质文化遗产在网络时代传播的土壤，并深入探索网络时代非物质文化遗产的传播模式。

三　前媒体时代非物质文化遗产的传播力量

传播在人类社会的发展进程中具有重要的意义，虽然传播学作为一门学科的建立及其理论构架的形成是较为晚近的事情，但"传播"作为一个具体的实施行为，它并非是媒体时代到来以后人类社会从事文化艺术活动才有的行为，它是早已有之的，并且在传播行为产生之初，它就已与非物质文化遗产建立了亲密之关系。

笔者把前媒体时代的尚未有现代媒介介入状态下的非物质文化遗产的传播意义，作为非物质文化遗产传播的初始意义。非物质文化遗产传播的初始意义，应该看作是"作为艺术（或文化）的传播"，它重视的是其传播的过程和过程中的艺术的各种具体呈示与状态，它注重的是对原生态的非物质文化遗产关乎仪式、行为、观念、信仰等因子的一种源自生命力的自然彰显和对其间的艺术状态共享的过程，它更着重体现的是对作为非物质文化遗产要旨的以"传承"为核心的文化现象的认同。因此，初始意义上的非物质文化遗产的传播，最主要表现出的是对于传统风俗的传承以及传承过程中所显现的对于文化传统的维护，并且这种传承与维护多于不自觉的状态下发生。

（一）传播促成非物质文化遗产的文化共享

非物质文化遗产传播的初始意义，首先可以看作是文化共享的过程。这里着眼于把非物质文化遗产的传播作为一个"过程性"的行为状态来看待，它作为文化共享过程的意义主要是针对作为传播客体的"物"而言。这个"物"，就是指作为非物质文化遗产创作来源的社会生活和非物质文化遗产存在本身。但同时，作为过程参与者的人在其中的作用也是不能忽略的，因为人始终贯穿于这个意义全过程。

传播本身就是一个动态的过程，这个过程并不是指信息在空间上的直接式的扩散，而是指传播如何在时间上来维持它所传递出的信息的意义。因此，传播是一个创造、参与以及维系一个共享文化的过程，它的意义重点不在于分享这个信息的行为，而是指共享这个行为所表征的文化。非物质文化遗产传播作为文化共享过程意义的核心，在于将人们以集体或共同体的形式聚集在一起的神圣仪式，诸如各种节庆仪俗或丧葬俗仪。仪式是自原始时期远古先民即已开始的一种集体式活动，是一套约定俗成的显示目的性的行为方式系统，早期也叫巫术，它是人类进入文明社会之后各类仪式活动得以发生与延续的雏形状态。英国人类学家弗雷泽早在他的代表作《金枝》中提及过巫术与艺术的关系问题①，认为巫术的生产过程对艺术的创作有着某种启发意义，甚至巫术其后发展的仪式化还为某些艺术类型的形成提供了一定的借鉴，这其实也就是涉及了仪式与当时作为原始艺术形态而存在的非物质文化遗产之间的关系问题。

非物质文化遗产的相关传播在尚未涉入现代媒介之前，是以实景媒介而进行的传播，主要是非物质文化遗产的仪式传播，即使是语言类的口述遗产等，也大多源自或出自其中。就这一传播行为而言，它在和作为非物质文化遗产主要呈现状态的礼俗仪式方面，很容易找到共同意义的切入点。非物质文化遗产的礼俗仪式，基本上存在于民俗活动的各个组成部分或环节，诸如宗族组织、社团或社区组织、岁时节日、人生礼仪、民间信仰、民间音乐、舞蹈、戏曲、民间游戏娱乐等各类民间风俗，其中都包含着礼俗仪式的存在。非物质文化遗产传播的初始意义，首先从这些作为文化共享过程的礼俗仪式中得来，这是对于作为非物质文化遗产创作来源的第一传播客体即社会生活的尊重与体认，由此延展到来自于社会生活又高于社会生活的民俗仪式的呈现状态本身，体认、尊重并享受其中共存的文化意义。

非物质文化遗产传播作为文化共享过程这一意义，并非在于看重民礼仪式中语言动作行为等所传达的说教或教诲的作用，而是为强调这个仪式本身的重要性，因此，文化共享的过程是指非物质文化遗产传播作为仪式传播过程，其中所建构与维系的一个秩序的、意味性的、能够用来容纳人类行为并进行支配的文化世界。换句话说，非物质文化遗产的传播，就是非物质文化遗产在其仪式传播中构建意义的基本活动和过程。在这个过程中，我们会印证传播系统的一个普通特征，

---

① ［英］詹·乔·弗雷泽：《金枝》，徐育新等译，大众文艺出版社1998年版，第119页。

即意义作为期待信息接受者所获得的东西，由下列因素组成①：传播、接受者背景、按预定程序做出的反应与情景以及所感知的内容。而对于人，还必须加上另一个关键的方面：文化。作为传播环境参与者的人，文化之于传播的意义是通过人的感知的过程式体验，即共享过程予以传达出来。

如上所述，非物质文化遗产传播的初始意义，一方面着重体现的是非物质文化遗产作为仪式传播存在的过程性，在关注过程性的基础上，另一方面我们还得重视作为这个过程性得以实现的核心存在的"文化共享"。"文化共享"体现的是作为人们群体参与、分享、联结并拥有共同信仰的民俗仪式在传播意义上的文化性特征，这个文化性特征又主要是由在传播环境中"共享文化"的民众来感知的。

（二）传播促成非物质文化遗产的集体认同

非物质文化遗产的传播，还有一个同样重要的初始意义，作为传播主体的人而言，非物质文化遗产传播的初始意义体现在传播主体对于传统风俗文化传承的认同感上。如果说，我们把非物质文化遗产传播作为文化共享过程的初始意义，看作是基于历史横向坐标轴的传播意义"过程观"。那么，非物质文化遗产传播的这一初始意义，则可以看作是历史纵向坐标轴上的传播意义"传承观"。传播意义的"传承观"指的是，在媒体时代尚未到来之前的前媒体时代，其时的传承就代表传播，传播也可看作是传承，传承与传播二者之相互关系极其密切，二者的意义内涵是相通的，这是前媒体时代非物质文化遗产传播的一个重要的特性。

作为非物质文化遗产保护工作核心要旨之一的"传承"，既是具体非物质文化遗产项目得以形成与生命力得以持续的内在动力，同时又承担着非物质文化遗产的传播任务，这是对于非物质文化遗产"传承性"的另一种解读。非物质文化遗产的传播属性，尤其是在前媒体

---

① 李立：《传播艺术与艺术传播》，中国传媒大学出版社2015年版，第76页。

时代，常被淡化或处于一种被遮蔽的状态，非物质文化遗产的传播也主要是在现代传媒介入并日趋发达之后的当代社会，才逐渐进入被广泛研究与关注的视野之中。事实上，非物质文化遗产的传播与传承一样，自远古先民时代、自非物质文化遗产产生之日就已经存在，只是在后世的传播中因为其传播媒介的易蒙蔽性与不易辨识性，而多被"传承"话语所替代，且在古代传播媒介尚欠发达的时候，以传承代替传播，更具一定的时代性。

传承与传播的关系是不能分割的，传承比之传播更具延续性和内涵性，它在其历史延播过程中无论外延和内涵又与传播有着很多交集，因此在分析非物质文化遗产传播的意义时，我们就不能抛下对于更能够体现传播内涵深幽性的传承的关注。在非物质文化遗产的传播过程中，能够促使民众群体性的共同遵守或施行某种民俗，这是民众对其间呈现的生活风俗的群体心理认同的结果。在现实社会生活中，当一种民俗刚刚兴起之时，对于此种风俗的认同只在少数社会个体中产生，其后才逐渐得到较多数人直至族群或区域性群体的共同认可。这种人类的同感运动不断地深化，当一种有利于群体生存或发展的事象出现并经过反复的实践之后，生活在该群体中的民众会逐渐给予这个事象一种共同的认可，这种认可导致了这种非物质文化遗产事象的最终形成，也形成了民众对这种事象所传递的非物质文化传播的认可。

民众对于非物质文化遗产的心理认同和实践认同，构成了非物质文化遗产得以传承的主客观条件。任何民间风俗的流行，都是不同的民众群体经过对作为风俗载体的非物质文化遗产的反复实践与感受、最终达成的对其认同的共识。没有民众对于某种风俗文化传承的认同，非物质文化遗产的传播也就缺乏了因之才能产生的延续态的意义。张福三教授在论及民间文化风俗的传承问题时[1]，认为有必要深入到民间文化以及传承体系内部去寻求民间风俗之生存与发展之道，其实也

---

[1] 张福三：《论民间文化传承场》，《民族艺术研究》2004 年第 4 期。

就是在为民间文化风俗等如何进行长期传播的问题提出忧思。他提出了"传承场"的概念，并从自然、社会、思维传承场三个层面对风俗的传承进行了阐释。这三个传承场以物理空间状态与非物理属性相结合的构思，来确立传承场中作为传播主体的人对于风俗传承的认同感。本文认为，人对于非物质文化遗产传承的认同应该主要包括三个方面的认同：实践认同、心理认同和身份认同，这三个方面的认同可分别对应张福三教授所述的三个层面的传承场，即传承的自然场、传承的思维场、传承的社会场。传承的自然场使人获得对于非物质文化遗产传承的实践认同，传承思维场使人获得对于非物质文化遗产传承的心理认同，而传承社会场又可使人获得对于非物质文化遗产传承的身份认同。

首先，要确定的是，非物质文化遗产传承的自然场并不是指辽阔无边的所有大自然，而只是指与人类生活、生存与发展有密切联系的那些自然环境的因素，作为传播主体存在的人就是在认识、选择、改造和利用这样的大自然中创造非物质文化遗产并播布与己相关的风俗习惯的，各民族民众都是在与自然打交道的过程中形成了对非物质文化遗产的一种实践性的认同，并把自然环境作为非物质文化遗产传承空间与平台，通过这个空间和平台的场作用或场效应以传递出人对于非物质文化遗产传承在实践性认同上的感知与意义。

其次，人对于非物质文化遗产传承的心理认同，在非物质文化遗产传播的初始意义的确认上也是起着较为重要的作用的。思维场较之自然场，它是一个无形的传承场，它是以人在头脑中所获得的对于客观现实的全面分析、综合、抽象、概括与比较的基础上而建立的富有能动性的、复杂开放的多功能思维空间，是关于民众的群体思维的空间、平台与通道，其中集结着群众的许多集体意识，这些集体意识的思维场中包含着关乎非物质文化遗产的原始意象、心理情结、行为规范、礼仪制度等各方面内容，以使人推广、传袭并世代传承下去。心理认同是建立在实践认同的基础上的。这与非物质文化遗产贯穿始终的精神性的维度有关，民众在心理方面的认同感与非物质文化遗产本身具有的精神内涵休戚相关，或者说，非物质文化遗产所具有的精神内涵其实就是民众的心理认同感及其他相关感受在非物质文化遗产上的移情或自我投射。

再次，在对于非物质文化遗产传承的认同上，民众的身份认同也是体现非物质文化遗产传播意义的一个重要方面。民众对于非物质文化遗产传承的身份认同与传承的社会场有关，作为一个有形的传承场，社会场在内涵与外延上都比同作为有形传承场的自然场要深广，非物质文化遗产的传承与社会的联系的历史相当久远，例如由原始氏族社会中的图腾文化，就可以衍生与形成各式各样的社会传承场，包括静态的、动态的，有形的或无形的。作为社会传承场所存在的图腾文化，它可以造型性的样式存在出现于非物质文化遗产器物、服饰中，也可以节俗祭礼的形式出现于宗教仪式上，还可以各种艺术展演为载体来传达并渗透与它相关的非物质文化遗产物象。随着民众群体所逐渐形成的图腾意识，与之相关的社会意识也逐渐生成，民众在这种凝结血缘或亲缘关系的社会场中形成集体性的身份认同，并在此基础上传承非物质文化遗产中所指涉与包融的意义。

四　媒体时代非物质文化遗产的传播力量

在媒体时代来临之后，随着大众传播与新媒体传播所带来的各种现代媒介的轮番登场与新旧媒介的变革，非物质文化遗产的传播也随之进入到了现代媒介传播的时代。媒体时代的到来，因传播观念的变化、科学技术的革命、媒介环境的变迁等因素，使得其时的传播直接影响到了人类文化的结构和形态，尤其当传播面对具有深厚文化背景和坚实社会基础且最具传统风俗特征的非物质文化遗产时，它对于作为人类文化之重要构成的非物质文化遗产的影响也毫不例外。时至今日，非物质文化遗产信息的"传"的传统形式正在与现代大众传播的"传"的形式形成全面碰撞和微妙的重整嫁接。以电视、电影、广播等为代表的传统现代媒介与以网络、手机、电子等为代表的新兴现代媒介的各类传播"渠道"攻势,使得非物质文化遗产本身之存在结构与形态受到影响并发生变化,继而促使非物质文化遗产传播的意义不得不因之而产生改变。非物质文化遗产传播所发生的意义的衍变,实质就是在进入媒体时代及当现代传播媒介介入之后,非物质文化遗产的传播遭遇到了媒介的干预,而媒介干涉或表述过的信息又在传播流动过程中不断变化、不断构建和重新生成并传达新的意义。可以说,媒体时代的非物质文化遗产传播其实更多时候面临的是现代媒介参与下的媒介干预与媒介表述,乃至"文化预设"的问题,非物质文化遗产的传播由于现代媒介的介入而发生了意义的衍变。

(一) 非物质文化遗产在媒介科技化中被重新塑造并得到展示

现代传播媒介的出现和发展使人们对于客观世界的认知大部分都由媒介来提供并最终反映在媒介文化之中。这一媒介发展的趋势不仅在宏观上催生了社会结构的变革,同时也在微观上导致了人际感知的改变。这种新型的媒介文化被这样描述着[①]:一种媒体文化已经出现,其中的图像、音响和宏大的场面通过主宰休闲时间、塑造政治观念和社会行为,同时提供人们用以铸造自身身份的材料等,促进了日常生活结构的形成……媒体的故事和图像提供了象征、神话和资源等,它们参与形成某种今天世界上许多地方的多数人所共享的文化。

事实上,在当下社会,现代媒介对于包括非物质文化遗产在内的各类文化传播并不仅仅只是起到一种中介的作用,更准确地说是,文化在形式和内容上都在现代媒介中被重新塑造并得到展示。关于现代媒介在传播过程中的作用,阿什德作了深刻且尖锐的揭示[②]:"我们日常使用的媒介使观念、意图和意义进入生活,尽管媒介和内容在传播

---

① [美] 道格拉斯·凯尔纳:《媒体文化介于现代与后现代之间的文化研究、认同性与政治》,丁宁译,商务印书馆 2013 年版,第 9 页。

② [美] 大卫·阿什德 (David L. Altheide):《传播生态学控制的文化范式》,邵志择译,华夏出版社 2003 年版,第 53—54 页。

行为中是融合在一起的，但是这些媒介在传播过程中却呈现出一种独立于实在内容的现实性和重要性。所以，媒介远非信息传送的中立的通道：它们是具体的行为代理机构，是各种意义的定位和建构的表达或代表。"这段话把媒介在现代生活中的重要地位揭示得淋漓尽致，并认为它已实现了从原本附属于传播内容的中立或中介的位置到独立于传播内容而具有实际存在意义的地位的转变，也就是说，媒介已经开始行使它表述与干预文化与艺术的具体行为权利了，甚而在某种程度上，媒介甚至可以建构关于非物质文化遗产物象新的表达。的确，现代媒介引起的新的信息流动模式，能够绕过以往传播的种种限制，改变了传播变量中的空间、时间和物理等障碍，现代媒介的这种不同于以往的变化，对于文化的传播行为也造成了显著的改变，现代媒介引发了传播的可供选择的多渠道性，一旦被广泛应用，它可能会创造出新的社会环境，而社会环境重新塑造行为的方式可能会超越所传送的具体内容。

从当代文化的消费趋势来看，人们对于各种传播媒介的借助和需求促进了艺术文化的传媒化，非物质文化遗产的传媒化自然也不例外。不仅如此，鉴于媒体时代人们对传播媒介的偏好和倚重，越来越多的文化资源无论传统抑或现代的，都在向数字化与电子化方向靠拢。诸多的新兴文化的开发热点关注于大型的文化光盘与数据库，一些大众传播媒介如纸媒也在积极地向网媒集结，寻求媒介融合的新路。的确，文化的媒介化有着前媒体时代文化传播所无法比拟的优势，它使文化的远距离跨时空传播成为眼前的现实，使文化的受众群达到"去区域""去边界"的可能。然而，媒介化的文化传播在其实质上又是一种更易遭受控制的传播，这是因为任何出现在技术媒介上的图像和画面都是经过重新置造、多次过滤和反复改写的信息，媒介化的文化传播的内容与意涵在这种被表述与被干预的状态下再传递给受众，这时已经不再是"原生态"的文化信息。这对于文化的受众或消费者而言，传播中的媒介表述与干预显然是一种精神上的引导甚至强制。

在非物质文化遗产的传播中，媒介对于非物质文化遗产及生活的表述与干预，也早已超出了它作为非物质文化遗产传播初始意义时所能发挥与行使的功用，媒介自身的功能意义的内涵与外延在当下媒体化的社会生活中，被无限地拓展与放大。针对媒介的这个现状，甚至有人说"媒介本身成了一种文化景象，或者说，现代媒介造就了新的文化场景。"① 姑且不论这种断论是否片面，但至少它向我们提示了媒介与非物质文化遗产在传播意义生成中"你中有我，我中有你"的紧密联系。

要明确的是，在研究非物质文化遗产传播的意义衍变与媒介影响之关系时，首先必须分析媒介"注入"给我们的是什么。例如在研究电视作为媒介对于内容信息的传递时，就应该研究作为受众的我们看什么、看多少，如何去认识和理解所看到的内容，以及这些认识与理解将如何影响我们的思考和行为，更重要的是，这种媒介传播对我们行为思考的重塑能力和影响可能会超越它具体传送给我们的信息内容。也就是说，媒介对于非物质文化遗产传播的影响，不仅仅在于媒介所传递的信息上，更在于媒介通过这种信息传递的过程对信息的干预与表述以及对受众认知的重塑上。媒介的变化正改变着非物质文化遗产传播所赖以生存的社会环境，其间非物质文化遗产在媒介传播中的具体境遇又主要通过媒介以科技化手段对非物质文化遗产意义内容的渗透、表述与干预而得以呈现。

伴随着20世纪初声光电技术的诞生，以视听传播技术为主的传播媒介占据了人们日常娱乐活动和文化艺术生活的中心位置，而后随着电脑操作的简便化、成本的日渐低廉化，以及迅速普及的交互式信息网络沟通的形成，非物质文化遗产的呈现渠道在当下得到了极大的拓宽，非物质文化遗产因子的表现空间或者说场景也得以极大丰富。比如相关非物质文化遗产因子可以出现在电视作为媒介的电视小品、综

---

① ［英］西莉亚·卢瑞:《消费文化》，张萍译，南京大学出版社2003年版，第79页。

艺节目、MTV 和卡拉 OK 中；也可以出现在以电脑为媒介的网络文学、网络游戏、三维动画、电子音乐和 FLASH 中。此外，无论是摄影、录像、DV 电影还是装置艺术等，这些源于科技进步而出现的各式媒介类型都可以作为非物质文化遗产因子呈现与传播的渠道和场境。各式以科技手段承载着的传播媒介，不论是从外在形态还是内质特征，都表现出迥异于前媒体时代的媒介的传播质性与面貌特征。这种带有强烈的技术革新气息的媒介，它在非物质文化遗产传播过程中所表现出的迅捷化、复制化与展览化导致了非物质文化遗产"本真性"的退化。传统非物质文化遗产传达与表现的最具特色且独一无二的"本真性"，被传播媒介的脱离时空限制、不断平面化与离散化的技术复制所替代，非物质文化遗产置身于媒体时代的传播媒介所营造的拟态环境之中，非物质文化遗产传播的初始意义中那个与文化共享相关的"敬仰"或"膜拜"的精神情绪，在新媒体环境中转向了"被表述"或"被展览"。

无论是以电视、电影、广播、报纸等传统技术媒介传播为主的大众传播，还是以网络、手机、数码电子等新兴技术媒介传播为主的新媒体传播，其中的科技化传播手段对于非物质文化遗产的影响是多方面的，对于非物质文化遗产传播的推动作用是显而易见的：它不仅拓展了非物质文化遗产呈现的新空间，引发了非物质文化遗产表现的新类型，还使非物质文化遗产形式和内容的传播意义在某种程度上被重塑；它有时又通过部分地改变非物质文化遗产的外在面貌与内在特质，来催生非物质文化遗产呈现出新的形态，并且还促使部分非物质文化遗产趋于越来越强的商业操作式的消费化传播态势。须知科技与文化毕竟分属于人类活动的不同领域，科技的内在规则、运行逻辑也与非物质文化遗产大相径庭，因此，以科技化手段承载的媒介传播带给非物质文化遗产的有阳光雨露，但是也有迷途蒙雾，也正因如此，我们对于科技的拥抱与批判从不曾停止，这种矛盾的接纳与排斥一直并行不悖。媒介科技化与非物质文化遗产传播的关系成为当下不可规避的一个命题或实际状况而存在着。

（二）非物质文化遗产被现代媒体再审视和再阐释

随着大众媒介的普及，媒介化生存已成为当代人的一种"新常态"。非物质文化遗产传播中借助现代媒介进行的诸如民间节日礼仪等方面的报道，对影响人们关于节日的认知起到重要的推进作用。比如经常见各种媒体对各民族或异域饮食服饰、音乐舞蹈、婚葬礼仪和典庆祭祀等的各类介绍，这些报道向人们传播了本不了解或了解不可及的跨区域时空的各类非物质文化遗产知识，丰富、满足了人们对于非物质文化遗产相关文化物象与表现的知识面、求知欲。其中，主要是通过现场直播或新闻报道、广播播报等形式来表述和记录各种非物质文化遗产物象，用声像传播的方式较客观地再现各个民族的民俗生活和艺术形式，使之成为一种可为大众所广泛了解的文化知识或生活阅历。

技术媒介的复制化特征使今天的非物质文化遗产可以采用大众传媒的手段进行大量复制。仲富兰在《民俗传播学》中提到德国民俗学家保·辛格尔的观点，辛格尔认为，现代技术世界的发达表面上造成了许多不利于民间文化生存的条件，但在现实上现代技术世界的时间感及交通、大众传媒造成的跨越式的空间，以及社会分化的强化，促使民俗活动的节奏加快，为民俗提供了更加广阔的空间涵盖面，使之可以通过互联网的通信技术传递到超地方的领域中，并为不同社群的认同和联谊提供机会[①]。媒介反映非物质文化遗产及其生活变迁，就是媒介作为工具的表述功能对于民俗生活的展现，并促进了人们的相互交流、拉近了人们对不同地域、族类的文化亲缘感与认同感。

这里需要强调的是，一方面媒介在非物质文化遗产的传播过程中所具有的表述功能，使媒介可以对非物质文化遗产及生活作一种较为客观的记录与再现，但这仅是"较为客观"的表述。现代媒介进入人

---

① 仲富兰：《民俗传播学》，上海文化出版社 2009 年版，第 131 页。

们的生活，人们生活融入媒介化的生存，这使人们在其中所接收到的关于非物质文化遗产及生活状态的信息，已不再是前媒体时代的那种以实景媒介呈现出的原初自然形态的信息，而是经过媒介技术化手段加工过滤后而呈现的带有"人工修饰"痕迹的信息。其实，即使是在前媒体时代，作为大众传播纸质媒介出现之前的、作为纸媒雏形状态的文本媒介，也同样存在着无法完全还原本初性的未经解释过的原始信息这一状况，因为文本媒介的创作者或撰写者在把原本处于实景存在状态的非物质文化遗产物象写进文本之中的这一动态过程，就已经使相关非物质文化遗产信息作为被解释或重制过的信息状态见诸文本了，后世通过前代的诸多文本媒介所了解的历代非物质文化遗产物象，也大多是经过笔墨渲染的各态描写，这种文本媒介中的信息已无法纯粹地还原相关非物质文化遗产原本形态了。前媒体时代已然如此，更不用说到了媒介技术化传播为主流的媒体时代，这种经调配与释义过的非物质文化遗产信息就以更加普遍的状态而存在了。因此，这就使媒介对非物质文化遗产及生活的表述还存在另一个重要的方面，就是通过贯注于媒介中的当代思维对传统非物质文化遗产及其意义进行重新审视和诠释，这是在客观再现非物质文化遗产基础上的一种带有评论性的叙述，经由重新审视、思考和诠释过的民俗信息再以一种被重塑的特定观念与结构方式去影响大众的接受心理与观感。

在论及大众媒介的功用时，曾有传播学论者这样说道：大众媒介的工作不仅仅是报道一种信息，更重要的是将这一信息组织到已有的框架之中①，这里的框架指的是媒介对具普遍性或特殊性的议题中的信息的选择、强调并进行传递的基于一定语词、图像、表现手段或表达方式的一种呈现模式。这种论辞更是把媒介在传播报道中的再审视与再阐释功能展现得十分透彻，媒介在组织新闻报道时如此，而在非物质文化遗产的传播中，非物质文化遗产和生活事象也是作为新闻报

---

① 殷子然：《框架理论下大学生就业的媒介呈现》，《新闻界》2009 年第 5 期。

道的一个层面而被媒介组织和呈现。例如，在对 2015 年《福建日报》
中有关非物质文化遗产报道的叙事框架的分析中，有研究者得出《福
建日报》对于非物质文化遗产新闻的主要叙事框架是"保护与传承"
和"寻根与认同"的推论，认为《福建日报》在"保护与传承"的叙
事框架下主要针对有一定时效性的当地节庆民俗和民俗文化隐性嬗变
这两项事实来进行报道和传播，而撷取的这些事实可以凸显包括节庆
民俗文化在内的非物质文化遗产的传承与发展之道，这和国家高度重
视文化遗产保护工作，并自 2006 年设定"文化遗产日"，以及经济全
球化背景下文化遗产生存境遇渐趋恶化的现状等背景密切相关①。另
外如民俗"寻根与认同"叙事框架下的报道，则强调的是闽台民俗的
文化同源性，这与《福建日报》所要彰显的地域民俗特色与促进两岸
文化的交流互动等目的相关。纸质媒介中关于非物质文化遗产以及相
关的报道比比皆是。再如，《南京日报》2014 年 9 月 29 日有一则
《"文化遗产优雅重生"让南京更有魅力》的报道，报道述及在 2014
中国南京世界历史文化名城博览会期间，与会嘉宾参观了南京的各项
文化遗产和纪念场馆，从南京博物院到江东门纪念馆，从中华门城堡
到老门东，从甘熙故居到明孝陵遗址，南京古都风貌与众多历史文化
印记得以多方位的呈示。这则报道对于南京历史民俗文化景观的叙述，
应了南京召开"名城会"之时，承 2014 年上半年北京鸟巢的首届环
球大使圆桌论坛（论坛主要议题是"世界文化遗产如何在新时代优雅
重生"）之机，并依据南京在"城市文化遗产保护和可持续发展论坛"
上的发言，提出了"南京文化遗产优雅重生"的理念，应时传播了南
京的非物质文化遗产。

　　西方论者曾将媒介的这种表述定义为是体现意识形态性的符码化
语言，认为媒介即是一种再现的叙述，"任何对世界的叙述皆是从特

---

① 王水维：《非物质文化遗产的社会教育功能研究》，硕士学位论文，东南大学，2015 年，
第 34 页。

定理念立场所塑造，新闻中所谓的真实事件是一个经'选择'后的约定化过程，它们被选择并非本质上有新闻价值，而是根据不同社会背景的意识形态所建构出来的。"① 对于非物质文化遗产来说，它有不同于一般新闻事件的独特性，不能用约定俗成的传播学叙述话语和理论来对它进行简单的套定和阐释，然而，一旦当它成为了传播媒介和媒介报道的"选择"，那么经由媒介审视、诠释以及评述性的传播策略所构建的非物质文化遗产及其与之相关的生活、形态等的传播，又的确与深层的社会意识形态紧密相连。

（三）现代媒体催生下非物质文化遗产的交流与融合、对话与碰撞

借助于现代媒介的技术化，当下的非物质文化遗产传播既可以迅速记录和反映非物质文化遗产及其变迁，还能介入并干预非物质文化遗产和生活。传统的大众传播媒介诸如报纸、电影、电视台、电台对某个民间节日或民俗礼仪的策划和报道，与其说向大众展现的是一个非物质文化遗产项目或项目群的盛会，倒不如说更似一起由媒介介入干预且精心策划的"媒介事件"，在一定的社会环境和传播环境下，非物质文化遗产正经由媒介干预而发生变迁和整合。

通过现代媒介传播的非物质文化遗产，能够被媒介能动地反映与创造，媒介所提供的时空跨越式的交互平台，使非物质文化遗产的各类表现形式得以在媒介平台上交流与融合、对话与碰撞，媒介在给非物质文化遗产提供一个足够宽广以供展演的舞台的同时，也在为诸种非物质文化遗产形态如何找到更适合自身生存与表现的媒介环境给出考题。物竞天择，尤其当非物质文化遗产遇到媒介环境中残酷的生态淘汰时，保留、传承、播布，抑或摈弃、遗忘、消逝，成为非物质文化遗产在传播时的一种艰难面对。如此，为了适者生存于日息瞬变的技术化的传播媒介中，通过在原有文化基础上移植、嫁接和重新生长，

---

① ［美］约翰·菲斯克：《解读大众文化》，杨全强译，南京大学出版社 2001 年版，第203 页。

就有可能形成和非物质文化遗产显著不同的文化样式。新民俗，是自20 世纪 90 年代后期开始，学界逐渐讨论较多也是引发争议较多的一个民俗学研究词汇，有学者撰文提出应当重视新民俗的研究，认为"社会的急剧变革，大大加快了民俗的变异改良过程。传统的民俗研究过分注重对古俗旧俗的挖掘考证，忽视了对鲜活新民俗的应有关注。"① 其后关于新民俗的探讨逐渐增多，各大报纸、影视、网络等媒介成为关注与讨论新民俗现象的重要推手。2008 年 2 月《扬子晚报》上刊载了一篇关于讨论春晚是否是新民俗的短文，文中记录了冯骥才与肖复兴针对"春晚"新民俗的不同看法。冯骥才的观点是，他更愿意把"春晚"提前称之为"新民俗"，虽然肯定了"春晚"是一种新民俗，但他又从民俗学的角度指出："春节晚会只能是一种跛足的'新民俗'……这是农耕文明瓦解时期，民俗生活必然出现的一种尴尬。"而肖复兴则认为，作为民俗的春节本身，是从古到今人们的一种世俗化的梦想和祈盼，隔着电视屏幕的春晚不能起到这样的作用。② 在我们看来，关于这种新民俗现象和界定的争议与讨论，只能出现在现代媒介已经产生的媒体时代，现代传媒从某种程度来说，的确在造就新的民俗。新民俗现象其实也可以看作是媒介变迁所致的一种新生事物，它与媒介的关系是不可割裂的。正如随着央视春晚的开播，为除夕守岁这样一个体现和谐团圆、阖家欢乐的古老传统风俗增添了新的内容，如罗兰·巴特所描述的："看电视时，我们注定要合家围坐，于是电视变成了家庭的用具，就像以前总是伴有共用饭锅的壁炉一样。"③ 于是，作为大众传播媒介的电视替代了炉火、替代了守岁、观看春晚似乎成为中国百姓除夕夜必不可少的一项"仪式"。如此说来，新民俗或许可以从某种程度上看作为应对此消彼长激烈竞争的现代媒

---

① 胡俊生：《重视新民俗的梳理与研究》，《延安大学学报》1996 年第 4 期。
② 肖复兴：《"马年春晚"语言类节目之我见》，《文艺报》2014 年 2 月 10 日第 4 版。
③ ［法］罗兰·巴特：《罗兰·巴特随笔选》，怀宇译，百花文艺出版社 1995 年版，第367 页。

介干预非物质文化遗产传播的另一种策略。

媒介对于非物质文化遗产及生活的干预，一方面促发了基于文化嫁接与移植的新民俗的出现和生长，另一个重要的方面，媒介的干预还可扩大公众影响力，反映时代精神的进步，其产生的意义则在于通过媒介的干预来提升非物质文化遗产传播对于受众文化认同感的重塑力和建构力，把非物质文化遗产传播的效力发挥到最大化。例如，中央电视台科教频道自 2006 年以来，就以中国"文化遗产日"为契机成功打造了《中国记忆——文化遗产博览月》大型媒体行动，每年都会派出庞大的拍摄人员和采访阵容并以多方位的取景取访等方式，对我国的文化遗产进行报道，而报道非物质文化遗产的传承成果更是其中不可或缺的一个重要层面。这已成为央视文化品牌、艺术宣传的新阵地。2014 年 6 月 8 日，中国文化遗产日央视科教频道"中国记忆"特别节目组，更是以"守护我们的中国记忆"为己任，记录拍摄了一路以来文化遗产保护的足迹。在央视网《中国记忆》官网首页，对各地文化遗产的调查摄录丰富清晰，并以视频和图片解析的方式对各相关板块作分类记录。首页上还记录着这样一段文字："文化遗产，正随着推土机的轰鸣和砌刀的敲击，向我们发出倒计时的信号。请拿起手中的 DV，记录需保护的文化遗产，将破坏文化遗产、文物的行为曝光。同时，您也可以记录、展示身边宝贵的非物质文化遗产。您的视频将有机会在中央电视台 CCTV-10 科教频道特别节目《中国记忆》中播出。"点击这段文字进入新的界面之后，会发现这是央视网联合人民网、中国网、国际在线、光明网、中国西藏网、中国文化传媒网、中国文物网、山东齐鲁网、四川新闻网诸多网络媒体的一场"全媒体纪实互动行动"。其时正在进行"全球征集老照片""记忆人物征集"和"拍客视频展播"三个活动环节，下方有一块醒目的热点话题讨论区——"我有话说"，里面则是实时滚动更新的网友的相关讨论。在"拍客视频展播"中，有新疆塔吉克族的民间传统"鹰舞"，热心的公众拍客以自摄自录的方式留存着这些关于非物质文化遗产的珍贵记忆。

而央视集结大众传播与新媒体传播媒介进行的关于文化遗产的这种"中国记忆"式的介入和干预,展现了作为新媒体主力军的网络媒介的全民动员、全民呼吁和全民守护的传播力与号召力,这是对民族文化精神守护与传承的一种积极的媒介干预。

综上,通过对非物质文化遗产传播中的媒介表述与媒介干预的探讨,我们可知,现代传播媒介通过传播建构起了当代中国非物质文化遗产的新表征。"非物质文化遗产传播通过报道及叙事构成一种解释和言说,将参与者引入一个新的不同的世界,使人们加深对不熟悉事物的了解,缩小与传统文化、异族文化之间的'差异'。通过解释和理解,达到现代人与传统文化之间、不同民族文化之间的'对话'与'交流'"①。的确,当媒体时代来临之后,面对现代化的转型、新旧价值观的碰撞、现代与传统的断裂,媒介的介入、参与、表述和解释有助于我们追溯和重塑对传统、民族文化的自信心和认同感。

但同时,我们也要清醒地认识到,现代媒介的拟真性、能动性、复制性与修饰性,为大众营造了一种类似生活常态的媒介环境,这种典型环境中传播的又是经由媒介表述与干预了的非物质文化遗产,大众的文化凝聚感、认同感与求知欲基本是由媒介技术化的声影传播而获得的,这就使得媒介在促进非物质文化遗产传播的同时,也在弱化着非物质文化遗产传播中的人际传播与群体传播,人与人之间的面对面交流越来越少,甚至连传承了上千年的传统节庆年俗也渐被忽略、淡化和漠视,而代之以快捷式的媒介操作方式来完成节俗礼仪,例如以邮件、电话、QQ、微信等方式,我们是否可以称之为"指尖上的传播"?作为实景媒介传播主要构成的人际传播与群体传播,正在慢慢脱离非物质文化遗产在现代媒介中的传播与表达,非物质文化遗产媒介技术化的影像传播正使非物质文化遗产本身与传统非物质文化遗产活动特有的氛围渐行渐远,非物质文化遗产传

---

① 李金齐:《文化理想、文化批判、文化创造与文化自觉》,《思想战线》2009 年第 1 期。

播的现场感的缺失与人际交流的淡化，使非物质文化遗产独有的感染力与触动力被削弱。

附　录

相关文献

[1] 仲富兰：《中国民俗文化学导论》，上海辞书出版社 2007 年版。

[2] 陈汝东：《传播伦理学》，北京大学出版社 2006 年版。

[3] 王文科：《传媒导论》，浙江大学出版社 2006 年版。

[4] 天海翔主编：《中国文化产业》，中央编译出版社 2006 年版。

[5] [美] 詹姆斯·W. 凯瑞（James W. Carey）：《作为文化的传播》，丁未译，华夏出版社 2005 年版。

[6] [美] 拉里·A. 萨默瓦（Larry A. Samovar）：《跨文化传播》，闵惠泉等译，中国人民大学出版社 2004 年版。

[7] 刘晓春：《谁的原生态？为何本真性——非物质文化遗产语境下的原生态现象分析》，《学术研究》2008 年第 2 期。

[8] 高丙中：《作为公共文化的非物质文化遗产》，《文艺研究》2008 年第 2 期。

[9] 刘壮：《传媒在非物质文化遗产保护中的作用》，《新闻爱好者》2007 年第 12 期。

[10] 樊智义：《对民族民间文化概念及分类思考》，《朔方》2006 年第 12 期。

[11] 刘永明：《权利与发展：非物质文化遗产保护的原则》，《西南民族大学学报》2006 年第 1 期。

第七章

非物质文化遗产保护领域的行业协会

　　行业协会是由各行业成员自愿组成的介于各行业主体（主要指企业和个人）与政府之间的中介组织，由于其既紧密联系行业主体，又在某种程度上扮演着政府传话筒的角色，因而一直受到政府和各行业的高度重视。新时期的非物质文化遗产保护研究历时不过十余年，而且研究的重点多集中于保护主体（主要是政府、学术界）和传承主体（主要是具体项目传承人），对非物质文化遗产保护实践领域的行业协会关注较少，尚未认识到行业协会在保护实践工作中的重要性和不可替代性，这与我们日益推进的保护工作是不相符的。

　　行业协会是非物质文化遗产保护工作中的保护主体，因为其在保护工作的最前线发挥着作用，同时，又承担某些非物质文化遗产项目的传承职能，因为一些非物质文化遗产项目需要依靠与行业协会功能相似的社会组织传承发展。全面开展保护工作以来，非物质文化遗产领域的行业协会正在逐步建立，现在面临的重要问题是如何推进其规范化建设，充分发挥其在保护实践中的正能量。

　　政府对于非物质文化遗产保护领域行业协会的社会定位和具体职能是有明确认知的。作为我国非物质文化遗产保护的主要协调部门，文化部曾明确指出，"要充分发挥传统工艺美术等已有行业协会的积极作用，鼓励成立非物质文化遗产相关行业协会，支持协会开展非物质文化遗产的宣传、展示、教育、传播、研究、出版等活动，鼓励协会制定有关非物质文化遗产代表性项目在原材料、传统工艺流程和核心技艺方面的相关标准和规范，支持协会开展行业管理、行业服务、行业维权等工作，通过行业自律和行业监管，推动非物质文化遗产生产性保护健康发展。"①

《文化部关于加强非物质文化遗产生产性保护指导意见》提供了关于非物质文化遗产保护领域行业协会建设的范式，但是如何落实到操作层面，真正发挥其应有的职能和作用，还需要学术界进行系统研究，为具体的实践提供理论参考。因而开展非物质文化遗产保护领域的行业协会研究是十分必要且具有现实意义的。

一　非物质文化遗产保护领域的行业协会概念及社会定位

（一）非物质文化遗产保护领域行业协会的概念界定

对非物质文化遗产保护领域行业协会概念的界定是区别其与其他行业组织异同、明确其社会角色的关键，也是研究行业协会在非物质文化遗产保护领域如何具体发挥作用的第一步和理论前提。

界定非物质文化遗产保护领域行业协会的概念，首先要考察学术界对其他领域行业协会的研究。学界对行业协会概念的界定主要有三个角度：第一是从反垄断法的角度来讲，认为行业协会是以维护同一行业的共同利益为目的，以本组织成员为服务对象，在政府监督下自主运行的非营利性法人组织；第二是从组成主体的角度来讲，认为行业协会是相同或相近行业单位组成的行业团体，用以维护共同利益、确定各种产业标准、交流经营策略等。它可以是单一的产业成员组成，也可以是具有共同利益的各种成员组成，通常代表其成员采取共同行动，如收集行业数据、发布广告、开拓市场、负责与政府的关系等；第三是从功能与性

---

① 《文化部关于加强非物质文化遗产生产性保护指导意见》（文非遗发〔2012〕4号），2012年2月2日。

质角度来讲，认为行业协会是由单一行业的竞争者组成的非营利性组织，其成立与运作的目的在于为成员提供一些公共性服务①。

借鉴学术界对相关行业协会的研究成果，并结合我国非物质文化遗产保护领域的现实情况和保护工作的需要，我们可以把非物质文化遗产保护领域的行业协会界定为："在非物质文化遗产保护领域，由同类或相近非物质文化遗产项目的传承主体自发组成的，主要以组织内成员为服务对象，以非官方的民间活动为主要方式，以促进本领域内的非物质文化遗产项目传承为服务目的，且处于传承主体与政府之间的中介地位，并发挥桥梁作用的非营利性民间组织。"对非物质文化遗产保护领域的行业协会概念作出上述界定，主要考虑五个方面的因素：①行业协会成员的同行业性，即协会内的成员是同类或相近非物质文化遗产项目的传承主体，可以是个人、法人或者其他组织；②行业协会成员的自主性，即行业内的成员拥有自愿选择参与或退出的权利；③行业协会存在个体自利与社会公益的双重性，该行业协会致力于维护本行业的共同利益，但不以营利为目的，同时也承担一定程度的社会责任，因而也具有一定的社会公益性；④行业协会存在的中介性，这是以行业协会为代表的社会中介组织的本质特征，体现其居于政府和行业成员之间的中介地位和桥梁作用；⑤行业协会存在目的单一性，即以本领域内的非物质文化遗产的传承与振兴为主要目的。这五个因素彼此相互联系，共同作用，充分考虑了非物质文化遗产保护领域的行业协会所具有的与其他领域行业协会的相同特点，又致力于非物质文化遗产项目的传承与振兴，因而判断非物质文化遗产保护领域的社会组织究竟是不是行业协会，只需考究该社会组织是否同时具备以上五个要素就可以了。

（二）非物质文化遗产保护领域的行业协会的角色定位

研究非物质文化遗产保护领域的行业协会的作用，必须明晰行业

---

① 张凌子：《行业协会有关问题的文献综述》，《知识经济》2010 年第 7 期。

协会在该领域内所承担的具体职能，以及通过何种方式行使职能。通过研究，我们不难发现非物质文化遗产保护领域的行业协会在具体的保护实践中，一直扮演着行业利益坚定维护者的角色，其发挥作用主要有两个方面：一方面是在行业内部通过自我管理，强化行业自身的建设；另一方面是作为行业利益的代表，在行业外部通过积极沟通和共同应对的方式表达一定的行业利益诉求，为该行业争取更加健康有利的外在环境。

行业协会通过自我管理在非物质文化遗产保护领域内部发挥作用，主要表现为：为行业协会内的各成员搭建信息交流的平台，协商制定符合行业整体利益并具有一定自我约束作用的行业规范；行业协会作为行业利益的代表，在遵守相关法律法规的基础上帮助成员处理与其他行业之间的关系，维护行业协会内部成员的利益。行业协会通过积极沟通和共同应对的方式表达一定的行业利益诉求，主要表现为：代表本行业成员与其他行业协会开展一定的交流活动，提升行业协会的服务能力；在政府、学术界的指导下，制订本行业前瞻性的规划，明确本行业在未来一个时期的愿景，为行业内的成员提供参考；以行业代言人的身份向政府反映行业共同的诉求，同时作为政府的协助力量为其有关政策制定与措施施行提供决策咨询；在某种情况下（比如获得国家的授权），可以代表国家参与具体非物质文化遗产项目的国际交流。

二 国内外关于行业协会的建设实践和理论研究

行业协会在世界范围内并不是一个新鲜事物。国内学术界认为其肇始于唐宋时期的"行"，据此而言行业协会在我国的实践已有千年历史，但由于封建社会重农抑商的传统，商业史料较少进入现有典籍，造成现在有关行业协会的史料较为稀缺。欧美国家的商业经济发展较早，而且相应的市场机制也比较成熟，行业协会的发展加快，建设也比较完善，因而其在行业协会建设方面的实践非常值得我们借鉴。

（一）外国行业协会的运行模式

美国、法国、德国、日本等发达国家的行业协会或具有类似功能的社会组织走过了几十年甚至上百年的发展历程，其在长期的市场经济实践中已经形成了较为成熟的建设模式，并且已经被证明是科学合理的，对我国行业协会改革和建设具有重要的参考价值和借鉴意义。学术界已经关注到了这一点，并有针对性地开展了相应的研究，取得了一定的研究成果。

通过汇总分析国内相关的研究成果，我们不难发现美、法、德、日等国家的行业协会职能主要包括以下几个方面：①推进行业协会内成员的自律。主要通过制定相关的共同遵守的行业准则，对本行业进行自我监督、约束和管理；②提供信息咨询服务和政府事务帮助。为行业协会内成员提供包括市场、技术等各种信息；通过研讨会、培训等形式解决会员企业在经营管理中遇到的问题；通过各种形式开展工人职业技能培训；编辑出版本协会的刊物，传播先进的知识；③发挥行业代言人的作用，向有关服务部门表达组织内成员的意见，并积极为会员企业提供服务性事务帮助；④发挥居中协调的作用。在政府与会员企业之间、会员企业与市场之间、协会内部会员之间发挥不同的协调作用；⑤积极推进同行业间的国际交流合作，通过对外贸易或文化交流等方式，扩大本行业的国际影响。

（二）国内关于其他领域行业协会的探索

国内部分省市不仅充分认识到行业协会所能发挥的重要作用，还意识到当前行业协会存在的严重问题，因而它们已经先行一步，积极推进行业协会改革和建设，并在实践中取得了一定的成绩。

上海市为了推动行业协会的改革和发展，专门下发了《关于本市进一步支持行业协会商会加快改革和发展实施意见通知》（2008 年 4 月 24 日），进一步明确了"行业协会在提高市场配置效率、协调行业利益关系、维护市场公平竞争、加强行业诚信自律、促进社会和谐等方面，发挥着重要作用。"同时要求相关部门要按照有关规章、政策，

"支持行业协会自主办会，履行服务、自律、代表、协调职能"，引导行业协会在行业可持续发展中切实为企业提供服务，引导行业协会在维护国内产业利益和支持企业参与国际竞争等方面发挥重要作用，引导行业协会促进区域经济合作，引导行业协会在推动改革、参与社会管理和公共服务中发挥作用。

江苏省进出口商会是国内行业协会建设较为成功的典型案例。江苏省进出口商会成立于2002年，成立伊始就得到江苏省工商联和省外贸厅等相关部门的大力指导，但是相关部门并没有越俎代庖，而是通过外在的建议和政策的引导，促进商会通过几年的时间建立和完善了自治机制、服务机制、协调机制、自律机制，商会的机构、人员和财务等多方面也实现了与有关政府部门的彻底脱钩，自我开展服务协调工作。概括而言，江苏省进出口商会的职能主要包括：①依法依规，协助商会成员企业解决面临的各种难题；②居中协调会员企业之间、会员企业与政府、本商会与其他社会组织之间的关系，捍卫行业的整体利益，并督促会员企业履行相应的社会责任；③通过制定和完善本行业的职业道德规范、行为准则、资质标准、议事规则、仲裁规则等，推进商会内部各成员企业的自律，从而有效避免不正当竞争现象。

三　非物质文化遗产保护领域行业协会存在的问题及建设的方向

新时期，要行业协会实现其在非物质文化遗产保护领域的职能，首先应该认真查找目前行业协会在保护实践中存在的问题，及时总结经验，充分借鉴国内外其他行业协会的建设经验，积极推进非物质文化遗产保护领域行业协会的建设。

（一）非物质文化遗产保护领域行业协会存在的问题

随着非物质文化遗产保护实践的深入，我们发现目前该领域已建立的行业协会确实存在不少问题，其模式已不再适应形势的发展需要，不能满足协会内部成员的发展需求，已经严重影响了其角色定位，甚至在某种程度上迟滞了行业内非物质文化遗产项目的发展。具体表现为：①市场地位模糊不清，行政色彩较浓。由于特殊的国情，我国非物质文化遗产保护领域内的行业协会如同其他行业的协会组织一样，大多是在政府主导下产生的，挂靠于上级行政部门（主要是文化管理部门、经贸部门），因而在一定程度上带着"二级政府"的帽子；②职能缺失，贡献率较低。虽然也是宣称为协会内成员服务，但是在行业规划、行业自律、行业纠纷协调等方面存在严重的缺位现象，对于行业成员的贡献不够明显；③自我运行机制不顺。现实存在的政府外部干预和不科学合理的协会章程等导致了协会的天生缺陷，自主办会与民主办会也就成了一纸空文。

（二）非物质文化遗产保护领域的行业协会的建设方向

国外行业协会的优秀做法和宝贵经验，以及上海、江苏等经济发达省份遵循行业协会特点和市场规律所采取的改革举措，为非物质文化遗产保护领域的行业建设起到了极大的借鉴作用。我们应该充分汲取并紧密结合同类非物质文化遗产项目的自身特点和实际情况，积极推进行业协会建设，从而增大非物质文化遗产保护领域社会力量的作用力，进一步推进保护工作的规范化、系统化与科学化。

（1）非物质文化遗产保护领域的行业协会是独立的社会组织，接受政府机构的监督，但不挂靠政府的某一具体部门。

在目前的法律体系内，由于缺乏对行业协会与政府、成员、其他同类组织关系的界定，缺乏对行业协会组织机构、职能定位、运行模式和管理体制的规定，因而许多行业协会的建设存在一定的无序行为。大多数行业协会是在政府有关部门的有力推动下产生的，虽然一定程度上取得了独立的社会地位，但还是缺乏应有的自主性。行业协会内的领导人员也多由政府部门提名或者批准[①]，使得行业协会成为政府部门的影子机构。

---

① 张沁洁、王建平在其研究成果《行业协会的组织自主性研究——以广东省级行业协会为例》中（《社会》2010 年第 5 期），曾述及此类现象。"调查发现，84% 的协会会长、87% 的协会秘书长或多或少与国家力量有关，而且会长与秘书长都与政府力量有关的共计 41%。"

对于推进行业协会剥离与政府有关机构的关系，并赋予与其职能相符的独立地位，国家的态度是极为积极的，"坚持政会分开。理顺政府与行业协会之间的关系，明确界定行业协会职能，改进和规范管理方式。""行业协会要严格依照法律法规和章程独立自主地开展活动，切实解决行政化倾向严重以及依赖政府等问题。要从职能、机构、工作人员、财务等方面与政府及其部门、企事业单位彻底分开，目前尚合署办公的要限期分开。现职公务员不得在行业协会兼任领导职务，确需兼任的要严格按有关规定审批。"①

非物质文化遗产保护领域的行业协会由于成立相对较晚，甚至很多非物质文化遗产保护领域内尚未建立行业协会，因而其面对的是一个崭新的空间，完全可以不落俗套，避免陷入其他行业协会所处的尴尬境地。非物质文化遗产保护领域建设的行业协会不应是政府部门的附属，而是同领域内的非物质文化遗产保护领域的传承主体自愿组成、具有独立地位、民间性质的行业自治组织。但是在现实操作中，也面临着一些困难。按照现行的有关行业协会管理规定，组建新的行业协会需要挂靠在一个业务主管部门下才能在民政部门登记注册，但是这样就容易走其他行业协会的老路子。因而我们要另辟蹊径，按照"自愿发起成立、按章程自主管理、服务以会员为主"建设思路，通过在工商部门注册的方式，探索独立法人式的行业协会建设模式，使其拥有自己独立的章程、办公地点和固定资产，遇到法律纠纷时具备独立承担法律责任的能力，能够按照法律法规授权和政府委托及行业协会的章程行使自己的职能。

（2）非物质文化遗产保护领域的行业协会必须拥有完备的章程，能够独立地开展各项工作。

非物质文化遗产保护领域行业协会的章程是在遵守国家相关法律

---

① 《国务院办公厅关于加快推进行业协会商会改革和发展的若干意见》（国办发〔2007〕36 号），2007 年 5 月 13 日。

制度的前提下，通过协会成员代表大会制定，旨在规范行业行为及协会与成员乃至其他社会成员之间的权利义务关系的行业自治章程。该章程的制定和修改将严格遵守行业协会内成员少数服从多数的原则，一旦付诸实施就对行业协会本身及其相关成员具有普遍约束力。该章程的核心组成部分包括行业协会的任务、业务范围以及活动原则，成员的条件、义务、权利，组织机构的体制，机构成员的产生、罢免及其权利义务，经费资产的管理使用，以及章程的修改等，只有具备以上基本内容的章程才能真正发挥作用。

非物质文化遗产保护领域行业协会虽然不挂靠任何行政部门，但是其完备的章程与国家法律之间存在较强的互动性。国家法律是对社会生活的总体规定，但是缺乏具体领域具有可操作性的法律文本，这在非物质文化遗产保护领域表现得尤为明显。非物质文化遗产保护领域的行业协会作为具体业务的直接管理者和参与者，更便于及时获得行业内部的真实而具体的信息，对行业规范的制定更具有针对性和可操作性。因而该行业协会完备的章程可以弥补国家有关法律制度在行业管理尤其是具体非物质文化遗产项目管理的缺位，一定程度上维护了法律所力求的公共秩序，同时经过一定的实践和修订可以在其发展成熟之时上升为国家立法，成为行业管理法的重要来源。

非物质文化遗产保护领域的行业协会一旦成立，协会就独立承担民事法律责任，只要不与国家有关法律制度相冲突，就可以自己决定组织结构、人员聘任和日常事务，独立开展各项工作，真正做到民办、民管、民用。当然，非物质文化遗产保护领域的行业协会也要积极争取地方政府的业务指导，及时获得国家及有关部门的政策、法规以及重大改革举措等信息。

（3）非物质文化遗产保护领域的行业协会必须主要以组织内成员为服务对象，以非官方的民间活动为主要方式，以促进本领域内的非物质文化遗产项目传承为服务目的开展服务活动。

非物质文化遗产保护领域的行业协会在对内服务协会成员时，主要通过服务和自律两种方式。服务主要表现如下：为协会成员建立高效的信息服务平台，健全多元化、全覆盖的信息收集和传递网络，从而提供与行业密切相关的市场信息、政策法规、技术信息等；及时与学术界沟通，并尝试联合开展行业动态及战略方面的研究，并将研究成果及时向协会成员发布；积极参与各种层次的交流活动，了解不同区域的发展热点与动态，学习借鉴先进经验，宣传推介行业产品，提升具体的非物质文化遗产项目及行业形象，扩大影响力。自律主要表现在对行业协会内成员违反协会章程、相关技术标准、损害行业权益等导致行业整体利益受损的行为，依据行业协会章程予以警告、业内批评甚至开除会员资格等行业自律措施。

非物质文化遗产保护领域中行业协会的自我服务和自律也是需要政府进行监管的。从本质上讲，行业协会是一个自利性团体，因此在认识到自利行为正当性的同时，也需要有一定来自政府的外力对其进行规制。在这个意义上，政府应当对行业协会予以一定的指导、支持和保障，使其任何行为都要尊重市场经济的基本经济规律，也对行业协会过度的自利行为予以纠偏。因为该领域的行业协会在运作中也存在通过限制成员进入的方式，最大限度谋求自我利益从而间接侵害社会利益的可能性。当其以某种程度上的公共管理者的身份出现时，要警惕某些力量以行业协会为工具进行不当干预和权力寻租，以及行业协会自身构建行业垄断肆意侵害成员利益的可能。

（4）非物质文化遗产保护领域的行业协会必须切实成为协会成员与政府双向沟通的纽带。

"所有会员在实际活动中形成了一个利益共同体，协会的所有行为都以如何保护利益和使利益增值而展开，当然，这同时也意味着使风险最小化。"[1] 非物质文化遗产保护领域的行业协会作为一种利益共同体，在维护自身利益的同时要兼顾其他群体的利益，注重利益均享，

---

[1]　杨雪东等：《风险社会与秩序重建》，社会科学文献出版社 2006 年版，第 124 页。

切不可利用自身的优势对其他群体采取掠夺性的行为。这就需要协会切实在协会成员之间、协会成员与其他社会组织成员之间、协会与其他社会组织之间、协会与政府之间做好沟通协调工作，既要做好本行业协会的利益维护和诉求，同时又要在照顾各方的合理利益、促进协会全面发展内部公益事业的同时，积极参加社会公益事业，在重大经济社会事件中为化解危机、维护社会稳定做出积极贡献。

非物质文化遗产保护领域的行业协会是联系政府与协会成员的居中协调机构，是双方信息和需求沟通协调的枢纽。对政府而言，行业协会要做好政策法规的"上情下达"。对于协会成员而言，行业协会要做好"下情上达"。只有"上情下达"和"下情上达"的通道是互通的，才能切实发挥行业协会作为行业代言人的整体优势和聚合功能。我国系统性非物质文化遗产保护工作开展刚满十年，与其他文化领域相比，对非物质文化遗产认知缺乏的现象在整个社会普遍存在，因而非物质文化遗产保护领域的行业协会尤其要重视"下情上达"，因为这是其发挥参政议政职能作用的一个重要方式。尤其是要在政府制定涉及非物质文化遗产保护工作的政策时，行业协会要在充分征求民众意见的基础上积极献言献策，为政府的科学决策提供参考，从而拓宽政府科学决策的渠道。

非物质文化遗产保护领域的行业协会在发挥沟通的桥梁和纽带作用时，可以参照以下几种比较成熟的模式：①向各级人大政协递交提案议案。通过在人大政协中具有行业背景的委员代表递交相关的提案议案，既是行使代表或委员权利，又能够为各级政府的决策提供第一手的信息；②向各级党委政府提出政策建议；③与学术界一起，接受相关政府部门委托，参与非物质文化遗产保护相关政策调研和起草工作；④积极开展行业协会内部的调查研究，合理反映行业协会成员诉求，提出行业发展和立法等方面的意见和建议。借助政府和其他社会力量，制定与完善行业标准和发展规划、准入条件等，规范自身建设；⑤通过文化节、展览会、听证会、座谈会、茶话会、研讨会等方式传递利益诉求；⑥通过适当方式和渠道向社会公开政策建议，间接影响决策。通常以调研报告、论文、皮书、演讲等形式出现，或者以报刊、电视、广播、网络等为载体表达诉求。

四　非物质文化遗产保护领域的行业协会评价

行业协会究竟在非物质文化遗产保护中行使了什么职能，职能行使的效能如何，如何给予行业协会成员工作合理的评定，这是行业协会建设面临的一个重要问题。解决这个问题的办法，就是制定科学合理的非物质文化遗产保护领域的行业协会评价制度。

非物质文化遗产保护领域行业协会评价的主要目的是进一步规范该领域的行业协会建设，充分履行其职能，从而推进非物质文化遗产保护工作。

非物质文化遗产保护领域的行业协会评价的依据主要是《国务院办公厅关于加快推进行业协会商会改革和发展的若干意见》（国办发〔2007〕36 号）和本行业协会的章程，前者更多是理论意义上的评价，后者主要是工作实绩的考核。工作实绩的考核主要来自行业协会自我评价、协会成员的内在评价、其他力量的外在评价。行业协会自身的评价应侧重于基本职能的履行情况的评价，协会成员的内在评价应侧重于自身对行业协会服务的切身感受的评价，其他力量的外在评价应侧重于与外在力量的沟通和社会公益性的评价。

非物质文化遗产保护领域的行业协会评价的主要内容及其权重。非物质文化遗产保护领域的行业协会评价不应笼统进行，应该根据不同的非物质文化遗产项目严格制定具体的评价指标，其主要指标应包括：组织机构、规章制度、信息收集与交流、从业人员培训、项目发展规划、行业维权、行业自律、品牌建设、社会公益性、参政议政等。各指标的评价权重应该从协会存在的价值出发来平衡，考虑其自利性和公益性的利益双重性的特点，可以初步确定为：行业协会自我评价占 30%，协会成员的内在评价占 45%，其他力量的外在评价占 25%。

　　当然，在考核评价中应充分考虑具体的非物质文化遗产项目的行业协会的实际情况，制定细化的可操作评价体系，强化其现实性和可操作性，能够真实地反映该协会的工作实绩。

　　非物质文化遗产保护领域的行业协会建设是一个系统工程，绝非仅靠非物质文化遗产保护领域的行业协会自身所能完成，需要政府的培育扶持和管理监督、学术界的理论探索和实践指导和其他社会组织的帮助等。虽然非物质文化遗产保护领域的行业协会的规范化、科学化、系统化建设面临着诸多的困难，但是其代表了今后同类社会组织的发展方向，是理想状态的社会组织模式。

第八章

大数据与非物质文化遗产保护

我国的非物质文化遗产保护工作不是一场文化运动，更不是一个文化兴奋点，而是长期的国家文化战略，是为了把非物质文化遗产长期稳定的发展传承下去，为民族的永续发展积累和传承更多的文化基因。在信息技术迅猛发展和互联网高度普及的今天，如果能够充分发挥大数据技术的优势并寓于非物质文化遗产保护工作之中，将不失为一个较为可行的办法。

一　大数据及相关问题

大数据是充分利用 IT 技术及相关的工具对存在的各种数据进行感知、获取、管理、处理和服务的庞大的数据集合体，是网络语境下海量数据的统称，强调数据量庞大以及来源广泛两个方面。目前，学术界虽然没有对大数据的概念形成一个统一的认识，但是对大数据的数据海量、数据类型繁杂、价值密度低、处理速度快四个基本特征都是认同的。

作为一种新的数据形式，大数据要解决的核心问题主要有三个。

1. 获取有效数据

大数据存在的前提就是含量极大，然后是其内部有效数据的比重较大，这是开展大数据应用的前提，大数据技术流程应该从对数据的分析开始。信息技术的高速发展为获取海量数据提供了可能，我们应该在获取数据的过程中有一定的筛选，尽可能减少错误数据的录入，提高有效数据的比重。

2. 数据分析

数据分析是数据价值获得实现的关键所在。实现大数据的价值就必须根据一定的需求对其进行分析和处理，获得对于解决某个问题具有实际意义的结果，海量的数据才能发挥作用。在数据种类繁多、结构复杂、规模巨大的前提下，如何做到实时分析大规模复杂数据，是大数据价值实现亟待解决的核心问题。

3. 数据显示

数据显示是数据可用性的一个外在表现，是为用户方便获得其需求的某种结果而提供的一种明确显示。大数据内部呈现的是一种错综复杂的结构，类型众多，关联性极强，这对于一般用户而言就是一个数据混合体，很难获得其价值，而且很有可能把用户带入一个数据误区。快速发展的多种可视计算技术、立体显示技术逐步成为大数据显示的重要手段，其能够直接对具有形体的信息进行操作，将数据转换成直观的二维图形或图像，甚至三维形体来表示复杂的信息，数据显示更加直观，给用户提供更为全面有效数据信息的同时也更方便用户分析数据、得出结论。

大数据面临的挑战。大数据理论及其技术前瞻性顺应了时代发展的潮流，但同时我们也必须清醒地认识到，大数据在其发展的过程中还将存在诸多的不确定性，因而应对其所谓先进性持冷静态度。因大数据的不确定，导致大数据面临的主要挑战如下。

（1）不能完全代替传统数据。大数据中多是非结构化数据，其在数据总量中的比重呈现日增之势，但是其自身的价值偏低，真正有价值的非结构化数据并不存在数量优势，所以当前大数据尚不能完全取代传统结构化数据。对于互联网、社交网络、传感器网络等一些新兴的数据应用领域，利用大数据可以更好地分析与其相关的非结构化海量数据。从某种程度而言，围绕传统的结构化数据密集型应用的相关研究已经积累了相当的经验，传统数据处理方法可以很好地处理这些结构化数据，对于这些应用则没有必要采用大数据相关技术，没有必要盲目地追逐潮流，应根据自己的实际应用需要选择恰当的数据处理方式。

（2）数据保护。当前，我们面临的数据安全形势不容乐观，需要保护的数据增长量已超过了总数据的增长量。据 IDC（互联网数据中心）统计，2010 年仅有不到 1/3 的数据需要保护，到 2020 年这一比例将超过 2/5。2012 年的统计显示，虽然有 35% 的信息需要保护，但实际得到保护的不到 20%。

（3）相关性预知。不断出现的海量数据逐渐成为我们认知世界、创造新的价值的源泉之一，科学而高效地分析有关数据的相关性，有利于预知事物或时态的发展方向。多种信息途径获得大数据囊括了社会发展的多方面的信息，其数据内部的某种关联在某种程度上揭示着某个事物或事态的发展，如能对其进行充分利用，完全可能实现对某个甚至某些事物或事态发展的相关性预知。

二 大数据对非物质文化遗产保护的影响

大数据时代的出现，对诸多传统事物带来很大的影响，我国的非物质文化遗产也不例外。就数据的相关性而言，非物质文化遗产的数字化是与之紧密相关的一项工作。虽然前期已经进行了一些相关性工作，并积累了一些经验，但是大数据所带来的颠覆性处理方式和营造的数据环境，对我们当前开展的非物质文化遗产保护工作而言是一个机遇，更是一个巨大的挑战。我们必须认真对待，并系统研究如何在大数据环境下开展好我们的非物质文化遗产的数字化保护工作。

1. 海量数据对传统存储方式的挑战

我国非物质文化遗产资源数量巨大，其数据具有海量、多样、复杂、异构以及动态变化等特性，且诸多的非物质文化遗产数据缺乏统一的采集和存储的标准及规范，各基层保护单位在采集相关数据的工作中对数字化及数据理解存在差异，这使得非物质文化遗产的有关数据变得零散和孤立。如何科学收集、存储和管理海量的非物质文化遗产数据并将其高效地利用，成为进行非物质文化遗产数字化保护工作的关键节点之一。因此，构建一个存量巨大、运转高效的非物质文化遗产数据云存储系统是非常必要的。

当前存储应用中的海量存储系统功能区域划分较为复杂，设备、协议种类日趋繁多。同时，存储节点数量庞大、各种应用面临负载高度混合的情况，导致存储系统管理复杂与系统资源的严重浪费。为解决上述问题，需要在实现综合性的同时引入存储虚拟化，针对异构存储系统的资源特点，设计用于支持存储虚拟化的存储资源信息管理和查询平台，实现存储资源的自动发现，建立和维护统一的存储池模型，研制对应用透明的存储访问代理，研究命名空间聚合和访问重定向、虚拟化策略定制等技术，实现对海量异构存储资源的统一管理、共享和虚拟卷的在线扩展和按需分配[1]。

2. 大数据语境下非物质文化遗产数据的爆炸式增长

在大数据环境下，得益于设备与技术的成熟，任何社会个体都可以成为信息记录和传播的自媒体，原本非常专业的非物质文化遗产数据借助智能设备普及开来，使得每个人都能参与其中。在日常生活中，在自媒体的记录和传播的过程中，人们获取的非物质文化遗产知识和洞见能力呈现爆炸式增长。自媒体极大地突出了非专业人员在非物质文化遗产信息资源传播中的作用，更极大满足了人们对于非物质文化遗产信息资源的多样需求，把传统的传播模式彻底颠覆，形成了新的社会关系，促进了新旧媒体的融合。大数据环境下，非物质文化遗产的数据来源没有了时间和地点的制约，逐步进入爆炸式增长阶段。

---

[1] 李洁琼：《海量存储资源管理关键技术研究》，博士学位论文，华中科技大学，2011年。

3. 大数据环境下非物质文化遗产对数据类型的改变

在大数据环境下运用动态的数据形式，以图片、视频、文字、音频等为媒介，利用数字化设备对非物质文化遗产的有关元素进行记录，目的就是在计算机里建立相关的非物质文化遗产资源数字模型，记录非物质文化遗产的演变历史，为警示当代、教育民众、促进发展等提供准确的资料素材。通过收集和整理非物质文化遗产蕴含的民族文化基因，并对其文化元素进行特征分析，建立我们自己的非物质文化遗产基因库，并尝试对非物质文化遗产的文化基因进行详细的特征分析，在不同的特征分析和组合中寻找新的文化形式和文化讯息，从而推进我们的文化保护工作和文化创造工作。

4. 大数据带来非物质文化遗产数字化保护的新价值

大数据环境下，我们可以通过分析大数据要素间的相关性来提高获取知识和洞察的能力，提高我们对不同非物质文化遗产项目的多样化进行认知和保护的能力，利于做到具体项目具体分析、不同项目不同保护的新保护态势。充分挖掘大数据的价值，可以使非物质文化遗产获得多种形式的传承发展，在促进不同非物质文化遗产资源彼此融合的同时，更有利于培养新的文化形式和文化载体，有利于培育新的非物质文化遗产项目的出现和发展，能够增强非物质文化遗产拥有者的认同感和历史感，促进文化多样性和人类的创造力。

三　利用大数据保护非物质文化遗产的对策

1. 搭建并完善各类非物质文化遗产管理平台，促进非物质文化遗产保护平台的规范化

在信息技术迅猛发展和互联网高度普及的今天，充分发挥大数据的优势并寓于非物质文化遗产保护工作之中不失为一个可行的办法，落到实践层面就是搭建并完善各类非物质文化遗产管理平台。

搭建和完善各类非物质文化遗产管理平台，可以和非物质文化遗产四级保护体系有机结合起来。国家层面的非物质文化遗产管理平台

应该是所有同类平台的蓝本，应对我国的非物质文化遗产项目的诸种信息通过各种形式予以展示，虽不能包括所有的非物质文化遗产项目，但必须是每一类非物质文化遗产中的代表性项目。在这个平台上，要重视国家声音的传达，尤其是各种政策的解读和普及，并及时把基层的优秀保护经验和做法予以宣传推广，推动全国范围内的非物质文化遗产保护工作。省级、市级、县级的管理平台要逐层负责落实全国的规划和标准，组织管理本行政服务责任范围内的各种非物质文化遗产项目，并对下一级的非物质文化遗产保护工作起到指导作用。同时，省市县各级管理平台还应及时在本范围内挖掘与认定更多的非物质文化遗产项目，并对其历史价值、文化价值、科学价值、教育价值等进行不同层面的认定和弘扬，从而构建更为有效科学的保护氛围。

2. 建立健全非物质文化遗产有关数据的管理制度，进一步规范非物质文化遗产保护工作

大数据的优势在于海量的不间断的来源数据，来源数据的真实性及不断更新，对于其自身价值的实现十分重要。科学有效的制度管理体系对于我们的非物质文化遗产保护工作而言将是一个极大的推动，该制度管理体系越是科学、越是系统，就越能推进非物质文化遗产保护工作。为了在大数据语境下做好非物质文化遗产保护工作，我们必须建立相关的规章制度，并根据保护工作的变化来不断完善它。

3. 促进多种技术形式在非物质文化遗产数据保护中的整合并应用，力求保护效能的最大化

在数据不断充盈的时代，随着数据自身容量越来越大，其自身蕴含的价值也就可能越高，但是该价值能否实现取决于现实的数据整合技术。高效的数据整合能够保证海量的非物质文化遗产数据交流得到正确交换，并在交流过程中按照一定的标准进行目标式筛选和重组。通过数据整合技术，实现非物质文化遗产海量数据的多向处理，进而产生复合数据的集合效应，力求实现非物质文化遗产海量数据价值的最大化。

4. 强化非物质文化遗产数据安全意识，促进非物质文化遗产安全保护的常态化

信息技术的发展使我们走进了大数据时代，使得地域与时空的概念进一步弱化，在给大众带来生活和工作便捷的同时也往往会带来不可预知的网络风险。在有关非物质文化遗产相关信息的收集、整理、使用等过程中，必须确保相关信息数据的安全。除了日常需加强对大数据平台运行情况的检测外，还要对内存数据、传输数据、交互数据以及正在运行的程序进行实时监控，定期对硬盘和系统进行安全扫描和备份，确保运行状态正常安全。为避免外来的安全威胁，必须对数据的使用和共享、管理权限、运行流程等设置严格的要求，尽量做到程序优先，兼顾和满足大数据平台对公众开放的信息需求，提前将外来威胁化解在可控范围之内，促进非物质文化遗产保护措施的稳定化管理。

5. 拓展非物质文化遗产传承途径，促进非物质文化遗产保护渠道的多元化

我国的非物质文化遗产都是在一定地域产生的，其自身的传承发展受当地的生态环境、宗教信仰、生活习俗等直接影响。大数据时代对于非物质文化遗产既是一个挑战，更是一个传承的契机，充分利用大数据技术的优势，尝试突破自然性传承和社会性传承的樊篱和局限，努力将原本神秘、封闭的个体之间的传承与群体、开放的大众化传承有机地结合起来，探索多种传承方式，促成非物质文化遗产传承途径的多样性和丰富性，进而形成非物质文化遗产保护途径的多元化格局。

四 政府保护角色的调适

在当前非物质文化遗产保护进程中，随着政府保护力度的不断加大，越来越多的社会力量参与其中，保护方式的科技含量越来越高，原来由传承主体相对孤立承担的传承任务，已经发展为政府主导下社会力量广泛参与集束式的传承人传承，这对传承主体、传承途径和传

承效果均有重要影响。

我们如何在新的时代背景下，更好地推进非物质文化遗产保护工作，核心之一就在于主动对政府在保护工作中的角色进行调适，探索多种传承方式，促成非物质文化遗产传承途径的多样性和丰富性，进而形成非物质文化遗产保护方式和力量的多元化格局。

随着时代的发展，非物质文化遗产成为展示一个国家软实力的重要文化名片，一方面展示了一个历史悠久的民族如何创造并延续自己的历史文化和文明创造，另一方面也充分挖掘自身的文化潜力，不断创造新的经济增长点，为形成优势的特色经济奠定了基础。自20世纪后半叶以来，世界各国尤其是意大利、法国、韩国、日本等国家都非常重视非物质文化遗产在国家发展中的重要地位和作用，从各个角度展开非物质文化遗产的保护工作，并且取得了显著的成效。在非物质文化遗产保护实践中，政府、社会组织、传承人等在非物质文化遗产保护工作中扮演着不同的角色，从不同的侧面了发挥了不同的保护作用。就目前的保护实效而言，各级政府文化部门在非物质文化遗产保护工作中的作用是最为重要的，决定着当前保护工作的进程，并潜在地影响着其他保护力量保护作用的发挥。但是，也必须认识到，政府在保护工作中并不是万能的，及早意识到政府保护的不足，对于合理规划和全面推进非物质文化遗产保护工作至关重要。

1. 政府保护实践中的误区

我们必须认识到，政府积极推进非物质文化遗产保护的出发点是好的。但是保护实践工作中，我们也确实发现由于受不正确的政绩观影响，部分地方政府或者具体执行人偏离了非物质文化遗产保护工作的客观规律，以政绩为中心主观地进行了形形色色的工作，虽然冠以"非物质文化遗产保护"之名，却是在行破坏非物质文化遗产之实。

按照主观意愿盲目地对一些非物质文化遗产项目进行肆意改变，将其变得面目全非。"很多地方的民俗歌舞申请非物质文化遗产时，乡镇先改造，到县市里再改造，到省里又要改造一次，来到北京已经面目全非。"中国艺术研究院研究员巫允明教授研究民族歌舞近30年，看到经过重重"改造"后的非物质文化遗产"歌舞表演"感到十分痛心。还有，地方政府认为本地的木版年画颜色不够鲜亮，将原本的植物颜料、矿物颜料换成了化工颜料，虽然年画成品的品相貌似有了提高，但是其蕴含的文化韵味大失水准。个别部门认为本地年画的题材过于陈旧，随机加上了许多卡通的因素，虽然繁荣了旅游市场的商品种类，但是却破坏了木版年画作为乡土艺术形式的文化载体意义。

随意截取非物质文化遗产某一部分，进行选择性断篇式保护，阉割了文化项目的整体意蕴。个别地方部门在钩沉和审视本地方传统文化时，没有完整系统地分析研究具体的文化物象，而是对其钟意的某一个或某几个片段进行选择性保护，然后对其进行肆意包装，将原本文化信息丰富的文化片段弄得面目全非。如不少民间故事、传说等，不是去还原完整的故事传说情节，而是将其中认为较"热闹"的一个部分作为整个篇章的代表进行保护，人为地割裂了篇章的整体性，将一个完整的、长篇的叙事经典分割为几个小的故事片段，使其承载的整体文化意义大打折扣。

用经济眼光来审视文化事项，追求经济效益，忽视社会效益，严重违反了非物质文化遗产的发展规律。非物质文化遗产具有多种价值，经济价值只是其中的一项，甚至在很多非物质文化遗产项目中，经济价值很难直接用数字估算。但是，在我们的保护实践中，确实存在一些部门或者负责同志把保护的重点放在项目的经济价值上，更有甚者把是否有经济价值、有多大经济价值作为是否保护或是否予以重点保护的标准。如果用这种眼光或标准来审视非物质文化遗产保护，那么我们的保护工作将会误入歧途。保护非物质文化遗产项目，关键在于实现非物质文化遗产的社会效益，也就是积极倡导其文化价值、科学价值、历史价值等，这是完全符合非物质文化遗产保护规律的，也是我们在保护工作中应该严格遵守的。

2. 政府保护的角色调适

在大数据环境下，政府在非物质文化遗产保护工作的作用可以概括为以宏观保护为主，微观保护为辅，即工作重心在于制订保护的宏观规划，不参与具体项目的传承发展。具体而言，体现为以下几个方面。

制定非物质文化遗产保护的法律法规，但不主导制定具体非物质文化遗产项目有关细则等。政府主导制定非物质文化遗产保护的有关法律法则，对于把非物质文化遗产保护从政府意志保护变为国家法律保护，对于实现我国非物质文化遗产保护的法制化，明确有关职能部门的法定责任，提高全民对非物质文化遗产保护重要性的认识有极为重要的现实意义。自2005年12月22日，国务院发布《国务院关于加强文化遗产保护工作的通知》以来，2006年10月25日文化部部务会议审议通过的《国家级非物质文化遗产保护与管理暂行办法》，商务部文化部2007年下发了《关于加强老字号非物质文化遗产保护工作的通知》，文化部办公厅、国家文物局办公室2010年下发了《关于把握正确导向做好文化遗产保护开发工作的通知》，2011年国家颁布的《中华人民共和国非物质文化遗产法》等，已经初步构建了一个相对完善的法律法则框架。政府的保护角色应该止于以上宏观层面，不应该参与到非物质文化遗产具体项目的传承中。

依靠专家力量对非物质文化遗产项目进行分级管理，纳入到不同的保护体系。在重新认识非物质文化遗产的重要价值后，政府组织开展了一系列的保护工作。在保护工作中，政府并没有依靠自己强大的资源对非物质文化遗产项目进行匆忙的认定或保护，而是依靠具有较为丰富专业知识和人文素养的专家队伍，认真审视和挖掘了我国丰富的文化资源，然后有所区别地对其进行充分钩沉，重新认识了其中部分具有重要文化讯息的组成部分，并冠以"非物质文化遗产"的新文化标签进行保护。目前，我们国家建设任务重，资金压力大，面对琳琅满目的非物质文化遗产项目难以做到全面覆盖，如何能够对一些承载文化讯息比较多、传承面临重要困难、文化价值和社会意义重大的项目进行重点保护或者区别保护，就成了政府面临的现实性保护难题。为了解决这一难题，政府建立了各级非物质文化遗产保护部门，并且逐步完善了各级保护队伍，依靠专家力量制定并发布了《国家级非物质文化遗产代表作申报与评选的暂行办法》（2005 年），然后经过近一年的申报与评审，下发公布了《国家级非物质文化遗产保护与管理暂行办法》（2006 年）和第一批"国家级非物质文化遗产名录"，标志着国家力主建立的国家、省、市、县四级非物质文化遗产保护体系目标的确立。

尊重非物质文化遗产传承人的传承方式方法，在创设外部氛围上下功夫，而不越俎代庖。在非物质文化遗产保护实践中，政府逐渐认识到传承人是非物质文化遗产的真正主人，非物质文化遗产也正是靠传承人来实现传承发展的。如果离开了传承人谈非物质文化遗产的传承保护，无异于缘木求鱼，非但无益于非物质文化遗产的保护，反而会彻底把其毁灭。于是，政府就将保护的重点放在承载具有重要价值的非物质文化遗产的传承人的身上，积极为其创设有利于其传承的外部社会环境。原来我们的文化工作比较重视精神奖励，但是很多时候并没有真正改变传承人的生活状态，也使得部分传承人对于当前的保护工作没有兴趣，也不利于文化工作的开展。在后续的保护实践中，政府逐渐实行精神奖励与物质鼓励并重，再给予其一定的社会荣誉，为其获得生活上的便利提供一定的社会影响，利于其能够通过自己的文化创造活动维系其生活。同时，政府提供的一定补助，或者税收、贷款方面的倾斜，也有利于传承人逐渐将项目做大做强。

附　录

相关文献

[1] 苑利：《〈名录〉时代的非物质文化遗产保护问题》，《江西社会科学》2006 年第 3 期。

［2］刘志军：《非物质文化遗产保护中的大众参与——以主客位视角为中心的探讨》，《文化艺术研究》2009 年第 2 期。

［3］李荣启、唐骅：《新世纪我国非物质文化遗产的保护与传承》，《广西民族研究》2010 年第 1 期。

［4］张庆善：《非物质文化遗产与民族凝聚力》，《徐州工程学院学报》（社会科学版）2010 年第 1 期。

［5］周和平：《中国非物质文化遗产保护的实践与探索》，《求是》2010年第 4 期。

［6］亨利克斯·史密斯：《在政府间委员会指导下开展〈保护非物质文化遗产公约〉的履约工作》，《文化遗产》2012 年第 3 期。

［7］李昕：《非物质文化遗产的国家政府主导型抢救模式分析》，《山东社会科学》2012 年第 3 期。

［8］廖恒、邓朝宁：《非物质文化非物质文化遗产保护要素及模式创新研究》，《天府新论》2013 年第 3 期。

［9］王丹：《中国非物质文化遗产研究路径检讨》，《云南师范大学学报》（哲学社会科学版）2013 年第 4 期。

［10］王隽、张艳国：《论地方政府在非物质文化遗产保护利用中的角色定位——以江西省域为个案的分析》，《江汉论坛》2013 年第 10 期。

［11］黄涛：《论非物质文化遗产的保护主体》，《河南社会科学》2014年第 1 期。

［12］罗微、张天漫、韩泽华：《2013 年度中国非物质文化遗产保护研究报告》，《艺术评论》2014 年第 3 期。

第九章

非物质文化遗产保护与高校
思想政治教育

高校思想政治教育肩负着培养"勤学、修德、明辨、笃实"的新时代大学生的重任，非物质文化遗产的相关内容作为高校思想政治教育的载体，具有丰富的思想政治教育价值，有利于提高大学生思想政治素质、文化素质和道德修养。随着我国工业化、现代化、信息化进程的加快和城市化步伐的加速，大量民族传统文化和民族民间文化面临着被现代化的历史洪流湮没的危险。只有有效的教育传承工作才能有助于民族的非物质文化遗产继续世代相承，从而达到保护民族文化的目的。高校是文化传播的重要载体，高校思想政治教育是传承非物质文化遗产的重要途径，对于非物质文化遗产的传承有着与生俱来的优势，理应自觉肩负起保护和传承非物质文化遗产的使命。

一 非物质文化遗产在高校思想政治教育中的功能

中国传统文化是高校思想政治教育的重要内容，非物质文化遗产是高校思想政治教育的重要载体。非物质文化遗产对于思想政治教育的影响，已经融入广大师生的日常生产生活和风俗习惯之中，其丰富的艺术形式、内容以及所蕴藏的思想道德观念和民族情感，能够获得民族共同体成员的普遍认同和接受。因此，将非物质文化遗产的相关内容融入高校思想政治教育之中，不仅可以实现对当前非物质文化遗产的有效传承和保护，还可以促进高校师生对于传统文化中思想道德内容的体验、学习和认知，更有利于在情感上产生对传统文化和民族精神的认同和接受。

（一）非物质文化遗产运用到高校思想政治教育中的必要性

1. 开展非物质文化遗产的有关教育是开展高校思想政治教育的有效途径

高校思想政治教育的目的是使大学生形成符合国家、民族发展需要的价值观，培养中国特色社会主义合格的建设者和接班人，实现这一目标必须运用一定的教育载体和手段。高校思想政治教育通常采用的教育教学方式常常是较为单纯的理论灌输和说教，容易忽视受众的接受能力和主观能动性，导致相关课程空泛、枯燥，体验感不强，学生的学习兴致不高，教育教学效果自然也不够理想。创新高校思想政治教育教学模式，寻找师生乐于接受的教育渠道和载体也就越发具有现实意义。非物质文化遗产是祖辈留给我们的文化瑰宝，蕴含着丰富生动的思想政治教育教学资源、内容和素材，也是有效的思想政治教育教学载体。高校应该结合自身培养特色和地域实际，有选择地运用于思想政治教育之中，这样能够进一步激发师生的学习和研究欲望，活跃课堂气氛，丰富已有的高校思想政治教育的内容和形式。我国的非物质文化遗产资源异常丰富，如果能把相关内容和高校思想政治教育结合起来，将有利于开拓大学生的视野，激发他们学习的主动性、积极性，有利于进一步加深他们对非物质文化遗产的认知，增强对我们传统文化和民族精神的认同感和自豪感，从而更进一步增强思想政治教育效果。

2. 利用非物质文化遗产开展高校思想政治教育是顺应时代要求的需要

我国目前正处于向社会主义市场经济转轨的后期，在对外开放政策的引领和经济全球化的国际背景下，我国与其他国家在政治、经济、文化中的交往越来越密切，大量的外来文化在交互过程中不断涌入我国，而这些舶来品良莠不齐，其中不乏腐朽思想。走在时代前沿的大学生热衷于新鲜事物，却又缺乏辨别是非的能力，往往对外来文化不加以甄别地接受，容易把接受和尝试外来文化品当作一种时尚，有些甚至盲目追求西方的腐朽思想和生活方式，受到腐朽思想的不良影响。又由于在追求利益最大化的市场经济环境下，大学生的思想和价值观容易发生转变，导致不能正确处理个人与集体、自己与他人等诸多关系，在物欲世界中迷失了自己，偏离了人生的航向，甚至有些高校在办学实践中也盲目追逐利益，不重视思想政治教育。非物质文化遗产是中华民族五千年文明中传承下来的文化财富，对于培养大学生正确的价值观、人生观，对于帮助大学生抵御外来文化中的腐朽堕落影响具有重要意义。

（二）非物质文化遗产相关内容在高校思想政治教育中的作用

1. 对于非物质文化遗产相关内容的学习有利于提高大学生的思想政治素质

我国非物质文化遗产蕴含着丰富的思想政治教育资源，传统戏曲如《花木兰》《穆桂英挂帅》等河南梆子经典剧目歌颂和弘扬了女性冲破封建束缚勇敢保卫国家的精神；《红灯记》《满江红》《海瑞罢官》等京剧剧目和部分昆曲、川剧、民间习俗、民歌民谣等都有大量的传播爱国主义、民族气节等精神的宝贵资源。把非物质文化遗产相关资源运用于高校思想政治教育之中，对于提高大学生的自我修养有重要作用，有利于增强大学生对民族和国家的自信心、归属感和自豪感，使其在中外文化的冲突中能够捍卫自己的本土文化，树立正确的文化观和政治观。高校思想政治教育工作者应该挖掘我国优秀传统文化的现实价值，让大学生在优秀本土文化的熏陶下，领悟非物质文化遗产特定的思想内涵，体会先辈劳动人民勤劳智慧和勇于创新、艰苦奋斗等优秀品质。

2. 把非物质文化遗产的相关内容应用于高校思想政治教育有利于培养学生的道德素质

高校思想政治教育的目的是培养健康发展和全面发展的大学生，促使他们形成符合社会发展及个人健康成长所需要的价值理念和思想品德。我国非物质文化遗产中蕴含的爱国主义、诚信为本、孝敬父母、尊敬长辈、与人为善、甘于奉献等思想和精神，都是高校塑造大学生良好思想品德的有效资源。比如，诚实守信是高校思想政治教育的重要内容，同时也是中华民族的传统美德，是为人处世的根本。大学生是祖国的未来，他们是否讲诚信、守诚信关系到整个社会风气的建设，甚至会严重影响我国经济社会的发展。我国从古至今都是倡导和弘扬诚信的国家，诚信也是社会主义核心价值观的基本内容，然而，由于市场经济的功利化等原因导致部分大学生出现诚信危机，诚信道德问题也屡见不鲜，诸如考试作弊、作业代写、传播虚假信息等。所以必须要有意识、有计划地向大学生传授诚信观念，帮助和引导他们树立诚信意识，提高诚信素质。一言九鼎、一诺千金等典故都是我国古代的诚信典范，利用这些非物质文化资源对大学生进行思想道德教育，可以促使高校思想政治教育工作顺利有效地开展。

3. 把非物质文化遗产的相关内容应用于高校思想政治教育有利于培养大学生的文化素质

非物质文化遗产包括传统风俗、戏剧、音乐、美术、传统礼仪、民间文学、手工艺术等，内容丰富，形式多样。非物质文化遗产以多样性的形式呈现出了不同民族、不同地域在各个历史时期的文化特点，是保存民族特质的最完整的形态，这对于中国传统文化、民间文化的继承和发展以及以文化为视角探究历史的某些细节具有非常重要的价值。文化素质不是与生俱来的，而是通过系统地接受相关学习和熏陶，在社会环境和文化环境中通过实践逐步培养出来的。在高校思想政治教育中，合理地采用非物质文化遗产的相关内容，能够开拓大学生的视野，使其领悟中华文明的博大精深，增长文化知识，提高文化修养和道德水平，学会在生活和工作中践行诚实守信、无私奉献、尊老爱幼、艰苦奋斗的精神品质，成为中国特色社会主义的合格建设者和接班人。

4. 把非物质文化遗产的相关内容应用于高校思想政治教育有利于培养大学生的民族精神

目前，很多大学生对西方文化中的不少节庆日，如情人节、圣诞节等耳熟能详，甚至如数家珍，可是对我国传统的端午节、重阳节等则渐渐淡忘，不甚了解其背后的文化背景，这在一定程度上折射出我国传统文化被侵蚀的不争事实，这些现象值得我们警惕与深思。中华民族之所以历经五千年的风雨而依然屹立于世界民族之林，其根源在于我们对于民族文化之根的坚守和对民族文化之念的秉承。非物质文化遗产作为中华民族优秀文化的重要组成部分，大量鲜活地潜隐于民间，深藏在普通百姓的日常生活之中，是中华文化的深层内核，是弥足珍贵的精神资源。所以，对于我国丰富多样的非物质文化遗产资源的认知、保护与传承，有利于增强大学生的民族文化认同感，有利于促进社会和谐和可持续发展。高校思想政治教育的一项重要职责就是利用各种方式帮助大学生塑造民族性格，提高大学生的民族自尊，增强大学生的爱国意识。因此，进行非物质文化遗产的相关教育可以为高校思想政治教育提供精神动力和正确的价值导向，培养大学生的民族自豪感与爱国情。

5. 把非物质文化遗产的相关内容应用于高校思想政治教育有利于培育大学生的审美意识

教育的最终目的是提高人的综合素质，促进人的个性发展，发挥其创造潜能，把世界建设得更加美好，而审美教育是其中的重要内容。"美育的根本目的是使人去追求人性的完满，也就是学会体验人生，使自己感受到一个有意味的、有情趣的人生，对人生产生无限的爱恋、无限的喜悦，从而使自己的精神境界得到升华。从这个意义上来理解'人的全面发展'，才符合美育的根本性质。"[1] 可以说，非物质文化遗

---

[1] 邹小华：《后物欲时代的精神困境与道德教育》，江西人民出版社2012年版，第198页。

产本身既是文化的，又是审美的，非物质文化遗产蕴涵和承载着中华民族对美的追求和热爱。让大学生参与非物质文化遗产的保护与传承，可以通过认识与体验非物质文化遗产的独特魅力，培育大学生的审美能力和审美趣味，进而激发和鼓励传承保护非物质文化遗产的兴趣与冲动。

6. 非物质文化遗产相关资源是高校思想政治教育培育大学生民族文化价值观的重要资源库

非物质文化遗产是民族历史文化的"活化石"，记录了中华民族独特的精神价值观、思维方式和想象方式。积极把非物质文化遗产的相关内容纳入高校思想政治教育，也能为这种活态生命文化注入新的养分和现实发展动力，有利于使大学生最直接地感受民族智慧和民族精神，增强民族自豪感和文化认同感，并内化为自己的道德标准和行为习惯。更重要的是，它有利于唤起大学生的文化自觉，并在此基础上自觉承担起保护与传承民族文化的责任，将深层次的素质教育落到实处。

二　高校思想政治教育对非物质文化遗产传承保护的价值

非物质文化遗产承载着民族精神和民族文化，是中华民族的共同记忆和族群身份认同的载体。作为文化传承基地的高校具有人才培养、科学研究、服务社会、文化传承与创新四重功能，对于保护、传承、研究非物质文化遗产具有义不容辞的责任。高校应该将传承保护非物质文化遗产与人才培养紧密结合起来，融入高校思想政治教育中，通过课堂教学与第二课堂活动等形式传承保护非物质文化遗产，使民族文化焕发新的活力。

（一）高校思想政治教育对非物质文化遗产传承保护工作的必要性

将非物质文化遗产传承保护工作与高校思想政治教育相结合，是顺应非物质文化遗产发展进程的历史需要。随着现代化和全球化趋势进程的加快，我国的文化生态正在发生巨大变化，非物质文化遗产的生存环境遭到严重威胁，众多宝贵的非物质文化遗产项目面临逐渐衰亡的境地。高校思想政治教育工作极为贴近当代大学生的培养与成长，对于在大学生中开展非物质文化遗产传承保护工作极为便利。

教育是开展非物质文化遗产传承保护工作的内在要求。一方面，高校肩负系统开展思想政治教育的重要历史使命，具有传承文化和传授知识的天然责任。高校思想政治教育既是提高大学生思想道德素质的重要渠道，又是我国开展非物质文化遗产传承保护工作的抓手。作为文化传承的的主体，高校具有独特的教育文化资源，应结合自身特点和所长，充分发挥文化教育优势和教育导向职能，积极投入到非物质文化遗产传承保护中来。另一方面，高校是众多科技型、技能型人才汇聚的场所，可以利用其科研和人才的创新优势产生出更多的优秀科研成果，使我国非物质文化遗产传承保护工作体制更加健全。非物质文化遗产传承保护工作的特殊性决定其需要特定的传播媒介，高校思想政治教育是开展非物质文化遗产传承保护工作的特定形式之一，是非物质文化遗产传承保护工作有效进行的重要渠道和特殊载体。因此可以说，非物质文化遗产传承保护工作离不开高校思想政治教育工作者的积极传播和有效引导，高校思想政治教育在我国非物质文化遗产传承保护工作中具有特殊意义。

（二）高校思想政治教育是开展非物质文化遗产传承保护的有效途径

在工业化、信息化的时代背景之下，非物质文化遗产的传承所面临的考验更加严峻，面临的挑战也更加艰巨，非物质文化遗产保护与传承工作将是一项长期艰巨的任务。非物质文化遗产的保护工作和传承发展离不开学术研究力量的带动，也离不开高校思想政治教育工作者的传承引导。在现有的研究中，学者多数按照习以成俗的学术套路在有限的途径中探讨非物质文化遗产的保护传承，往往忽略了高校思想政治教育这一途径。高校思想政治教育尚未在学科建设和学术研究中得到应有的认可，但并不妨碍其作为一种有效途径积极参与到非物质文化遗产的传承保护中。因此，高校思想政治工作者更应该认清自己的担子，自觉主动地参与到非物质文化遗产传承保护工作中，并把非物质文化遗产的传承保护与实际工作相结合，帮助大学生树立非物质文化遗产传承保护的意识，推动非物质文化遗产传承保护工作顺利进行。

三　非物质文化遗产与高校思想政治教育的融合

高校作为文化传承的重要基地，肩负着传承保护非物质文化遗产的历史使命。非物质文化遗产蕴含着丰富的教育资源，如能深入挖掘应用到我们的思想政治教育工作中，可以提升大学生的民族精神，锻炼他们的意志品格，激发他们的创新能力，培育他们的审美情趣等。因此，把非物质文化遗产作为优质教育资源融入高校思想政治教育，有利于促进非物质文化遗产的传承保护。如果措施得当，既能通过高校思想政治教育促进非物质文化遗产的传承保护，又能使非物质文化遗产蕴含的价值助力高校思想政治教育功能的充分释放，从而使二者相互融合，协调发展，最终构筑非物质文化遗产传承保护的教育新路径。

（一）非物质文化遗产融入高校思想政治教育

1. 培养具有非物质文化遗产保护与传承意识的师资力量

是否拥有优秀的教师队伍以及能否培养优秀的人才是评价一所高校的重要指标。因此，要利用非物质文化遗产的相关内容丰富我们的思想政治教育内涵，以期培养更加优秀的大学生，首先就要解决师资问题。这类师资建设应该走专职与兼职相结合的路子，一方面要通过各种途径培养高校自己在岗专职教师来进行非物质文化遗产有关课程的教学，另一方面也要聘请适合学校发展特色需要的各类非物质文化遗产项目的传承人作为兼职学者进行教育传承。就高校的专职教师而言，又可以分为专任教师与兼任教师。专任教师就是以非物质文化遗产教学为专业的教师，可以从相关学科中选拔培养或者从其他科研院所引进；兼任教师就是他们并非以非物质文化遗产为专业，不专门教授非物质文化遗产学的相关课程，但他们可以在自己的专业教学中渗透着相关非物质文化遗产的内容。这样通过全面立体、交叉渗透的教师队伍建设，能够保障推动非物质文化遗产保护与传承所需的师资力量。

2. 利用高校思政课教学平台建设非物质文化遗产教育传承的课程

教学活动要借助一定的课程平台才能展开，否则教学活动就没有保障。因此，要在高校思想政治教育中实现非物质文化遗产传承保护的教学目标，就必须紧密结合高校思想政治教育构建非物质文化遗产相关课程。我们可以尝试从原有的思政课教学平台上进行改进，一方面是建构专业的非物质文化遗产课程，把非物质文化遗产作为一个单独的教学核心，如设计一定选修课课时等，以丰富的课程保障教学。另一方面，在不改变原有思想政治主流课程的基本结构、目的和特征的基础上，通过各种方式把非物质文化遗产教育资源渗透进思想政治的有关课程教学，从而促进非物质文化遗产的有关内容不断融入我们的课程体系，主要有两种方式：第一种是在现有课程中穿插介绍非物质文化遗产的内容和相关的文化事件；第二种是以讲座、报告等方式，专门讲解非物质文化遗产的相关内容、观念和主题。此外，把非物质文化遗产的有关内容融入高校思想政治教育，还要积极收集、整理具体的非物质文化遗产项目信息，针对非物质文化遗产大多具有口传心授的特点，采用文字、图片、录音、录像等方式，不断尝试建立特色的本土教材。就内容来看，主要包括带有民族普遍特性的非物质文化遗产与带有地域特殊性的非物质文化遗产。就形式来看，可以是文字教材，也可以是电子影像教材。对高校思想政治教育工作者而言，既要积极尝试并努力编写适合本校实际的非物质文化遗产的通识教材，更要因地制宜地充分利用本地非物质文化遗产资源，培养大学生学习与认知非物质文化遗产的自觉性。

3. 探索非物质文化遗产教育传承融入高校思想政治教育课的教学方法

从当前的非物质文化遗产传承保护的情况和高校思想政治教育课的现状看，丰富的非物质文化遗产作为优质的教育教学资源完全可以为实现多样化的教学方式提供可能。除了传统的讲授方式外，还可以采用参与式、体验式、研究式等多种教学方法。通过这些不同的思想政治教育课教学方法，利用当前的互联网信息优势，整合成交互的多媒体网络教育方式，把非物质文化遗产的有关内容引入思政课教学中，集中体现在以下方面：首先是将图、音、像、文结合起来，对相关的非物质文化遗产项目进行全方位、多角度的综合表达，使之形象化和具体化；其次是利用多媒体手段将非物质文化遗产的有关研究成果与思想政治课实践结合起来，使现有的研究融入思想政治课的实践中，也有利于使大学生对非物质文化遗产的感性认识上升为理性认识；最后是利用多媒体信息量大、更新快、灵活方便的特点，为师生提供广泛交互的非物质文化遗产与高校思政课教学相互融合、促进的信息资源。

4. 开展非物质文化遗产传承保护与高校思想政治教育相互融合的科学研究

不论是从非物质文化遗产保护研究本身来说，还是从不断深化和拓展高校思想政治教育课的技术、方法而言，都需要相关的科学研究加以支撑。学术研究的停滞不前和理论成果的匮乏，将严重地制约非物质文化遗产与高校思想政治教育的相互促进和融合。高校思想政治教育工作者应该积极探索非物质文化遗产保护研究与高校思想政治教育相互融合的方式与途径，非物质文化遗产的有关内容也可以为高校的思想政治教学科研提供丰富的资源，更有利于高校思想政治教育落到实处、接地气，为当前的工作多提供一个抓手。只有将非物质文化遗产的有关内容纳入到高校思想政治教育科研与教学的互动中来，才能在不断推进高校思想政治教育的基础上，推动非物质文化遗产的传承保护工作。在把非物质文化遗产的相关内容应用到高校思想政治教育的过程中，要找准非物质文化遗产与高校思想政治教育的科研结合点，针对高校思想政治教育中存在的专业问题和现实问题在非物质文化遗产传承保护中寻找科研选题，并把围绕选定的选题开展研究取得的科研成果及时转化为高校思想政治教育课的教学资源，既可以提升高校思想政治教育的水平，又能提升广大师生参与非物质文化遗产传承保护的意识与能力。

（二）非物质文化遗产融入高校第二课堂活动

1. 营造非物质文化遗产教育传承的校园文化

高校培养学生的重要方式之一就是开展各种类型的第二课堂活动，形成每所高校独特的课外文化氛围，进而让学生在潜移默化中获得教育提高。因此，把非物质文化遗产的相关资源融入第二课堂活动，既可以用多样的非物质文化遗产资源丰富学生的知识，还可以提升学生的自觉保护意识，让更多的大学生自觉参与非物质文化遗产传承保护工作。为此，我们可以把非物质文化遗产的相关内容，如非物质文化遗产保护条例、法规等融入宣传板报、报刊、广播、网站、微信等宣传媒介，还可以把相关的非物质文化遗产的表现形式融入大学生科技文化节、主题班会、主题团日活动等，也可以适时组织非物质文化遗产知识竞赛、非物质文化遗产保护辩论赛、非物质文化遗产知识讲座等。总之，高校要充分利用开展第二课堂的时机努力营造良好的保护与传承氛围，让一些非物质文化遗产项目进入师生的日常生活，使广大师生在潜移默化中获得文化启迪，进而主动参与到非物质文化遗产的保护与传承工作中来。

2. 组织开展与非物质文化遗产教育传承相关的社团活动

众所周知，很多非物质文化遗产项目是通过口传心授等方式进行传承的，具有很强的实践参与性。因此，要使大学生真正承担起传承保护非物质文化遗产的责任，就要创造机会，让他们参与实践，亲身体验，在参与中得到启示，在启示中开展创新。高校锻炼学生实践能力的重要方式是依托各种社团活动，因此高校应该以非物质文化遗产传承保护为主题组建一批相关的学生社团，并安排专业指导教师定期围绕非物质文化遗产教育传承开展相关活动，让大学生通过社团活动亲身体验非物质文化遗产的魅力。通过这些与非物质文化遗产传承保护相关的社团组织，既可以让社团成员在体验中增强保护意识与传承能力，还可以通过有声有色的活动激发其他同学的兴趣，起到辐射作用。

3. 实施非物质文化遗产教育传承的创新实验

当前，许多高校以"质量工程""内涵建设"为契机，开展创新实验计划，让学生直接参与科研活动，充分利用自主式、合作型、研究型的教育方式，让广大学生在本科阶段得到科学研究训练。从非物质文化遗产传承保护的视角看，创新实验可以结合学生所学专业选择一些非物质文化遗产项目作为研究对象，通过让学生自己查询资料、设计课题、独立论证的方式，培养学生的综合素质。还可通过定期举办一定区域范围内的大学生非物质文化遗产传承保护论坛等，交流各高校对非物质文化遗产的研究成果，探讨在非物质文化遗产传承保护中遇到的各类问题和困难。

4. 开展社会实践活动保护与传承非物质文化遗产

高校利用暑假、寒假、实习等时机，组织学生参与各种社会实践活动让学生了解社会、服务社会、提升素质已经成为高校思想政治教育的主要抓手之一。高校可以围绕非物质文化遗产传承保护设计多种社会实践方式：既可以分散实践，也可以组建社会实践服务队；既可以引导学生自主实践，也可以由老师指导实践；既可以在学校驻地附近实践，也可以回到家乡实践。就实践的内容来说，既可以侧重宣传非物质文化遗产的相关知识，也可以侧重收集具体非物质文化遗产项目的相关资料，还可以侧重学习传承相关内容。就实践成果的形式来看，既可以是调研报告，也可以是汇报表演。大学生参与非物质文化遗产保护与传承的社会实践活动，对于非物质文化遗产保护工作有其独特的优势。比如，他们在假期有比较充裕的时间，有较为牢固扎实的专业知识，富有热情，乐于探索等。特别是对于那些需要大量人力物力的非物质文化遗产保护工作，具有重要的实际意义。比如，非物质文化遗产普查归档工作，就可以动员大学生对其所在地的非物质文化遗产进行拉网式普查，将起到事半功倍的效果。此外，还可以组织大学生参与各文化单位的非物质文化遗产保护工作，在服务社会中不断推进非物质文化遗产的传承保护。

总之，如何充分、深入地挖掘、传承和发展中国本土文化资源，创新高校思想政治教育模式，丰富教育教学内容，为构筑特色鲜明的现代中国文化做出贡献是对高校提出的时代课题。从高校的角度看，非物质文化遗产资源有利于高校思想政治教育教学功能的充分释放；从非物质文化的角度看，高校的思想政治教育教学活动又有利于非物质文化遗产的传承保护。从高校思想政治教育的视角探讨非物质文化遗产的传承保护是一种有效途径，可以促使非物质文化遗产传承保护和高校思想政治教育相互联系、相互促进。

附　录

相关文献

[1] 张泰城、龚奎林：《高校保护与传承非物质文化遗产的优势与路径探究》，《江苏高教》2012 年第 6 期。

[2] 刘锡诚：《非物质文化遗产与民族文化精神》，《广西师范学院学报》（哲学社会科学版）2004 年第 4 期。

[3] 杨力：《创新教育品牌、发挥高校在国家文化遗产事业中的服务作用》，《美术研究》2005 年第 3 期。

[4] 郑颖：《论高校教育对非物质文化遗产保护的作用》，《社科纵横》2008 年第 12 期。

第十章

我国非物质文化遗产法律保护透视

《中华人民共和国非物质文化遗产法》在历经十余年的论证之后，终于在 2011 年 2 月 25 日的第十一届全国人民代表大会常务委员会第十九次会议上通过，并于 2011 年 6 月 1 日开始实施。自此我国对非物质文化遗产进入了国内单行立法的保护阶段，标志着我国对非物质文化遗产法律保护进入了一个历史新阶段，也标志着我国对非物质文化遗产的法律保护进入了相对完善的国际法与国内法并行保护的阶段。

一　非物质文化遗产法律保护国际法与国内法并行

在现有的法律体系中，我国对非物质文化遗产的保护进入了国际法与国内法并行的阶段，我国不仅仅在国内法中通过分散式与单行立法的方式对非物质文化遗产进行保护，我们还参与了多部与非物质文化遗产保护的相关国际条约、国际组织的法律文件等共同对非物质文化遗产进行法律层面上的保护。国内法的颁布与实施，使得我国对非物质文化遗产的法律保护更好地落实为法律强制义务，积极参与并尊重国际法，也为我国更好地参与世界范围内的非物质文化遗产保护提供了一个相互借鉴与沟通的途径。

（一）非物质文化遗产保护的国际法

在国际行为体中，联合国是对非物质文化遗产进行立法或者进行示范性立法的一个非常重要的国际政府组织。自 20 世纪 80 年代以来，联合国一直关注着对非物质文化遗产的法律保护，从非物质文化遗产的定义到其保护范围，联合国的一系列法律文件都在不断地进行完善。按照年代顺序，联合国从事的努力并且达成的成果主要有：1982 年《保护民间文学表达、防止不正当利用与其他损害性行为国内法示范法条》，该法条虽然为不具备法律效力的示范法，但其精神实质就是为了倡导保护民间文学艺术；1989 年的《保护民间文化和传统文化建议案》中对非物质文化遗产的定义已经很接近现在通用的定义；1992 年的《生物多样化公约》；1995 年的《关于保护土著人民遗产的报告》和附件《保护土著人民遗产的原则和指导方针》；1997 年的《人类口头及非物质文化遗产代表作宣言》；2001 年的《世界文化多样性宣言》开篇第一条就指出人类文化的多样性是人类的共同遗产；2002 年的《伊斯坦布尔宣言》中指出非物质文化遗产是构成世界各民族特性的重要因素，应该保护和发展非物质文化遗产；2003 年联合国主持及缔结了《保护非物质文化遗产公约》；2005 年在联合国教科文组织的主持之下缔结了《保护和促进文化表现形式多样性公约》，我国作为该公约的缔约国之一，在国内立法及相关行政法规中都不同程度地参考及借鉴了该公约的精神及内容。①

（二）我国国内法对非物质文化遗产保护的多样化

在《中华人民共和国非物质文化遗产法》颁布实施之后，我国法律对非物质文化遗产的法律保护呈现出多样化特点。《中华人民共和国宪法》《行政法规》《民法》及《刑法》等各部门法都分别或多或少地对非物质文化遗产的法律保护进行了立法，除了分散在各部门法对非物质文化遗产进行保护之外，我国还对非物质文化遗产保护进行

---

① 参见康保成《〈中华人民共和国非物质文化遗产法〉形成的法律法规基础》，《民族艺术》2012 年第 1 期。

了单行立法，所以我国国内法对非物质文化遗产的保护立法模式主要
呈现出分散式立法式和单行立法式并存的特点。

1. 分散式立法

我国对非物质文化遗产的分散式立法保护在国内法律体系中覆盖
面基本上是最为全面的，从《中华人民共和国宪法》（下文简称《宪
法》）、各部门法、行政法规及条例都有所涉及。

（1）《中华人民共和国宪法》。《宪法》是我国的根本大法，是母
法，其为各部门法及行政法规的制定都提供了基本原则及遵守的准绳。
非物质文化遗产这一术语进入到我国法律领域是近十年来的事情，所
以我国《宪法》中并没有对这一名词的专门叙述。但是，从其立法用
语中不难发现其对非物质文化遗产的保护，比如《宪法》第四条第四
款，各民族都有使用和发展自己的语言文字的自由，都有保持或改革
自己的风俗习惯的自由；第四十七条，国家对于从事教育、科学、技
术、文学和其他文化事业的公民的有益于人民的创造性工作，给予鼓
励和帮助。除此之外，宪法的第二十二条第二款、第一百一十九条等
都对非物质文化遗产的法律保护有所涉及。

（2）法律。我国有关部门法在《宪法》的指导下，在立法的时候
对非物质文化遗产也进行了立法层面的保护。如《中华人民共和国刑
法》第二百五十一条，国际机关人员非法剥夺公民的宗教信仰自由和
侵犯少数民族风俗习惯，情节严重的，处 2 年以下有期徒刑或者拘役。
《著作权法》的第三条用列举的方式对非物质文化遗产保护的范围进
行了设定，主要包括文字作品、口述作品、音乐、戏剧、曲艺、舞蹈、
杂技艺术作品等。《高等教育法》《教育法》《义务教育法》与《民办
教育促进法》等促进和保护教育行为中，都有对非物质文化遗产法律
保护的内容，如《教育法》的第七条，教育应当继承和弘扬中华民族
优秀的历史文化传统，吸收人类文明发展的一切优秀成果。《民族区
域自治法》的第六条、第三十八条、第五十九条等对具有民族特点的
文学、艺术、新闻、出版、广播、电影和电视等民族文化产业及其他

优秀的民族传统文化进行了立法保护。《药品管理法》也对药品行业的文化传统的保护进行了立法保护。

（3）行政法规。我国行政法规自 20 世纪 80 年代以来就开始了对非物质文化遗产的法律保护，当然囿于各种条件的限制，我国行政法规对非物质文化遗产的法规保护也是从小的非物质文化遗产领域开始的，如 1993 年 1 月 1 日，国务院就颁布实施了《中医药品种保护条例》，开始了对非物质文化遗产保护范围内的中医药保护进行了现行的努力；1997 年 5 月，国务院《传统工艺美术保护条例》对非物质文化遗产框架内的传统工艺美术门类进行了保护。2000 年 2 月，文化部与国家民委印发的《关于进一步加强少数民族文化工作的意见》指出要加强少数民族传统文化的保护和利用。2003 年 11 月，全国人大教科文卫委员会拟定了《中华人民共和国民族民间文化保护法草案》，并且该草案在 2004 年在我国加入联合国教科文组织的《非物质文化遗产保护公约》之后就把名称改为了《中华人民共和国非物质文化遗产保护法草案》；2004 年 4 月，文化部和财政部联合颁发了《关于实施中国民族民间文化保护工程的通知》和附件《中国民族民间文化保护工程实施方案》；2005 年 3 月，国务院办公厅颁发了《关于加强我国非物质文化遗产保护工作的意见》和《国家级非物质文化遗产代表作申报评定暂行办法》，对我国的非物质文化遗产的申报保护发挥了非常重要的作用。2005 年我国在加入了《非物质文化遗产保护公约》之后，文化部、财政部、商务部及国家民委等先后单独或者联合发表了一系列有关非物质文化遗产保护的行政法规。如 2006 年 7 月，财政部与文化部联合颁发了《国家非物质文化遗产保护专项资金管理暂行办法》；2006 年 11 月，文化部单独颁发了《国家级非物质文化遗产保护与管理暂行办法》；2007 年 2 月，商务部与文化部联合颁发了《关于加强老字号非物质文化遗产保护工作的通知》；2007 年 7 月文化部颁发了《关于印发中国非物质文化遗产标识管理办法的通知》；2008 年 5 月，文化部颁发了《国家级非物质文化遗产项目代表性传承人认定与管理暂行办法等。①

　　(4) 地方性法规。2000 年 5 月，云南省第九届人大常委会通过了《云南省民族民间传统文化保护条例》，这是我国第一个通过立法对传统文化进行保护的地方性综合法规，自此其他省份纷纷效仿，先后出现了 2002 年的《贵州省民族民间传统文化保护条例》、2004 年的《福建省民族民间传统文化保护条例》、2005 年的《广西壮族自治区民族民间传统文化保护条例》。同样受我国加入联合国《非物质文化遗产保护公约》的影响，2005 年以后进行相关综合立法的省份在名称中就体现出了非物质文化遗产的名称，如 2006 年的《宁夏回族自治区非物质文化遗产保护条例》、2006 年的《江苏省非物质文化遗产保护条例》、2007 年的《浙江省非物质文化遗产保护条例》与《江西省非物质文化遗产保护条例》等地方性法规，也体现了我国地方性立法对非物质文化遗产保护所起到的作用，更为重要的是，2008 年 6 月澳门颁布的《澳门非物质文化遗产申报评定暂行办法》，是港澳地区出现的首个对非物质文化遗产进行保护的法规，是我国"一国两制"的特殊制度在非物质文化遗产保护方面呈现出的一致性，其意义更为深远。

　　除了上述地方综合性法规之外，各地方还在非物质文化遗产的特殊领域制定地方性法规分别予以进行保护，如陕西省、安徽省、山西省、湖南省、上海市、福建省等先后在 2008 年文化部出台了《国家级非物质文化遗产项目代表性传承人认定与管理暂行办法》之后出台了相似法规。除此之外，在特殊地方由于存在着特殊的非物质文化遗产，所以各地方也在特殊领域进行的专门保护，如《苏州市昆曲保护条例》《杭州市西湖龙井茶基地保护条例》《哈尔滨市冰雪艺术、民间工艺大师评定办法》等。

————————

　　① 　参见康保成《〈中华人民共和国非物质文化遗产法〉形成的法律法规基础》，《民族艺术》2012 年第 1 期。

综上所述，我国对非物质文化遗产保护的分散式立法，主要是由宪法、法律、行政法规与地方性法规，对非物质文化遗产从点到面、从一般到特殊共同为非物质文化遗产的保护发挥着作用。

2. 单行立法

为了加强对非物质文化遗产的保护，继承和弘扬优秀传统文化，促进社会主义精神文明建设，加强对非物质文化遗产保护、保存工作，2011 年 2 月 25 日中华人民共和国第十一届全国人民代表大会常务委员会第十九次会议颁布了《中华人民共和国非物质文化遗产法》，并于 2011 年 6 月 1 日起施行，自此我国对于非物质文化遗产保护进入了单行立法保护阶段。该法共分为六章五十四条，分别对非物质文化遗产的调查、代表性项目名录、传承与传播、法律责任等方面做出了规定，在第二条明确了对非物质文化遗产保护的范围，主要包括传统口头文学以及作为其载体的语言；传统美术、书法、音乐、舞蹈、戏剧、曲艺和杂技；传统技艺、医药和历法；传统礼仪、节庆等民俗；传统体育和游艺与其他非物质文化遗产。

综上，我国对于非物质文化遗产保护的立法进入了空前规模，呈现了国际法与国内法并行的局面，在国内立法层面，也呈现出了分散式立法与单行式立法并行、公法与私法并行，但是以公法为主的阶段。

二　我国非物质文化遗产保护法律的缺陷

虽然我国已经出台了一定数量的法律法规，而且对非物质文化遗产的保护进入了一个相对全面的保护状态，其优点显而易见，数量之多的法规呈现出了相对全面保护的状态，但是数量之多的法规也呈现出了另外一个比较明显的缺点，即散乱、不成体系，这一缺点又直接导致我国对于非物质文化遗产的法律保护出现了一系列的缺点。

（一）《中华人民共和国非物质文化遗产法》及其他公法的缺陷

《中华人民共和国非物质文化遗产法》（下文简称《非遗法》）虽

然作为单行立法存在，但是仅仅有五十四条的法律条文，数量如此之少的条文对非物质文化遗产进行法律保护是远远不够的，所以可以看出该法大多属于原则性规定，所以相应地就缺乏可操作性，如该法的第九条规定"国家鼓励和支持公民、法人和其他社会组织参与到非物质文化遗产的保护工作"。该条虽然规定了参与主体，但是并没有规定参与主体参与的途径与方法是什么。众所周知，对于非物质文化遗产保护的一个非常重要的主体为非政府组织，这类组织数量之多，如果不对其参与保护非物质文化遗产的途径和方法加以规定，就会形成一盘散沙的局面。而这些原则性规定也没有相配套的法律对该法进行配套，如刚刚提出来的问题，国内相关法律中就没有非政府组织参与非物质文化遗产保护的途径、方法与法律责任等方面的法律法规进行参考。再如本法的第42条规定："违反本法规定，构成犯罪的，依法追究刑事责任"。该条的立法也没有很大的实际意义，因为根据刑事法定原则，追究刑事责任只能依靠刑法中的相关法律规定进行，而我国刑法中却没有对违反非物质文化遗产保护的相关罪名。所以，我们国内与非物质文化遗产保护相关的法律法规数目虽然多，但是相互的联系不是很紧密，极容易出现各自为政的局面。除此之外，《非遗法》主要是强调政府的责任，诚然政府在保护非物质文化遗产方面应该起到非常重要的作用，但是本法的第四条也强调了鼓励其他公民与社会组织积极参与到保护非物质文化遗产的活动中来，再者，非物质文化遗产大多是掌握在个人或者群体手中，政府在这种情况下就成为了一个非常特殊的主体，出现了主体与非物质文化遗产真正掌控者之间的脱节。在法律关系中，主体相对于客体和内容而言，处于核心地位，主体地位不明确，顺应而来的法律关系、权力与义务就成为空谈了，所以在《非遗法》中对于除政府主体的责任之外，对于其他参与主体的责任却丝毫没有提及，这就造成了法律关系的不完整，而对于非物质文化遗产的破坏往往都是由政府之外的其他行为体造成的，所以不对他们的行为进行约束，该法存在的严谨性就值得怀疑了。

除了上述单行立法之外，我国其他涉及非物质文化遗产保护的公法也存在着诸多不协调的局面，如《刑法》中缺少对非物质文化遗产的相关罪刑及细化标准，缺少对行政相对人在对非物质文化遗产保护过程中渎职犯罪的量刑标准。《行政法》中缺少对非物质文化遗产保护的相关制度，如听证制度、奖励制度等。

（二）其他私法领域存在的问题

除了公法领域对于我国非物质文化遗产进行保护之外，起到重要作用的还是私法领域，而在私法领域对于非物质文化遗产发挥作用的主要是私法主体，而相关私法法律中对于私法主体的法律地位没有过多的涉及，他们的存在是模糊的，只是笼统地鼓励他们对非物质文化遗产进行保护，而对他们在保护过程中，在政府之外的地位和作用是什么？他们在创造、保存、传承、开发、利用非物质文化遗产等领域的地位和作用又分别是什么？没有相应的地位和作用等激励措施，他们就没有对非物质文化遗产进行保护的积极性。除了地位与作用之外，相关法律也没有对这些私法主体的权利与救济措施进行详细规定。当相关主体的权利遭受到侵害之后应该怎样得到救济，这也是需要解决的问题。特别是在知识产权领域，非物质文化遗产作为一种文化资源，具有智力属性，肯定也要对其知识产权进行保护，但是我国现行著作权法中的局限性就导致了我国目前对非物质文化遗产的知识产权保护的力度不大，存在着诸多不足，所以我国相关法律数量虽然多，但是也存在着立法滞后的问题。当然，除了立法层面的缺陷之外，我国在保护非物质文化遗产实践中也存在着过度商业开发、"非遗"有关法律的落实和执行不乐观、"传承人"制度不完善以及政府保护工作存有缺陷等问题。①

---

① 辛纪元、吴大华、吴纪树：《我国非物质文化遗产法律保护的不足及完善》，《贵州社会科学》2014 年第 9 期。

三　我国非物质文化遗产法律保护的完善

虽然我国非物质文化遗产保护的相关法律呈现出多的特点，但是由于多而散导致多为原则性规定，操作性不是很强，由于非物质文化遗产本身所具备的复杂性和特殊性，所以我国仍然需要对相关法规进行细化使其更具有操作性。综合我国对非物质文化遗产保护诸项法律的各自特点，相关部门应该主要从以下方面入手。

（一）严格遵守我国承担的国际义务

"有约必守原则"是国际法的基本原则，作为国际条约的缔约国，就应该负有遵守实施国际法的义务。我们国家对待国际法的实践主要是把国际法转化为国内法加以实施，在制定国内法时要参照本国应该承担的国际义务，并将其内化为相应的法律条款，使其成为我们国内法的一个组成部分。这样做不仅符合遵守国际法的要求，而且还可以完善国内法律体系，如我国作为《保护非物质文化遗产公约》的缔约国，第十五条规定："缔约国在开展保护非物质文化遗产活动时，应该努力确保创造、延续和传承这种遗产的社区、群体，有时是个人的最大限度的参与，并吸收他们积极地参与有关的管理。"如果把这一条的内容加入到我们国内相关法律中，就可以改变我国相关法律主体地位和作用缺失的现状，使相关行为体更能做到在非物质文化遗产保护方面有法可依。

（二）出台《中华人民共和国非物质文化遗产法实施细则》

如果想改变《中华人民共和国非物质文化遗产法》原则性强与操作性弱的缺陷，最好的办法就是出台《中华人民共和国非物质文化遗产法实施细则》，把该法中的有关法律条文具体化，增强可操作性。如在细则中增加《非物质文化遗产法》中参与主体的范围，并且对每种主体参与的途径进行确定，并且明确规定其他参与主体在政府的鼓励与支持下怎样实现与政府的合作。除此之外，对相关行为体的应该承担的相关法律责任进行细化，不能笼统地规定其应该承担的法律责任，应该按照各行为体的情节、性质、主观过错及社会危害程度等相关因素，将其划分为免于处罚、轻微、严重、比较严重、特别严重等情形，并且根据这些情形规定大小不同的责任。①

（三）出台与完善相关配套法律制度

我国非物质文化遗产的法律保护需要民商法、刑法、行政法等相关实体法的共同作用，同时也需要相关程序法进行相应的修改。具体而言，应该着重从以下方面入手。

1. 修改相应实体法

虽然我国目前对于非物质文化遗产的保护呈现出一种多样化的特点，但是相关实体法的制定本身都呈现出了符合自身法律特定性质，在立法的时候并没有考虑到非物质文化遗产的特殊性，所以如果想继续发挥其他部门法对非物质文化遗产法的分散式保护，就应该结合非物质文化遗产的自身特点，相应地修改实体法。

（1）刑法。刑法作为其他一切法律的制裁力量，对非物质文化遗产的法律保护的重要性是显而易见的，如果没有刑法的强制力量，对非物质文化遗产的法律保护的制裁性也就不能完全发挥作用。但是在我国现行刑法的规定下，并没有对侵犯非物质文化遗产的专门罪名，更没有明确非物质文化遗产保护的范围。在《非遗法》中虽然有对刑事责任的规定，但是在我国刑法中却没有相关罪名，根据罪行法定原则，两者是不协调的。所以应该对我国现行刑法进行修改和完善，主要是增加一些侵害非物质文化遗产的罪名，并对其程度进行细化，从而加强对非物质文化遗产的刑法保护力度。此项工作主要是从约束两个主体的角度进行，一是对于破坏、损毁、盗卖非物质文化遗产及其载体的行为。根据相关资料显示，非物质文化遗产在商业开发、跨境贸易等行为中造成我国非物质文化遗产及载体流失和消亡的现象屡见不鲜，对于造成这类行为的主体应该进行严惩；二是对于在非物质文

---

① 吴双全：《我国非物质文化遗产法律保护的新探索》，《贵州学刊》2013 年第 12 期。

化遗产保护工作中发挥主导作用的政府行为进行约束，主要是国家工作人员在保护和管理非物质文化遗产过程中的渎职行为。① 对于这类主体的行为除了适用行政法对其追究行政责任之外，也应该对国家工作人员在对涉及非物质文化遗产管理工作中的玩忽职守罪、贪污罪与挪用公款罪等罪刑规范来保护非物质文化遗产。

（2）行政法。由于我国目前相关法律中对于非物质文化遗产的保护主体主要是政府，政府是保护非物质文化遗产的中坚力量，所以行政法在所有保护非物质文化遗产法律体系中的地位就尤为重要了。目前，行政法对于非物质文化遗产所采取的行政指导与行政检查行为对于保护整个非物质文化遗产还不够。所以，应该修改行政法中对于非物质文化遗产保护的相关制度，具体而言，首先，要修改及完善非物质文化遗产的行政申报、确认和普查制度。韩国 2004 年对端午节抢先申报非物质文化遗产的事件足以给我们国家敲响了警钟，亟需我们对国内相关规定进行修改。其次，引入非物质文化遗产保护过程中的听证制度。在我国各级申报主体进行非物质文化遗产申报的过程中，为了保障过程和结果的公正与正确，可以采取各种形式的听证会，来听取各种利益相关人的意见，有利于促进非物质文化遗产的保护。最后，要在行政法中引入行政奖励制度。为了鼓励和调动行政相对人的积极性、主动性和创造性，应该对保护非物质文化遗产做出贡献的单位和个人给予精神和物质上的奖励。具体而言，应该对受奖主体、奖励的范围和条件、等级与标准及奖惩程序等具体细化。

（3）知识产权法。现行的知识产权制度是发达国家伴随着工业革命凭借技术优势，获取资源和财富的保障。在这种形势背景下，发展中国家的非物质文化遗产则很难得到严格的保护。非物质文化遗产的

---

① 贾学胜：《非物质文化遗产的法律保护——以〈刑法〉为中心的考察》，《石河子大学学报》（哲学社会科学版）2008 年第 4 期。

知识财产的性质以及作为智力劳动成果的属性，决定了对其知识产权保护的必要性和可能性。① 这也表明对于非物质文化遗产的保护是离不开我国相关知识产权法律制度的。非物质文化遗产虽然属于智力成果，但是也应该呈现出区别著作权、商标权与专利权的独特性质，所以不能笼统地用现行的知识产权法对非物质文化遗产进行一揽子保护。非物质文化遗产的权利主体、权利客体与保护期限等方面都存在着与其他知识产权不同的特点，而目前我国的《著作权法》《商标法》与《专利法》却没有针对非物质文化遗产特殊性质的保护制度，所以在这些实体法中，对非物质文化遗产的保护主体等综合保护体系需要进行详细的设定与修改。如有人提出应该设置非物质文化遗产的特殊知识产权保护制度，一是事先告知同意制度，要求传统社区或者族群以外的第三方在非物质文化遗产进行开发利用之前必须获得相关方的同意；二是说明来源制度，此制度是与第一种制度相对应的，要求对非物质文化遗产进行研究、演出和开发的人员应该负有说明所使用非物质文化遗产来源的义务；三是取消对非物质文化遗产的知识产权保护的限制期限，非物质文化遗产具有世代相传与永生不息的特点，所以就不应该对其设置与著作权、专利权与商标权一样的保护期限限制。②

除了修改相应实体法之外，还应该在《非物质文化遗产法》中对相关责任主体的刑事、民事与行政责任进行细化，根据侵害人的不同情节，分别给予民事、刑事和行政处罚。

2. 明确相关主体的权利及权利救济方式

非物质文化遗产权利主体具有相当的复杂性，对非物质文化遗产权的权利享有者和义务履行者也应该呈现出不同于其他的特点，费安玲教授把非物质文化遗产的权利具体分为三类：社会民众型权利主体、

---

① 赵芳：《我国非物质文化遗产的法律保护研究》，中国社会科学出版社 2009 年版，第92 页。

② 参见包魏《我国非物质文化遗产法律保护的研究》，硕士学位论文，湖南大学，2011年，第29—30 页。

团体型权利主体和个人型权利主体。① 非物质文化遗产的形成是一种群体行为，其一旦形成就应该附加了相关权利。所以应该在现行法律中，增加与明确非物质文化遗产的开创人、传承人、保护人及开发利用人的权利。这些权利主要包括开发、利用、受益和处分等权利。只有这样才能体现出文化传承的主体最终是具体的个人，政府只是应该在保护非物质文化遗产中发挥其作用。只有公众参与和政府主导相结合，才能充分发挥二者在非物质文化遗产保护中的优势和合力，克服彼此在非物质文化遗产保护中的不足和缺陷，推动非物质文化遗产保护在更深的层次上运作。② 除了这些权利主体之外，《保护非物质文化遗产公约》中明确指出参与非物质文化遗产保护的主要有国家、国际组织及社群、社区、非政府组织、个人等三种类型的主体，这些参与主体在行为过程中也应该享有相应的权利。虽然我国目前对涉及非物质文化遗产的相关诉讼还比较少见，但是在实践中并不是没有出现侵害相关权利人这些权利的可能性，而我国相关法律却并没有专门针对非物质文化遗产特殊性质的诉讼程序存在，所以也应该修改相应的程序法，增加针对非物质文化遗产的诉讼程序，如可以引进非物质文化遗产的公益诉讼制度。

（四）借鉴国外先进经验

"他山之石，可以攻玉"。我国在综合考虑对非物质文化遗产保护国际法与国内法体系，并对相关内容进行修改时，应该借鉴国外先进经验，把适合适用于我国的相关配套法律制度引入我国。如日本1950年的《文化财保护法》，该法中给予由国家遴选出来的民间艺人给予年约十几万人民币的金钱奖励，并且明确规定各方的权利与义务，通过这种方式鼓励了日本国民的保护与参与意识。法国为了让更多的民众接近于享有非物质文化遗产，早在1984年就设置了"文化遗产

---

① 参见费安玲《非物质文化遗产法律保护的基本思考》，《江西社会科学》2006年第5期。

② 马洪雨：《非物质文化遗产保护公众参与的法律制度构建》，《甘肃政法学院学报》2007年第3期。

日"。印度 2002 年根据《生物多样性法》成立了"国家生物多样性管理局",负责全国性的非物质文化遗产的管理与保护。

　　总之,对于非物质文化遗产的保护,我国自 20 世纪 80 年代以来一直开展着相关工作,目前在法律保护方面呈现出了涉及法律部门多、众多法律部门一起在努力的局面。但是这只是一种表面兴旺的假象,实际上这种分散式的法律存在也带来了多而不精的弊端,尚要继续努力进行细化,从而更好地发挥对我国非物质文化遗产的保护作用。

第十一章

融媒时代非物质文化遗产传承与
发展的优化策略

当前，我们已经高歌猛进地迈入了数字化高度发展的时代，后技术时代为背景的非物质文化遗产传播，已与现代传媒结下了不解之缘，在这样的时代背景下，保持牧歌式的原生态非物质文化遗产及其传播已经是一种奢望，我们目前所要考虑的主要问题是：如何最大限度地发挥现代传媒在非物质文化遗产传播中的积极作用，尽可能地减少传播媒介对于非物质文化遗产传播的消极或负面影响。笔者始终认同并且秉承着这样的观点："传播生态作为一种复杂结构，不是传播学与生态学的简单相加，而是将生态思维以及由人的活动介入的自然、社会、精神的复合性生态系统的存在状态植入传播学研究中。"① 融媒时代非物质文化遗产的传承与发展研究，是把传播学研究中关于人与自然、社会和精神的生态思维的复合研究思路引荐到非物质文化遗产传播研究上来，主要在媒介革新的大环境下，观察非物质文化遗产与社会生活的联系，并在精神文化、物质技术和社会组织以及系统构成等诸方面作关联性的探索，且将之纳入非物质文化遗产传承与发展的整体研究体系。因此，笔者所作的融媒时代非物质文化遗产的传播生态

---

① 徐萍：《传播生态的诗意化与亲和力》，《福建论坛》2009 年第 2 期。

研究，是建立在对非物质文化遗产传播意义的追问上，而不是对原由或技术决定主义的探寻。非物质文化遗产传播当下意义的系统建构，探讨的是一种借力融媒体、契入融媒体的战略与策略。

一 前提与基础：培育非物质文化遗产在融媒时代传播的土壤

能够实现互动与对话、营造必要的人文环境，融媒时代具备了非物质文化遗产得以广泛传播的客观条件。而真正决定非物质文化遗产传播的还是人心向背。一个漠视民族传统文化，疯狂满足物质欲求而不惜丧失灵魂和精神的群体，是不可能给予非物质文化遗产足够重视和关注的。培育非物质文化遗产在融媒时代传播的土壤，首先需要解决人们对传承非物质文化遗产重要性和必要性的认识。

在五花八门的融媒时代里，我们必须以尊重和亲近的态度拥抱非物质文化遗产。民俗不等于低俗，民间不等于无价值，风俗不等于迷信。俗的意义有两种，一是通俗，二是低俗。通俗是一种风格，不等于没有文化，没有思想。土气不等于低俗，洋气也不见得高贵。只有民间的，才是世界的。只要具有丰厚的生活底蕴、能引起百姓大众共鸣的就是有价值的，民间和官方并非意义和价值的分水岭。风俗是一种普遍的民间文化现象，是在任何民族中、任何社会阶段上、任何国家中都存在的，在今天它还是社会和谐的一个重要因素。如历史学家顾颉刚所言，既有情，又有信仰，那我们民族的前途就是"有望的了"。①

要认识到，文化认同是维护国家安全和统一最深厚的战略资源。随着西方思潮、理念的大规模入侵，相当数量的民族传统文化趋近消亡，中华文化的向心力、凝聚力正在削弱。曾几何时，吃麦当劳、啃比萨饼、喝咖啡，过情人节、愚人节、圣诞节成为时尚，而对元宵节、端午节、重阳节等中华民族的传统节日熟视无睹。长时期文化交流的

---

① 顾颉刚：《顾颉刚自述》，河南人民出版社 2005 年版，第 43 页。

"逆差"和"赤字"所带来的决不仅仅是金钱的损失，而是民族文化的丧失，是民族文化身份认同的危机。作为政治、经济、军事等力量无法替代的软实力，文化认同较之于军事意义上的国防更为牢固和稳定。"观乎人文以化成天下""文化内辑，武功外悠"，不仅要读出声音，更要刻到心里。

一个不容忽视的趋势是，以非物质文化遗产为重要资源的文化产业必将成为经济社会发展的支柱力量。有研究表明，当人均 GDP 达到 3000 美元后，经济社会将发生一系列的变化，将会出现消费转变和结构的重大调整、精神文化生活需求快速增加、消费"拖物化"等趋势①。因为就人的本性而言，人的物质需求是有限的，但人的精神文化需求却是无限的。事实上，文化尤其是非物质文化遗产"主宰"经济发展的趋势在我国已经开始显现。比如，"原生态"大型艺术表演、各地淳朴的民俗风情受到越来越多的人的青睐。也只有在充分理解非物质文化遗产在现代社会传播的价值和意义基础上，强调特殊性、多样性的网络对话，才能搭建起一个能容纳非物质文化遗产的个性及其诸多诉求，而不仅仅是追求同一和普遍民主的新的公共领域——"电子民主广场"，最终构筑一个媒介学者霍华德·莱恩格尔德所倡导的意义共享的"网络社区"②。

二　原则与方向：融媒时代的非物质文化遗产传承与发展

近年来，随着新技术的普及，传统媒体与新兴媒体相互渗透、资源互补，全媒体矩阵遍地开花，印刷、音频、视频、互动性数字等诸多媒体呈现多功能一体化的态势，信息覆盖面与传播效果进一步增强，媒体融合的现代传播趋势愈加明了。尤其是 2014 年 8 月 18 日，中央全面深化改革领导小组审议通过的《关于推动传统媒体和新兴媒体融

---

① 江蓝：《文化蓝皮书 2013 年：中国文化产业发展报告》，社会科学文献出版社 2013 年版，第 228 页。
② 霍华德·莱恩格尔德：《虚拟现实》，译林出版社 1997 年版，第 126 页。

合发展的指导意见》，将媒体融合提高到国家战略高度进行部署，拉开了融媒时代的大幕。在此背景下，非物质文化遗产的传承与发展，已远远不仅是民族文化自觉的考量。因为在从"铅与火""光与电"走向"数与网"的时代背景下，随着多种信息互联方式不断发展，原有相沿成习的生产方式、生活方式和思维方式也出现了颠覆性的变化，势必给非物质文化遗产的传承与发展带来新的机遇和挑战。我们应积极顺应互联网传播移动化、社交化、视频化等趋势，积极运用大数据、云计算等新技术手段，以及移动客户端、手机网站等新型传播端，增强非物质文化遗产的时代性特征，赋予其崭新的时代内涵，有助于其作为文化复合体不断演化和历史价值的不断实现。

（一）历史与现场：融媒时代非物质文化遗产的存在形态

非物质文化遗产是民族早期农耕、渔猎等生活环境下产生的诸多文化物象的延续和集体精神的传递，生动地展现着中华文化的多样性，具有深厚的历史渊源、思想内涵、文化意象和审美价值，是传统民族文化的宝贵财富，是中华文明的基石。20 世纪 80 年代以来，众多专家学者把目光投向被忽略已久的民间社会，发掘研究由劳动人民直接创造的、表现他们的生活及其审美理想的非物质文化遗产项目，以图保护民族文化的基因，为民族的发展和振兴保留更多的文化资源，使华夏民族的文化品格不掉色、不变形。非物质文化遗产保护与传承的初级阶段，主要表现为对非物质文化遗产相关实物的展存和保护。

一是着眼于发掘和保护，致力非物质文化遗产历史化的存在形态钩沉。当前，传统手工技艺、口述传说、表演艺术、社会风俗礼仪及其相关实物和文化空间等各种非物质文化遗产项目，正在以前所未有的重视程度被钩沉与重视起来，具体工作涉及保护和培养非物质文化遗产传承人，传承具体项目的完整技艺，以及结合时代特色推广非物质文化遗产甚至积极探索其产业化形态等。整个保护工作的核心，是各地加大了对非物质文化遗产项目传承人的保护，并鼓励他们通过各种方式培养传承人，力争摆脱非物质文化遗产传承后继乏人的困境。据统计截至 2015 年 7 月，入选联合国教科文组织非物质文化遗产名录已达 30 项，入选国家级非物质文化遗产名录 1370 项①。至此，我国已经成为世界上拥有世界级非物质文化遗产数量第一的国家。

二是着眼于整理和还原，致力非物质文化遗产现场化的存在形态实现。随着保护实践的深入，更多的非物质文化遗产项目被各级各部门和社会团体发掘出来，分别入选国家、省、市、县各级保护名录，基本构建起各地各层面的非物质文化遗产档案及相关数据库。2014 年 7 月，中国国家图书馆举办了一场"中国非物质文化遗产保护成果展"，在很短的时间内，就从各地文化主管部门和非遗保护中心征集到 5000 余件展品。在这些展品中，除了大量非物质文化遗产实物以及现代还原的历史景象，更多的是各地录制的非物质文化遗产影像。其中，仅《山东省非物质文化遗产音像集》就包括了上百张光盘，全面记录了山东省首批入选非物质文化遗产名录的项目。这些信息承载形式，已经成为保存非物质文化遗产信息的重要方式，不断扩展着非物质文化遗产保护的方式和手段。

（二）融入与凸显：融媒时代非物质文化遗产的传承和转化

如果说对非物质文化遗产的实物保护和影像还原，是为避免非物质文化遗产的消亡而在现代社会建立一个容量巨大，且传播广泛、欣赏便捷的数字空间。那么，非物质文化遗产从静止的保存和"仅供参观"，到融入、参与到当下社会生活中，为现代人提供文化精神滋养，正是融媒时代传承和发展非物质文化遗产的主旨之一。信息技术的飞速发展和多种信息手段的复合并用已把社会演化为大数据时代，对产生于乡土社会的非物质文化遗产的数字化保护而言是一把双刃剑，其如何在当今社会找到合理的社会定位也就迫在眉睫。

---

① 《联合国教科文组织非物质文化遗产名录名册中国入选项目巡礼》,《世界遗产》2015 年第 11 期。

一是以积极"融入"的姿态，提高融媒时代非物质文化遗产的传承和发展效率。将非物质文化遗产的传承与发展诉诸大众生活中不可或缺的诸种媒体形态，满足不同媒体形态受众的文化需求，是融媒时代非物质文化遗产的传承和发展的前提与基础。各种媒体形态构成的媒介即人的延伸，网络立体型、全方位地扩张着人类的感官，使人们可以轻松摆脱时间和空间的限制，共享原汁原味的非物质文化遗产。一方面，各大门户网站尤其是非物质文化遗产专题网站，应把现有非物质文化遗产的基本信息和挖掘材料尽可能全面系统地提交到网站，采取三维、虚拟现实等技术以图文影音并茂的形式呈现出来，注重数据库的强大展示功能；同时不断优化检索功能和分类浏览功能，增强数据库的交互功能；并通过微博、微信等传播渠道，实现遗产项目与传播者、遗产项目与传承人、传播者与受众、受众与受众之间的文化信息互通，有效实现非物质文化遗产的文化普及和价值解读，实现其保存文化历史、普惠广大民众的社会功能，使其在更广阔的空间内发挥不可替代的作用。另一方面，要结合渊源颇深的传统节假日和每年一度的"文化遗产日"，开展各式各样的非物质文化遗产相关活动，将丰富的非物质文化遗产资源以喜闻乐见的形式宣传展示出来，让当代人在近距离参与、触摸传统技艺的同时，提高保护、传承非物质文化遗产的自觉意识，形成真正意义上的文化自觉。另外，要充分发挥不同媒体形式的优势，全方位地宣传非物质文化遗产的相关知识，同时更要将目光聚焦非物质文化遗产传承人及相关传承保护和研究开展工作；要鼓励各种传媒机构制作播出相关的视听节目或音像制品，组织相关保护成果的出版；鼓励博物馆、科技馆、图书馆、文化馆、档案馆和非物质文化遗产学术研究机构、保护机构以及演出场所经营单位、文艺表演团体等，广泛开展健康有益的民俗活动和群众文化活动，普及非物质文化遗产保护知识，为非物质文化遗产保护营造良好的社会氛围。

二是从"凸显"的高度，丰富融媒时代非物质文化遗产的发展和转化成效。在大数据、云计算以及广泛互联的智能终端格局正在形成和发展的当下，包括 PC、平板电脑、智能手机、智能汽车等在内的数据终端，以及为数众多的电脑、企业、个人都在随时随地获取和产生着的新数据，正在以虚拟的形式切切实实地改变着人们的精神生活和社会交往。多数非物质文化遗产往往与现代社会生活是脱节的，这是目前非物质文化遗产的社会影响和保护传承呈现式微状态的重要原因之一。在此背景下，我们亟需对非物质文化遗产如何在大数据环境下的传播与传承等问题开展系统研究。正如麦克卢汉所言，媒介即人的延伸①。在融媒时代致力于非物质文化遗产的传承，应将融媒时代的技术优势转化为对众多传统技艺生命的激活与创新，使其插上现代文明的翅膀，穿越远古的天空在当今社会的土壤中扎根、绽放。具体而言，我们要在充分获取、存储和保护非物质文化遗产数据信息的基础上，通过分析、呈现与决策工具，发现不同数据间的相关性，洞察非物质文化遗产资源转化发展的可能性和价值所在，并结合现代社会审美需求，进行非物质文化遗产的传统文化样式的再阐释和再创作，实现其在实用功能和审美价值上的提升，以及通过当代设计创意产业发展非物质文化遗产产业，探索非物质文化遗产新时代传承的新范式。

如上所述，基于大数据的网络数据挖掘与传播，实现非物质文化遗产资源的转化与利用，则是对民族文化创造力的新考验，也将带来非物质文化遗产资源实现其社会功用转化的新范式。

（三）宏观与细节：融媒时代非物质文化遗产的研究和推动

媒体融合时代，新科技革命既侵蚀着非物质文化遗产生存的文化语境，又为非物质文化遗产的回归与转化提供着无限动力。但是，即便现代社会用技术和知识为人们装备上最具生产力的功能和海量的娱乐方式，丰富人们获取各种利益的手段，这些手段也无法真正点燃文

①　［加］马歇尔·麦克卢汉：《理解媒介——论人的延伸》，商务印书馆 2000 年版，第 103 页。

化生命和精神之火。若要改善这一点，就需要通过加强对具体非物质文化遗产项目的全方位考察和系统的学术研究，从非物质文化遗产的原始艺术形式出发，审视人的精神本质和求美欲求，形成对真实、拙朴、自然的非物质文化遗产的重新审视、重新倡导和重新开发的文化潮流。

在对融媒时代非物质文化遗产进行研究的过程中，要将宏观理论体系的建构与个案细节的研究有机结合起来，使大众不仅时刻体验到新媒体中的非物质文化遗产形式上的风采，更能深入体味非物质文化遗产内核中的意蕴，在系统的宏观概述、理论建构与生动的细节描摹、鲜活故事中，沉淀为对非物质文化遗产背后民族文化品格的认同和践行。

就宏观研究而言，做好系统研究和理论框架体系构建。现有的非物质文化遗产研究，在使受众广泛了解到非物质文化遗产的"外围"——如其历史、地位、分类等之后，仍没有深入研究和阐述非物质文化遗产的核心价值，如不同非物质文化遗产项目表达了何种审美诉求、艺术价值到底如何弘扬等问题远未得到深刻全面的回答。因此，通过非物质文化遗产艺术形式、特点和价值功能的分析，研究具体非物质文化遗产项目的文化创造、符号表现、欲求传达等，以促进非物质文化遗产研究视域的扩大并改变单纯理论丰富、文化解读单薄的窘迫境遇，既是保护实践催迫的现实需要，又是系统深入开展非物质文化遗产研究的理论需要。从文化内部认同和社会秩序维持的角度上讲，开展非物质文化遗产基础理论和保护实践的学术研究，不仅是传承民族原生文化的需要，也是在时空的历史脉络之内，寻找不同区域社会秩序得以维护的原因，探讨大一统的传统国家的发展之动力，终而推进民族兴旺繁荣的重要路径。

就微观研究来讲，做好个案调研和文化细节的考证，就是要在田野考察、文献搜集、口述记录等过程中，"上穷碧落下黄泉，动手动脚找东西"，从不断的积累中成就对非物质文化遗产层累的认识，窥测当时曾贯注于其间的个体和集体的生命跃动，从而厘清民间文化发展的潜在规律，为新时期文化事业的发展繁荣提供借鉴。田野调查是人类学研究过程中经常采用的方法，在社会史研究"回到历史现场"的意识与方法指导之下，进行历史民间文献的调查与研究，成为进行区域社会史研究的主要内容。这个过程不仅仅是搜集资料的过程，更是培养历史情境感的过程。那些被忽略的历史故事、家族文书、"过去"的老物件，家庭中的仪式、规矩甚至日常生活，其实都是我们体认非物质文化遗产的工具和路径。观察生活、进入现实生活中的历史，非物质文化遗产也就不再是历史中枯燥的时间、人物、事件、意义的合体，而变成了"我的文化"和"我们的传统"。

我们应充分利用融媒时代的信息技术便利，沉下心来研究非物质文化遗产审美观念、创作思想、构成原理、工艺技法，充满理性而又不乏感情地去探索非物质文化遗产所凝聚的民族文化情结、自然多元的形象载体以及浓缩历史与现实的主题旨意。说到底，唯有深刻地体认非物质文化遗产的价值所在，综合利用融媒时代的不同信息工具，方可推进非物质文化遗产保护研究的全面开展，从而开创非物质文化遗产保护崭新的文化保护模式，而不至于沉沦为一场文化保护运动。

三 方法与路径：非物质文化遗产传承中融媒体的优化提升

尽管非物质文化遗产的融媒体传播是其内在属性所决定的，并且也必然地促进了非物质文化遗产在一定时空范围内的流布和传承，以致今天仍然有不少非物质文化遗产在自身传播动力的激励下继续绵延发展，但是，整体来看，非物质文化遗产在当前的融媒传播状况仍不能令人满意。融媒传播环境的恶化甚至丧失，传播资源分布不平衡，认知的欠缺或价值观念的偏颇……种种原因导致非物质文化遗产普遍陷入困境，或是传播不足，或是传播停滞。同时，也存在个别"过度传播"的现象，主要是一些旅游资源的过度开发，"非遗"的滥用，而这种"过度传播"恰恰是因为有关非物质文化遗产的正确知识和理念没有得到充分的传播。因此，对非物质文化遗产融媒传播必须施行干预。

（一）传播主体上更加注重理论与实践的双重提升

作为非物质文化遗产传播主体的传播者和接受者，也就是传者与受众，他们在非物质文化遗产传播生态的整体性建构中起到至关重要的主体性作用。作为传播者来说，首先要加强和提升自身的非物质文化遗产保护相关理论素养。要深入认识到自身在非物质文化遗产传承中所承担的重要作用，在非物质文化遗产传播的过程中合理运用传播技术、恰当选择传播媒介，并不断地提升与敦促自己的非物质文化遗产保护意识，在传播中尽可能地减小文化消费的商业过度化对于非物质文化遗产传承的负面影响。同时，对于后技术时代所带来的媒介的日新月异与强大功能，传播者应适时适地及时地调整心态、找寻应对策略，应该敏锐地认识并洞察现代技术传媒给非物质文化遗产传播带来的前所未有的历史机遇。因此，要积极地开展人类学、民俗学、非物质文化遗产保护学等学科方法研究，主动学习融媒背景下的传播知识，了解并掌握现代传播的规律，并能够熟练地运用各种现代传播技术手段，以使融媒体能为我所用，进一步发挥其在非物质文化遗产传承中的作用。

传播者除了要加强理论素养，同时也必须要注重其实践能力的提升。面对当代社会生活变迁以及非物质文化遗产在传播过程中出现的各种问题与现象，传播者所要担当的并非仅仅只是非物质文化遗产传播人的角色，还应承担起自己作为传播主体的非物质文化遗产研究者的责任。这就需要传播者以一种见证者的定位展开田野工作，抛弃仅靠坐守书斋以截取材料进行研究的方式，要以一定的田野考察和实证材料为其后进行的非物质文化遗产传播做基础，要以辩证的思维面对现实的社会情境与传播状况提出问题。因而传播者在从事非物质文化遗产传播的过程中，应是充满着实验精神的，应是不断地质询和不断地提问的，应是充满前瞻性、反思性与批判性的。

作为受众来说，也同样要注重理论素养和实践技能的双重提升。因为在非物质文化遗产的传播过程中，受众也要发挥自己作为传播主体的作用，只有传受双方的相互兴会，才可能使非物质文化遗产传播达到它应有的效果。在非物质文化遗产传播中，受众并不是一味被动地接受各种信息，其同时还具备着主观能动性，即对于接收到的非物质文化遗产信息产生有不同的反应。并且受众对于非物质文化遗产所传递的信息，在认知过程中又渗透了与自身相关的知识经验、价值取向与人生观念，这些都使受众对于非物质文化遗产的传播信息具有自己的文化选择与评判视角。受众加强对于非物质文化遗产理论知识的获取，有助于对非物质文化遗产信息的全面且具有深度的接收，并有助于加强作为载体的融媒体在非物质文化遗产信息传播中的作用，去伪存真地接收非物质文化遗产信息、形成自己的识别与判断——这一切，都有赖于受众非物质文化遗产理论知识的深扎。

受众在实践技能上的提升，主要在于熟练运用各种现代传播技术手段，凭借融媒体多渠道、多角度、敏锐及时且全面接收到非物质文化遗产传播的相关信息，或者再临时转换成传播者的角色把其接收到的民俗信息通过对融媒体再次迅捷地传达出去，如微博、微信的上传、制作、链接、转发等功能，都可以使受众在接收信息的第一时间同时"接力"传递信息。

总之，非物质文化遗产的传承与发展，在传播主体上，需要传播者和接受者二者的结合，共同发力，只有通过理论与实践的两方面加强，传播者与接受者的文化鉴赏力、审美心胸、技术技巧等才能够得到提升，也才能使非物质文化遗产传播关于意义的追求与构建更具现实性和深远性。

（二）传播目的上关注科技革新与非物质文化遗产精神的契合

艺术与科技如何共存、共生、互相促进，是技术出现伊始就一直在探讨和关注的课题。而科技发展与艺术精神的不相协调，也早有论者尖锐地指出："当人类凭借自己的聪明才智、凭借先进的科学技术，在地球上建起一个'第二自然'的时候，人类的精神反倒遗失在无度的物欲追求与奢靡的物质消费中。"① 在某种程度上，后技术时代艺术的批判向度逐渐丧失，文化艺术成为技术意志可塑造和加工的物质，成为纯技术操作的对象。文化艺术本应使人获得心灵的自由、保持独立性和批判性，却被现实消解、同化和整合到既定的社会秩序中了。因此，我们应像海德格尔那样，"冷静"地对待技术展现，并使艺术获得恢复自身特性的权利。

在后技术时代的数字化生存境遇下，以数字技术为核心的融媒体已经并将继续影响我们的文化生态。后技术时代，"艺术再也不是少数几个艺术家躲在象牙塔里天马行空似的挥洒自己想象力的活动，艺术创造中的高科技含量日益增多。处理好艺术与科技的关系成为当今以至未来相当长的时间里艺术创作中的一大课题。"② 在非物质文化遗产的传播中，技术对于非物质文化遗产传播生态的影响尤为显著，因为这其实涉及了文化传统与科技现代之间，或者宽泛地说是传统与现代的对接问题。非物质文化遗产在经历了历史的兴衰变迁和自身的传承之后，如何与融媒体接轨，实现非物质文化遗产传统的价值空间的扩展，也就是说，如何在科技的革新与非物质文化遗产的精神传承之间找到一个彼此适应交互的契合点，这成为当下非物质文化遗产的传播在目的性方面的一个重要探求点。

笔者认为，推进以新技术与融媒体为表征的科技革新与非物质文化遗产精神最具可行性的、且最有效的契合，在人、技术、社会组织与非物质文化遗产形态等各方面，均要进行积极的自我调适，以发挥更稳定持久的影响与作用。

首先，要了解和适应。了解融媒体的传播特性，继而适应它。比如我们要了解大众传播是以模拟信号传输为特点的技术性生产，而数

---

① 鲁枢元：《隐匿的城堡》，珠海出版社 1995 年版，第 125 页。

② 林君桓：《艺术与科学之间永恒的金带——浅论艺术的数字化趋势》，《福建师范大学学报》2002 年第 3 期。

字技术则催生了一对一、一对多甚至是多对多的网络化交流与传播。像书籍、报纸、杂志、广播、电影、录音与电视等传统意义上的媒介形态在现代科技的带动与支持下，已经发展出新的传播形式与途径，电子书报、网络广播与电视、网络论坛、微博、微信等新媒介层出不穷，且越来越与现代生活息息相关。

其次，要正本清源，端正融媒时代"非遗"的传播目的，规范其传播道德，明确其利益指向广大民众。大众传媒看似十分公平，任何人都可以同样的方式获得同样的信息。可是，它传递出来的信息，始终附带着一个隐形的箭头。无论这信息是关于哪个阶层的，也无论它计划以哪部分人群为受众，它必然有一个效忠的对象，而这个对象往往就是大众传媒所立足、所代表的利益阶层。那个隐形的箭头，就是大众传播的利益指向。非物质文化遗产传播的最终目的，是要惠及最广大的民众。只有这个利益指向确定了，才能保证传媒的传播行为符合非物质文化遗产保护的要求。我们要在全社会树立正确的文化价值观，形成尊重非物质文化遗产、保护非物质文化遗产的良好氛围。这是联合国教科文组织和我国政府对非物质文化遗产传播应该达到的效果的基本规定。联合国《保护非物质文化遗产公约》规定缔约国在保护非物质文化遗产的过程中必须实施"向公众，尤其是向青年进行宣传和传播信息的教育计划"和"不断向公众宣传对这种遗产造成的威胁以及根据本公约所开展的活动"。我国《国务院办公厅关于加强我国非物质文化遗产保护工作的意见》的规定中也提出了对传媒的预期"鼓励和支持新闻出版、广播电视、互联网等媒体对非物质文化遗产及其保护工作进行宣传展示，普及保护知识，培养保护意识，努力在全社会形成共识，营造保护非物质文化遗产的良好氛围"。[1] 按照保护文化多样性的要求，所有的遗产，连同它们的生态环境，在大众传播

---

① 柯军：《昆曲借助现代媒介传播的策略——江苏省昆剧院院长柯军访谈录》，《艺术学界》2011 年第 2 期。

中都应该有一席之地，都应该有平等的地位，受到公正、无歧视、无偏倚的对待。大众对自己的传统文化有比较清晰的认识，对其他地域或民族的非物质文化遗产也能秉持平等的态度去看待和欣赏。

最后，要优化配置。我国的非物质文化遗产和传播资源的分布极不平衡，许多蕴含丰富遗产的地区同时也是媒介严重贫乏的地区，如果不改善当地的传播条件，那么所谓非物质文化遗产的传播只能是遗产资源从本土到外界的单向传输，只能是贫穷地区的文化遗产被发达地区的娱乐消费。随着考察团和采风队的来了又走，许多偏远贫困地区的非遗传承并未得到实质性的保护和促进。然而，与此同时，在经济发达、媒体密集的城市，信息堆积、信息过剩、信息冗余却无谓地耗费了大量的媒体资源。传播的发展日新月异，地区与地区之间、阶层与阶层之间的传播效果鸿沟却在变得更宽更深。"如果接触媒介是缩小或者消除知识沟的一个关键因素，那么关于填补知识沟的问题仍有成堆的事情有待关注。有些媒介要比另一些媒介更容易接触到，而社会作为一个整体，有必要采取措施确保全体社会成员都能均衡地获得信息，否则，我们将看到知识沟日益扩大的社会景象。"① 我们能够采取的最好措施，应该就是对媒体资源的分布与使用状况进行合理的调整，使各地区、各民族、各文化群体能够获得符合实际需要的、大体相当的传媒资源，使非物质文化遗产信息能够在一个四通八达的双行线网络中均衡流通，从而使任何人只要具备基本的信息渠道，都能从主流媒体上了解到真实的、客观的、及时的非物质文化遗产信息，各种媒体所传播的非物质文化遗产信息具有协调性，非物质文化遗产保护的基础知识在全社会获得普及，各阶层、各地域、各民族人民累计接收的非物质文化遗产传播信息大体一致。同时，需要民众的遗产保护素养提高，更愿意亲近非物质文化遗产，更愿意为保护非物质文化遗产付出，并且知道可以采取怎样的行动来保护，具有持续的、积

---

① 胡正荣：《传播学总论》，清华大学出版社2008年版，第285页。

极的态度和行为倾向。

（三）传播方式上：保持非物质文化遗产传播的"耐度"和"适应度"

后技术时代非物质文化遗产传播的研究作为一种研究视角与方法以及意义的研究，应注重探索其活动事象与传播媒介、艺术信息等传播过程中的各种关系，并从中"找到保持生态平衡、传播适度的内在或外在的控制因素，测量出传播者或媒介对诸种因素的耐度和适应度"①。非物质文化遗产在其传播过程中，作为其重要载体与意义传播的各类媒介，经历了因社会历史文化等因素转变而造成的历时性变迁与共时性竞争，这种历时与共时的延展与交错型的竞争与衍变，使传播的自身状态也经历着有关媒介发展的优胜劣汰，虽则传播的发展与渐进历程艰辛，然而当我们回顾传播媒介的发展历程时就会发现，实际的情况是当一种新传媒出现时，它只会令传媒的生态环境发生改变，原有传媒的位置会发生相应的调整，原有传媒的生存策略也需要做相应的调整，而很少会被完全淘汰。可知，关于媒介生态的优胜劣汰并非是彼消此长，而是彼此调整、共荣共存。媒介自身具有的这种历、共时中的传播"耐度"，使得非物质文化遗产在以其为重要载体的传播过程中，其传播生态的变化也具备和应该保持着某种自身与外界衔接时的"耐度"，也即"耐度"和"适应度"。非物质文化遗产变迁的内在因素为文化自身的发展规律使然，外在控制因素则指影响非物质文化遗产形式、活动事象和观念变化等的外部环境，非物质文化遗产的传承与发展，必然要与外部环境的诸种因素保持一种适度的互动。

非物质文化遗产的传播，如果对数字信息技术过度借用与依赖，将会破坏传播过程中的内外部关系，可能会引发非物质文化遗产的生存危机、精神失范和意义架空，以致引发受众的认同危机与浮躁心态，

---

① 邵培仁：《传播生态规律与媒介生存策略》，《新闻界》2001 年第 5 期。

因此，非物质文化遗产传播过程中传播主体的自我调节与掌控就显得尤为重要，尤其在应对外界千变万化的媒体语境和市场竞争时。正如阿什德所说："当代社会生活越来越受组织化的和技术化的标准的指引和评价，这促成了新传播范式的发展，而它在对现存的社会行为加以改变的同时也帮助塑造新的社会行为。"① 非物质文化遗产的传播也是如此，在技术化标准指引和评价下的非物质文化遗产传播，其传播范式有了很大的改变，其中一个重要的变化就是传播者的结构系统与传播行为的发生环境产生了变化，实际表现的是遗产信息、数字技术与视听媒介共同参与了非物质文化遗产作品形式的重塑并同时改变着艺术的传统传播方式，比如说通过数字技术的改变，对经典艺术作品进行"另类"的加工与阐释。

在此方面，一个成功的例子是，2009 年 8 月 14 日，TCL "世界经典艺术多媒体互动展"在北京拉开帷幕。此次展出以"穿越时空的对话"为主题，被誉为是国内首次将 3D 技术、全息技术和声音识别技术完美融合来展示西方经典艺术珍品魅力的高科技视觉盛宴，国内的科技专家通过声音识别转换技术让这些西方经典艺术作品全部改说汉语，赋予了它们符合中国文化语境与行为交流符号的新传播范式。"走进展览馆，《蒙娜丽莎》与您用汉语进行互动对话，《最后的晚餐》正在紧张地进行，米开朗基罗在向您介绍他的技艺特点，古埃及纸莎草纸画上的人物在解释'生死的秘密'，而爱神维纳斯则深情地张开双臂——原本静态的画作肖像全都栩栩如生起来，并且就站在你身边与你'面对面'地进行穿越时空的交流对话。通过运用新科技，古代的艺术家和作品中的人物都成了'有声有行'的人，与你面对面进行跨越时空的对话。"② 本次艺术展出了 60 余幅作品，均取材于千年社

---

① ［美］戴维·阿什德：《传播生态学——控制的文化范式》，邵志择译，华夏出版社 2003 年版，第 6 页。

② 林妍：《高科技与艺术完美融合——TCL 世界经典艺术多媒体互动展 14 日在京开幕》，《中国经济导报》2009 年 8 月 18 日。

会文化发展的经典传承精品，TCL一方面宣传了自己的高科技产品，另一方面也借助经典艺术增添了其产品的高雅品位，一举双赢，也让受众与经典艺术的交流沟通实现了无缝对接。

另外，适应当地环境和受众而进行非物质文化遗产的"区域化"传播，这也不失为提高民俗"软实力"的一个有效的传播策略。例如作为与非物质文化遗产有着不可分割之联系的戏剧传统艺术，在谈到它的现代生存与传播方式时，中国戏剧家协会《剧本》杂志主编、著名戏剧评论家黎继德在2012年4月接受《南方都市报》专访时称："中国戏剧未来发展的方向，其中之一就是社区戏剧发展。当城市化程度和社区发展足够成熟时，会有自己的剧场，为居民提供服务。从而形成一个趋势、潮流。"他认为，戏剧的真正繁荣，是要"还戏于民"，让老百姓自觉自发地来从事这个事情，把戏剧作为生活的重要内容，甚至是生活的重要方式。[①] 2013年来自江苏《东方卫报》的一篇关于戏剧展演方式的报道，恰似印证了"把戏剧作为生活重要方式"的观点。该报道称，在南京秦淮河边的青果的店堂里，"原本不起眼的角落里，灯光打起，道具只是一把椅子，男演员旁若无人地在那里大声诵读着台词。原先的桌椅撤走，有限的空间变成了无限的剧场，一张长椅，两个演员便是一出戏，面前放一块《窝头会馆》的木牌，又是一出戏。""没有限制，只要你想演，任何一个角落都能成为舞台，任何一件物什都能化为道具。……因为演员如此近距离的戏剧腔十足的表演，让一切变得如此荒诞又精彩，每个人都被拉了进去。"[②] 这种表现戏剧的方式颇有些后现代的感觉，又有着现代实验话语的风味。把戏剧融入日常生活中，看似不经意的举手投足又有着那么点强烈的先锋另类的味道，以人生入戏，或戏如人生，将传统元素与现代元素综合在不一样的舞台创造中，其结果不仅可以被现代观众

---

① 颜熹：《戏剧是活的艺术，必须在社区、在剧场、在人身上》，《南方都市报》2012年3月21日。

② 黄佳诗：《戏剧节与戏剧最近的碰触》，《东方卫报》2013年9月14日。

所接受，而且能给戏剧本身增添出新的光彩。戏剧在当下的这种融进生活、与受众的无距离触碰，貌似在作疏离技术媒介的一种发自本身态的传播方式的尝试，这是否对于非物质文化遗产的当下传播及其本真意义的探寻有着一定的启发性呢？当然，这种传播策略还是要兼顾非物质文化遗产自身独特性的考量，并且需要具备诸多当下关于适应环境与吸引受众的创新因素，并且非物质文化遗产在其传播时，还需要这些创新因子在应对现代技术媒介造成的新传播范式对民俗传统的冲击与改变过程中，能起到很好地调适非物质文化遗产传播方式的"耐受适应"的作用。创新因子在非物质文化遗产传播的当下意义的探寻与建构中，是一个不可或缺的提升传播效度的重要的因子。

综上所述，非物质文化遗产的传播，在应对融媒时代带来的媒介技术各种新变的过程中，要有足够的"耐度"去接受由高科技带给我们的通过艺术想象力与技术创新力联合表述、塑造、调节的全新传播范式及其载体形式；同时，还要有足够的"适应度"去适应这种新变所带给非物质文化遗产的改变、冲击，以及来自经济的、政治的、文化的、审美的等各种意识形态的考验。须知即使是在经典被边缘、艺术被虚拟的后技术时代，以非物质文化遗产为代表的优秀传统文化的继承、保护与传播仍要继续进行，并且更应迫切地推广，这是非物质文化遗产传播适应不断变化的内外部环境、以维护自身艺术品格和精神意义的最好方式。

（四）传播内容上挖掘非物质文化遗产传播的"意义空间"

随着当下经济、社会、科技、文化等各方面的发展变迁，非物质文化遗产形态的变迁也在无时不刻地发生着。在传播内容上，我们通常把进化、冲突、融合、趋同和整合等都归在文化变迁这一动态过程中加以分析，非物质文化遗产传播内容的"意义空间"，其"意义"指的是包含认知、情感、道德在内的一般性思考，它是具有知觉、观念、理解、判断的一种包融性的概念。

融媒时代的非物质文化遗产传播，是一个复杂的结构系统，是将其中多元化的传播者、多功能的传播环境与受众之间所形成的关系统筹考虑的综合过程。于新的历史语境之中传播的非物质文化遗产形态，它蕴含着从美学到社会学、从生命意义到现实担当、从个体经验到集体想象等多重意义空间。这种受后技术理念影响、干预、推动甚至规制的意义空间，表现出技术演化的历史性。由于技术演化在传播内容与意义中所呈现出的强大的力量，甚至有人断言道：技术的演化会"使人的价值评价所依据的价值规范发生着随技术规定的物质活动的历史性演化，使意义空间发生着终必归因于技术的历史性演化。"①

诚然，科技的发展使当下的非物质文化遗产传播步入了一个更复杂、更现代的阶段，非物质文化遗产内容空间的网络化、传播载体的数字化和事象表达的多元化使非物质文化遗产在传播速度、外在形态等方面都呈现出令人惊叹的变化。我们所希望看到的，是不由技术演化完全操控的、能够体现自身特色因子的、展现精神性的维度的，与技术媒介相互契合并合力助推非物质文化遗产表现形态，同时使之进一步得到深化与发展的非物质文化遗产传播。这种对于内容"意义空间"的拓展与挖掘，在非物质文化遗产当下传播意义的建构中起着重要的作用。我们主要从以下几个方面来谈谈关于非物质文化遗产传播"意义空间"的挖掘与拓展。

首先，非物质文化遗产传播要对致力于建设、丰富和发展本土文化民族。其中，推动传统节日民俗的复兴和发展是非物质文化遗产传播的一个主要的意义内容。例如对于端午传统节日的传播，其传播内容的"意义空间"就可根据不同的社会场所进行不同的调整。在乡土社会，对于端午节的传播，就尽可能地恢复它在当地的本来面貌，保持它的"在场性"的原汁原味；而在城市社会，就有必要做一点与"现代"相接轨的新的尝试与改变来表现端午习俗的传统。在这一点上，有的学者给出的建议是用赛龙舟这一民俗活动带动端午习俗。赛

---

① 尚东涛：《技术：人的发展的空间》，《社会科学辑刊》2005 年第 3 期。

龙舟作为一项集体活动，有广泛的群众基础和民俗心理的依托，它既是一种对抗性的体育运动，也是一种传统非物质文化遗产的展示，"龙的装饰、选手的装扮、鼓手的指挥、啦啦队的表演，都可以是很'现代'的艺术展示。这项运动如果能够在端午节日文化的烘托下发展起来，反过来带动端午习俗的全面复兴，我们自然就保护了一项无可争议的人类非物质文化遗产的杰作。"① 当非物质文化遗产真正融入社会和民众的生活之中，那么其传播内容的意义空间就会得到更广阔的延伸。

其次，非物质文化遗产在传播内容上要尽可能地调动民众的参与，使民众在对相关非物质文化遗产形态加深了解的基础上，增强对其传承、保护的积极心态，并促发实际的行动力。例如，通过对各类文化庙会和民俗活动的推广和因时制宜的实地传播，使民众在享受这类民俗盛宴的同时也能够积极地参与进去，获得一种享有民族文化的切身的自豪感。随着广播、电视、书籍、报刊等传统大众传媒引导之外，现在尤以互联网为主的强大新媒体对于民俗知识等方面的推广普及，也有助于提升非物质文化遗产传播内容中的体验性，引起大众的体验兴趣。

再次，非物质文化遗产传播的关注视角，除了上述提到的传播者、受众与媒介大多会关注的传统节日与民俗活动等内容，还要触及到那些易"被历史遗忘的角落"。比如对于那些目前受到媒介自身技术的限制而无法真实还原的许多非文字与影像的非物质文化遗产形态。技术媒介往往只能对非物质文化遗产做表面的影像和文字记录，而在我国民间，许多传承人对于非物质文化遗产技艺的传授、步骤、流程等内容大都有其独特心得，融媒体从纪录和保留的角度来进行的推介和传播往往具有很大的局限性，这种传播多停留在表面，乃至片面推介

---

① 高丙中：《对节日民俗复兴的文化自觉和社会再生产》，知识产权出版社 2011 年版，第59 页。

和展现。例如在我国民间，许多非物质文化技艺的传承通常采用师傅带徒弟的方式进行，如铁匠、泥瓦匠、药铺先生、画匠、戏曲艺人等职业的师傅招收徒弟，就是让徒弟们从师傅的言传身教中学习技艺，在这个过程中，由于前辈师傅普遍文化素质偏低，语言表达能力不强，因此与其说是"言传"，不如说是"身教"，俗话说："五年做出一个俏师傅"。非物质文化遗产传播借助融媒体的速度性和即时性，恰恰是与其相背离的。这就需要非物质文化遗产在当下的传播中，要关注到这些藏于社会底层的乃至最边缘的民俗"传承人"和传承技艺。可喜的是，近年来在非物质文化遗产保护与传播中，人们对于民俗传承人有了一定程度的关注，但如何对这些传承技艺进行更"原生态"的传播和推广，这对传播者、研究者和媒介技术的运用来说，都是一个还需继续挖掘的命题。

最后，非物质文化遗产传播"意义空间"的挖掘，还必须有赖于相关研究者展开关于非物质文化遗产普查和调研的实际工作，立足田野，加强相关非物质文化遗产学术研究，并以实时的研究成果与动态来影响传播者的认知、引导媒介的技术性记录行为，使非物质文化遗产的传播具有一定的内容深度、体现出一定的历史厚重感，并能够经得起广大受众的琢磨与推敲。非物质文化遗产的传播就是要体现出这种对非物质文化遗产整体价值内容的获得。例如，现代科技艺术手段的运用将剪纸等非物质文化遗产形态从其特定的群体文化背景和生态结构中析离了出来，而对于剪纸艺术的传播大多会驻足在对其工艺的精巧、形态的精美、形式的各异等外观的展示上，这样的传播往往流于形式，类其形而乏其神，疏于对非物质文化遗产传承人的心灵源始、文化积习、群体品格等精神的观照。这实际上就意味着非物质文化遗产的传播虽然在进行着，然而传播内容的实际意义空间却在萎缩和消解，这类传播缺乏对非物质文化遗产整体价值的挖掘和呈现。因此，对于此类非物质文化遗产传播内容意义空间的挖掘，应立足于系统建构的整体性角度，如将剪纸等非物质文化遗产的研究落脚于"自然—

人—社会"的整体系统当中，通过对此类非物质文化遗产整体背景的综合认识和研究，来引导传播者与传播媒介的对此内容传播的认知，以期突破之前对于内容意义的传播的局限。

同时，积极运用融媒体对各类技术媒体的联合助用，来普及非物质文化遗产文化知识，以加大教育与宣传力度的多媒体视听内容的传播来进一步拓展非物质文化遗产传播的"意义空间"。例如，可借助书刊、广播、影视、广告、课堂，介绍我国传统节日的悠久历史、丰厚内涵、文化地位和现代价值。尤其应注意相关公益性广告的制作、动漫手段的利用，以及市民讲坛、公益讲座的开设，让民众对自己的传统节日既知其然，又知其所以然，并由知之、爱之到传之、护之①。

另外，本书前面已经有所论述，要充分发挥非物质文化遗产作为"软实力"的产业化应用性方面的内容传播，非物质文化遗产的产业化发展并不意味着是对作为非物质文化遗产独特属性而存在的"传承性"的破坏，产业化的应用发展与传播可以与非物质文化遗产的经典传承并行不悖，既可顺应文化产业发展的时势需要，又是对非物质文化遗产体现其"软实力"传播的一个适时的推动。

（五）传播平台上拓展非物质文化遗产传播的"时空范围"

目前，我国非物质文化遗产保护有三种方式：一是少数人专事学习传承；二是立法保护，如法定民族节日等；三是划定"保留地"或称整体保护。但就开展情况来看，整个非物质文化遗产传承还停留在一个发掘和宣传阶段，比较多的还只是在政府及学术研究的范围内，并没有广泛深入到老百姓的生活当中。然而，非物质文化遗产的传播，最终的目的是保护和传承中华民族传统文化精神，并在人们的衣食住行中体现出来。对于非物质文化遗产，不是仅靠一年一度的"文化遗产日"、媒介的相关报道，一次非物质文化遗产展览等间歇性活动就能保存下来的。如何将广大群众纳入到保护大军中来，是一个重要环

---

① 陶思炎：《略谈中国传统节日的困境与机遇》，《民间文化论坛》2009 年第 3 期。

节。而将非物质文化遗产的传播诉诸老百姓生活中不可或缺的融媒体，正是解决这个问题的重要切入点之一。

第一，非物质文化遗产信息一级传播者——非物质文化遗产信息资源库及特色非物质文化遗产网站。

首先是非物质文化遗产资源库。

（1）基础信息数据库。基础信息库应容纳尽量多非物质文化遗产介绍、承传人、保护方法与传承方式等信息，让数据库作为向百姓宣传非物质文化遗产的基地、中心和代言人。在这里，应该可以寻找到鄂伦春人"一匹烈马一杆枪，獐狍野鹿打不尽"的生活及其信仰和习俗，可以看得到鄂温克人猎熊的生活和隆重仪式，蒙古族的歌舞和长调，以及赫哲人的生活和渔歌《拉网小调》，等等。近年来，依托国家社科基金课题——中国运河文化研究，山东聊城大学建立了中国运河非物质文化遗产数据库，将运河沿岸的文化古迹、遗物逸事、风俗人情等统统搬上了网络，这一基础信息库的建设，对于京杭大运河非物质文化遗产的保护传承具有奠基性的意义。

（2）理论科研数据库。非物质文化遗产理论学科的建设落后于非物质文化遗产技术体系的形成，以至于国人对非物质文化遗产的认识存有神秘感、片面性和局限性，给中华非物质文化遗产的发扬光大带来困难。近些年来，众多的非物质文化遗产界人士已经认识到了非物质文化遗产理论的研究对弘扬中华非物质文化遗产的重要作用，他们从本学科的建设，从社会学、人类学，从非物质文化遗产专业的一般理论诸多角度作了尝试，发表了许多颇具学术造诣的专著、论文，填补和拓宽了非物质文化遗产理论研究的领域。然而我们现在的理论研究并没有大范围的交流，只限于一些非物质文化遗产杂志，许多研究成果不能及时地得到宣传推广。理论科研数据库就是为了解决这些问题，我们将已有的和最新的非物质文化遗产理论科研成果收录进来，为理论科研者提供一个科研数据库，不仅扩大了科研成果的交流范围，也可以吸引更多的老百姓从理论层面了解非物质文化遗产的有关知识。

（3）商业信息数据库。在传统的经济运行过程中，文化的作用越来越显著，文化附加值、文化效益（由文化而产生的经济效益）越来越高，非物质文化遗产作为一项集文化传承、修身养性、欣赏娱乐等多元价值功能为一体的传统文化项目，具有更多的产业潜力。非物质文化遗产产业不仅包括非物质文化遗产经营活动，还包括与非物质文化遗产直接有关的一切经营和生产活动。非物质文化遗产产品包括精神的和物质的（非物质文化遗产场地、模具、物品等）两大类，现实中二者是有机统一的整体，附着于外观、样式、色彩等物质形式的非物质文化遗产具有无限的文化多样性。所有的这些信息都是非物质文化遗产的商业信息，对于充分挖掘非物质文化遗产文化的商业价值有着重要意义。我们建立非物质文化遗产商业信息资源库就是将这些非物质文化遗产商业信息收录进来，这相当于为非物质文化遗产建立了一个大型广告平台，不仅可以增强普通百姓对非物质文化遗产的文化认同，也可以通过这一举动为非物质文化遗产传承赢得一定的经济效益。

其次是非物质文化遗产特色网站。非物质文化遗产信息网络传播模式中，非物质文化遗产网站是一个必要的组成部分。非物质文化遗产信息资源库和非物质文化遗产网站之间的关系好比是公有经济和私营经济，非物质文化遗产信息资源库是中心数据库，而非物质文化遗产网站则是其必要和有益的补充。在前面的非物质文化遗产网络传播的现状中我们提到，现在的非物质文化遗产网站存在的问题还很多，要想真正融入到网络传播中来就必须进一步完善。因此，在这里我们把非物质文化遗产网站定义为"特色非物质文化遗产网站"，其目的是对非物质文化遗产网站提出了更高的要求。如何表现传播者与受众，受众与受众之间的信息传递、信息交流、信息反馈、信息融合、意见碰撞？也就是说，通过什么方式把论坛、BBS、E-mail、微博的信息互动简洁而又有效地表现出来。将实际中虚拟的信息交流平台放在传播者和受众之间，通过其中介作用表现网络非物质文化遗产信息传受多方的信息互动成为本模式最为独特和新颖的地方。

最后是非物质文化遗产信息中心管理平台。以非物质文化遗产信息中心管理平台为管理、控制中枢,对非物质文化遗产信息的生成、传播、使用、反馈及非物质文化遗产信息网络传播整个过程中的技术设备、工作人员、资金等诸要素进行宏观调控。非物质文化遗产信息管理平台包括个人电脑、终端机和信息交换设备,它实际上是非物质文化遗产信息网络传播的枢纽。无论是传播者还是受众,都可以利用同一渠道进行"传""受"活动。一级传播者将经过筛选过滤的资源库资源和网站上的非物质文化遗产信息汇集到这个平台上,全国各地的非物质文化遗产传承者可以通过这个平台按需选择自己所需的非物质文化遗产信息。传播、反馈都通过这个信息交换平台完成,实现理论意义上的"面对面"交流。针对网络传播流程中的问题,非物质文化遗产信息管理平台的主要职能有以下几个方面。

(1)信息筛选。在有关传播的理论中,传播学奠基人之一的卢因所提出的"守门人"或"把关人"理论十分有名。他在1947年发表的一篇文章中指出:"信息总是沿着包含着'门区'的某些渠道流动,在那里,或是根据公正无私的规定,或是根据'守门人'的个人意见,对信息或商品是否被允许进入渠道或继续在渠道里流动作出决定。"他认为"信息的传播网络中布满了把关人"①。事实上,每一种精神产品,从最初的信息源到最终的成品,都必定经过许多人的关口。目前过滤因特网(internet)中违法与有害信息的最全面、最有效的技术手段是采用生产信息控制系统,PICS(Platform for Internet Content Selection)。它的主要工作是对每一个网页上的内容进行分类,并根据内容特性加上标签同时对网页的标签进行监视以限制对特定内容网页的检索。PICS具有过滤信息范围广、过滤信息的智能程度高、可根据用户需要选择过滤有害信息、适合多用户多语种环境、统一标签格式、

---

① 库尔特·卢因:《群体生活的渠道》,陈亮译,中国传媒大学出版社2002年版,第73页。

对网页的内容描述详细等特征。它提供了一项更加有效的网络信息资源管理手段。

（2）用户管理。非物质文化遗产资源库和非物质文化遗产网站的非物质文化遗产信息都是信息资源，可以产生一定经济效应。用户在进入资源库或网站时要输入用户口令，这不仅可以帮助记录用户访问的信息，还可以在一定程度上清除一些非法用户。

（3）信息调控。从系统论的观点来看，信息资源中的信息、信息生产者、信息技术等要素中，任何一个要素都不可能单独发挥作用，只有把它们按照一定的原则加以配置组成一个信息系统，才能显示出其价值，而这种价值的大小又在很大程度上受上述诸要素的配置方式和配置效率的影响。非物质文化遗产信息的网络传播要达到最优化效果就必须对网络传播过程中的信息资源、人力和物力资源进行合理配置，因此我们在管理平台设置了信息调控这个任务。

（4）安全维护。非物质文化遗产信息的网络传播常常伴随着一些新的问题，如日益严重的信息安全问题、数据处理过程的完善管理、信息病毒的威胁、信息过剩问题、信息获取和分配中的不平等问题等。非物质文化遗产要利用网络进行传播，就必须积极面对这些问题，只有将这些问题解决了才能保证非物质文化遗产信息网络传播的顺利进行。为了给非物质文化遗产信息传播提供一个安全健康的运行环境，我们的管理平台还必须肩负起安全维护的重任。

（5）信息反馈。信息反馈的主要任务是非物质文化遗产信息网络传播的传播效果的评价。非物质文化遗产信息接收者在 Internet 浏览器上输入 Internet 地址，打开非物质文化遗产信息资源库或某个非物质文化遗产网站的主页（Homepage），该网站的服务器就记录了这次访问，记录内容包括该非物质文化遗产信息接收者的访问时间、IP 地址和浏览器类型等详细情况。非物质文化遗产信息接收者对主页上的某部分非物质文化遗产内容感兴趣，就会点击它的链接，点击就是给这个非物质文化遗产信息接收者的浏览器发出打开这个链接的指令，浏览器接到指令就到该网站服务器调用这部分数据，非物质文化遗产信息管理平台通过 Microsoft Site Server Analysis 软件分析浏览信息及意见反馈对各非物质文化遗产网站、非物质文化遗产资源库等提出指导性的改善意见。

第二，非物质文化遗产信息二级传播者——地区管理平台构建。

非物质文化遗产信息网络传播模式的最主要目的是为了促进非物质文化遗产的大众化传播。由于地域、民族等诸多方面的差异，不同地域的群众在认识和理解非物质文化遗产信息的过程中会遇到很多问题，而这也正是非物质文化遗产文化传播中所遇到的最主要的难题。虽然我们已经在建立了相当数量的非物质文化遗产研究和传播机构，但是由于资金、人力的限制，在当地传播的非物质文化遗产文化只能满足少数人的需求。为了弥补这一缺陷，扩大传播范围，使传播更有针对性，应该在非物质文化遗产信息的网络传播模式中创建"非物质文化遗产信息二级传播者"，即"地区管理平台"。

在非物质文化遗产中心管理平台下设立地区管理平台，有针对性地根据不同地区的特点和需求对非物质文化遗产信息做出相应的筛选和调整，包括对文化的解释、语言的翻译、风俗的导读等。如果一级传播者对非物质文化遗产信息的搜集、整理、建立成为一次开发，那么，二级传播平台所做的就是二次开发了。

二级传播平台在安全维护、信息筛选、信息反馈、信息调控、用户管理方面的职能和非物质文化遗产信息管理平台是一样的，只是内容和范围更具体一些，即对网上非物质文化遗产信息进行再加工，如重组、浓缩、定量定性处理，提高网上非物质文化遗产信息利用的量与质。

非物质文化遗产信息网络传播模式中的二级传播者主要是由多个地区管理平台组成的。为了更加形象地展示地区管理平台的职责和工作原理，可将其划分为 A 区、B 区、C 区、D 区、E 区管理平台，这也充分显示了地区管理平台的针对性。各区管理平台之间是互相联系的，可以交叉进行。

第三，非物质文化遗产信息接收者。非物质文化遗产信息的网络传播涉及全国每一个角落，其信息接收者来自四面八方，而且他们之间是没有地区和民族界限的，但是为了与地区管理平台对应，我们可将非物质文化遗产信息接收者从理论上划分为 A 区、B 区、C 区……但是，这些非物质文化遗产信息接收者并不是独立的，他们是互相联系的。还有一点还需要说明，根据传播理论，在信息传播过程中，除了信息直接接收者外，还有间接接收者，也就是说，一个用户从网络上得到信息后，可以通过一定的传播途径将信息转达给其他用户，也就是间接接收者。我们所建立的非物质文化遗产信息网络传播模式主要是对这一模式进行构建和分析，所以对其所产生的间接传播就不做详细的论述了。

第四，互动反馈系统。网络信息的传播不是单向的，而是互动的，一方接收到后做出反应，传给传播者，是循环往复的，每一个传播的主体既是接收者，又是发送者。传播者可以根据反馈的信息对于信息传播做出相应的调整。这也正是网络媒体较传统媒体的一大优势，而我们利用网络传播非物质文化遗产信息，其中一个很重要的原因也是因为它的及时性。反馈信息经过分支管理平台整理后，汇总至非物质文化遗产中心管理平台。然后，中心管理平台对资源库及非物质文化遗产网站做出相应的调整。网络传播中的反馈有同步的如在线聊天、网络会议等；也有异步的，如电子邮件、BBS 公告板等。互动反馈系统中，各级传播者之间、传播者和接收者之间、接收者和接收者之间以及各个平台之间都可以通过 Internet 进行交流、反馈，但最终这些反馈信息都将被送入中心管理平台进行汇总，并给出解答和对策，并将新信息收入到非物质文化遗产信息资源库。

值得一提的是，在非物质文化遗产网络传播模式的构建中，必须自始至终注意多媒体和数字化手段在融媒体传播中的运用。每一种非物质文化遗产都是独特文化的体现，我们应将非物质文化遗产作为整体的人类文化行为来研究，其中包括物质行为、个人背景、个性特征、全部技能、创造力、审美、制作事件、反馈和强化等。由此，非物质文化遗产网络传播也就必须利用多媒体和数字化手段，注重这种整体的传承。在 2015 年全国文化遗产日，云南在全国率先开发出一套具有动漫特色的数字化系统，并把它应用于云南的非物质文化遗产保护，人们在演示屏幕上看到，云南纳西族东巴文化中的"祭署"仪式过程、"署"神的由来通过三维动画得到精彩的感性还原：祭场、神坛、鬼寨……一部以数字化解读少数民族文化的作品以极其鲜活的方式绘制出纳西族的"文化基因图谱"，形象生动地再现和解读了东巴文化中已濒临消失的文化场景。据悉，这部反映东巴非物质文化遗产的三维动画，也是世界首部运用三维技术虚拟再现非物质文化遗产的珍贵资料。

拉斯韦尔早在 1948 年发表的《传播在社会中的结构与功能》一文中，就明确提出传播有"文化享受，丰富精神世界，社会遗产传承"的三功能之说，并且认为"传播是保证社会遗产代代相传的重要机制"[1]。非物质文化遗产正是通过现代媒介传播在时间、空间得以留存和扩展，媒体在其中的引导和推进重任不言而喻。可以预测，非物质文化遗产的融媒时代传播，将在新一轮的岁月流动中向我们展示它们惊人的成就和迷人的色彩。但是，非物质文化遗产的融媒传播，由于其自身特性和时代大背景的影响，仍处于喜忧皆半的境地。正如一位作家所指出的，"文化在中国一些领域的商业化过程，表现出过激和无序的姿态。商业化将文化的情感升华，道义和道德的教化功能大大压抑，而将官能娱乐的功能大大强化，娱乐感官、娱乐好奇心、娱乐窥视欲等，使低俗文化渐成主流。"[2] 为此，融媒时代非物质文化遗产传播的盛行景象的促成，将是我们有待继续深入思考的课题。

---

① ［美］哈罗德·拉斯韦尔：《社会传播的结构与功能》，何道宽译，中国传媒大学出版社 2013 年版，第 98 页。

② 欧阳宏生等：《电视文化学》，四川大学出版社 2006 年版，第 201 页。

附　录

相关文献

[1] 黄丽娜：《新媒体环境下非物质文化遗产的传播与传承——以"侗族大歌"为例》，《凯里学院学报》2015 年第 1 期。

[2] 孟志军：《影像复制时代下的非物质文化遗产》，《新闻知识》2015 年第 2 期。

[3] 王隽：《非物质文化遗产与媒体传播：二维耦合和发展路径》，《现代传播》2014 年第 6 期。

[4] 王琳：《数字化在传统手工艺类非物质文化遗产保护与传播中的应用》，《艺术与设计》2013 年第 9 期。

[5] 王犹建：《网络时代数字化语境下的非物质文化遗产传播》，《新闻爱好者》2012 年第 19 期。

[6] 张雪源：《非物质文化遗产保护过程中的问题与对策》，《艺术科技》2016 年第 9 期。

[7] 李琳：《"非物质文化遗产保护"新闻报道框架探析——以〈人民日报〉为例》，《新闻研究导刊》2016 年第 19 期。

[8] 罗微：《2015 年度中国非物质文化遗产保护发展研究报告》，《艺术评论》2016 年第 10 期。

第十二章

非物质文化遗产的生产性保护

"生产性保护"概念的提出、确立乃至在非物质文化遗产保护实践中的运用是有一个过程的。2005年3月，国务院办公厅颁发的《关于加强我国非物质文化遗产保护工作的意见》确立了"保护为主，抢救第一，合理利用，传承发展"的非物质文化遗产保护工作方针，其中"合理利用，传承发展"暗含着可以通过合理的开发利用和生产实践，促进非物质文化遗产的有效传承和更好发展的理念。

"生产性保护"的概念最早出现于王文章的《非物质文化遗产概论》（2006年），把非物质文化遗产"转化为经济效益和经济资源，以生产性方式保护"，并指出："对那些非物质文化遗产中的工艺性、技艺性项目，进行产生经济效益的生产性保护，如剪纸、年画、风筝、鼻烟壶等项目的开发，就可成为提供就业机会和产生经济效益的生产行业，就会给项目保护带来可持续性的长远发展。"此书虽然没有提出明确的"生产性保护"的定义，但却概括出了非物质文化遗产"生产性保护"的基本理念。

2009年，在"中国非物质文化遗产传统技艺大展"系列活动之"非物质文化遗产生产性方式保护论坛"开幕式上，文化部副部长周和平对"生产性保护"进行了详细的阐释，即通过生产、流通、销售等方式，将非物质文化遗产及其资源转化为生产力和产品，产生经济效益，并促进相关产业发展，实现保护工作与经济社会发展的良性互动。当时，与会的很多专家学者都对"生产性保护"进行了全面、深入的探讨。这次会议促进了"生产性保护"从一般的学术概念上升为非物质文化遗产保护工作的重要理念，也成为我们开展非物质文化遗产保护工作的一个新途径。

2011 年在第三届中国成都世界非物质文化遗产节期间召开的国际论坛上，文化部非物质文化遗产司副司长马盛德在接受记者采访时说："中国实施非物质文化遗产保护中，主要采取抢救性保护、生产性保护、整体性保护、立法保护四种重要方式。"据马盛德介绍，非物质文化遗产生产性保护，是指在保持非物质文化遗产传统技艺的基础上，进行合理的生产、开发，促进传统技艺的传承、利用和发展。在学界，这种保护方式被生动地比喻为"活水养鱼"，即在保护的前提和基础上，合理利用资源，使非物质文化遗产更好地融入民众、融入生活，反哺社会。① 显然，非物质文化遗产保护已是官方认可的一种方式。

随着非物质文化遗产保护工作的逐步深入，以及生产性保护方式在一些项目保护中的成功运用，生产性保护被视为符合非物质文化遗产传承发展规律的一种重要方式。从 2011 年 6 月 1 日起正式实行的《中华人民共和国非物质文化遗产法》第 37 条规定："国家鼓励和支持发挥非物质文化遗产资源的特殊优势，在有效保护的基础上，合理利用非物质文化遗产代表性项目开发具有地方、民族特色和市场潜力的文化产品和文化服务"。这一规定为非物质文化遗产的合理开发利用和生产性保护提供了法律依据。

2012 年文化部下发《关于加强非物质文化遗产生产性保护的指导意见》，这可以视为政府有关部门在某种意义上基本结束了关于生产性保护的若干争议，并将其在非物质文化遗产保护实践中指导推广。

---

① 中国将大力推进非物质文化遗产的生产性保护，新华网，http：//news. xinhuanet. com/ 2011-06/11/c_ 121521465. htm。

但是，我们也必须认识到在非物质文化遗产生产性保护的实践中，依然不可避免地面临一些困扰我们的问题，对于这些问题的认知将在不同程度上影响着我们已开展的非物质文化遗产保护工作。

一　非物质文化遗产生产性保护的适用范围

在文化部《关于加强非物质文化遗产生产性保护的指导意见》中，明确指出"非物质文化遗产生产性保护是指在具有生产性质的实践过程中，以保持非物质文化遗产的真实性、整体性和传承性为核心，以有效传承非物质文化遗产技艺为前提，借助生产、流通、销售等手段，将非物质文化遗产及其资源转化为文化产品的保护方式。目前，这一保护方式主要是在传统技艺、传统美术和传统医药药物炮制类非物质文化遗产领域实施。"对于生产性保护应用于非物质文化遗产的何种具体领域，学界也有不同的看法，如康保成认为："如果将生产性保护方式局限于传统工艺美术类的非遗保护上，就会使其他有'生产'能力的非遗项目失去自我发展的机会。例如，所占比例较大的表演类非物质文化遗产，包括民间音乐、民间舞蹈、传统戏曲、曲艺等，作为人类精神生产的一部分，也包含'生产'的要素，同样可以进行'生产性保护'。"[1] 还有其他学者也认可康保成的这个看法。我们需要明确的是，生产性保护是我国在非物质文化遗产保护实践中探索得来的一种保护方式，还需要不断地在一些非物质文化遗产领域内尝试，在指导使用的过程中不可能一次涉及很多非物质文化遗产领域，只能在一些相对成熟的领域先行推广。

在我国政府指导的非物质文化遗产生产性保护中，首先明确了必须是具有生产性质的非物质文化遗产项目才能采用生产性保护的方式，这是一个关键的前提。非物质文化遗产并不是一成不变地流传至今，

---

[1] 康保成：《中国非物质文化遗产保护发展报告（2011）》，社会科学文献出版社2011年版，第313页。

而是在历史发展过程中拥有活态性和流变性等特点，并在这种历时的活态与流变中不断发展。这种活态性与流变性是与人们的生产生活密切相关的，同时也体现在一些非物质文化遗产项目的生产性特点上。《关于加强非物质文化遗产生产性保护的指导意见》中关于"这一保护方式主要是在传统技艺、传统美术和传统医药药物炮制类非物质文化遗产领域实施"的清晰表述，明确了生产性保护与整体性保护、抢救性保护等诸多保护方式一样，只不过是在我们的非物质文化遗产保护实践中探寻得来的一种保护方式，不是全部的、万能的保护方式，更不是唯一的保护方式。诸多的保护方式共同推进了非物质文化遗产保护工作，当然随着保护实践的深入，将会发现更多的适合不同非物质文化遗产项目的保护方式，也将不可避免地对已经采用和实施的保护方式进行修订、完善，甚至是弃用。

在《关于加强非物质文化遗产生产性保护的指导意见》中，非物质文化遗产的生产性保护是"以保持非物质文化遗产的真实性、整体性和传承性为核心，以有效传承非物质文化遗产技艺为前提。"非物质文化遗产的真实性、整体性和传承性是其作为文化遗产的核心所在，自身的有效传承是其存有的保障，否则非物质文化遗产将不复存在。任何影响非物质文化遗产技艺的有效传承，影响非物质文化遗产真实性、整体性和传承性的措施，都是为我们所倡导的生产性保护所排斥的，因而这完全可以作为衡量诸多措施是否能够适用于生产性保护的重要标准。

《关于加强非物质文化遗产生产性保护的指导意见》明确指出，非物质文化遗产的生产性保护是"借助生产、流通、销售等手段，将非物质文化遗产及其资源转化为文化产品的保护方式。"因而生产、流通、销售等手段不过是在非物质文化遗产生产性保护中所采取一些具体的措施，并通过这些措施将非物质文化遗产及其资源转化为可供大众欣赏和消费的文化产品，使非物质文化遗产以大众熟知的形式进入大众的视野，为广大民众所认知，从另一个方面唤起广大民众对非物质文化遗产的关注，进而逐步唤起广大民众的保护意识。既然生产、流通、销售是生产性保护中的一些手段，也就存在可以采用或者不采用、选择采用的可能，这种选择的权利完全取决于具体的非物质文化遗产项目保护的需要。

生产性保护对于我们当前的非物质文化遗产保护工作是极为有意义的。在有效保护和传承的前提下进行的生产性保护，是完全符合一些特定的非物质文化遗产项目自身特点和传承发展规律的。在我们的诸多的非物质文化遗产项目中，有一些项目就是靠生产性的环节来实现传承人自身的收益的，如驴皮胶、年画、剪纸、锔艺、泥人、面塑等需要通过商品买卖来维持传承的非物质文化遗产项目。对一些非物质文化遗产项目有所区别地进行生产性保护，有利于挖掘地域独特的艺术文化资源，既弘扬地方优秀的民族文化，又可以形成文化品牌，发展地方经济，扩大居民就业，促进文化消费，进一步改善民生。生产性保护能够使非物质文化遗产项目的收益大幅增加，使传承人获得更多的经济实惠，能够调动起积极性，有利于技艺传承和项目保护。此外，非物质文化遗产的生产性保护还可以增加项目自身的"造血功能"，丰富自身保护资金的来源和规模，有利于解决项目保护与发展的资金问题。

二 非物质文化遗产生产性保护的主要任务和主要目的

非物质文化遗产生产性保护的主要任务与主要目的是实施非物质文化遗产生产性保护工作的出发点和落脚点，能否实现主要任务，达到主要目的，是衡量生产性保护成败的重要标尺。若不能明确这个问题，那么在实施非物质文化遗产生产性保护的过程中就极有可能走弯路，也就背离了我们实施生产性保护的初衷。

非物质文化遗产的主要特点是活态流变性，如果在非物质文化遗产保护实践中不能保证非物质文化遗产的活态传承，那么我们的生产性保护实践无疑就是失败的。因而非物质文化遗产的生产性保护就是探寻其活态传承与当前经济社会发展之间良性互动的有效机制，就是一个搭建文化遗产历史与未来的中介桥梁。

我们必须认识到，由于时代的变迁所带来的社会环境的巨大变化，已经严重地影响了诸多非物质文化遗产项目的传承延续，甚至某些非物质文化遗产项目在现代社会中的角色相当尴尬。这在某种程度上，严重影响了非物质文化遗产在当代社会的传承，甚至存在其传承在某个历史时期存在空白的可能性，即缺少某一时期的时代印迹。任何文化都不可避免地带有所经历时代的印迹，也正是这些诸多的印迹才使得具体的非物质文化项目更具有价值，甚至其所具有时代信息的多少而累积成的文化价值在某种程度上决定着不同非物质文化遗产项目价值的大小。非物质文化遗产作为文化的一部分，自然也不能例外。因而如何保证非物质文化遗产传承的连续性，其实也是在保护其所代表的某种文化传统的连续性，就成为当前的一个现实问题。随着时代的发展，当今社会已经进入市场经济时代，一切要素都与市场经济相关，也都受市场经济的影响，非物质文化遗产也不可能置身其外。当前，如何处理非物质文化遗产的活态传承与当前经济社会发展之间的关系，是保证非物质文化遗产所代表的一部分文化传统连续性的关键所在。

非物质文化遗产的生产性保护就是通过探寻其活态传承与当前经济社会发展之间良性互动的有效机制，使得非物质文化遗产项目在当前的社会背景下得以活态传承，使得其所代表的某种文化传统得以延续。非物质文化遗产生产性保护的主要目的就是使非物质文化遗产在当代社会找到符合自身实际的合理定位，进而在当代社会中实现自身的传承与发展。

现代社会是诸多文化相互影响的时代，尤其是外来文化对本土文化、强势文化对弱势文化、商业文化对农业文化的冲击更为明显，这种冲击既表现为对本土文化、弱势文化、农业文化等生存空间的挤压，更表现为对本土文化、弱势文化、农业文化的同化。不同的文化之间若只是生存空间被挤压，尚且还有传承的可能，但是民族的文化一旦被同化，那么带有民族印迹的文化将不复存在，民族的独特性也将灰飞烟灭。

当然，我们的传统文化在经历了诸多的文化冲击时，显示了其对不同文化形式所具有的"充实主体，融化客体，思想再生，重塑文明"的文化特性，这才使得我们的传统文化"海纳百川而不失其真"，不间断地延续至今。但是，非物质文化遗产作为传统文化中的精髓，作为民族的文化基因，作为民族文化屹立于世界文化之林的标识，必须保证其核心内容的原真性。

作为传统文化的重要组成部分，非物质文化遗产是不可能脱离现代经济社会发展实际而孤立存在的，更是不可能不受其丝毫影响，而处于一种绝对的"绝缘"状态。因而非物质文化遗产生产性保护就是使非物质文化遗产在当代社会找到符合自身实际的社会角色，在经济社会发展中处于一种相对的"绝缘"状态，并通过各种方式有所作为，从而实现其自身的传承与振兴。

合理而有效的生产性保护能够促进一定范围或特定非物质文化遗产项目的相关文化资源的合理配置、有效传承和文化资本的不断积累，有利于扩展与该非物质文化遗产项目相关的文化资源产业及产业链，有利于形成新的产业及衍生产品，发挥其永续发展的特质和潜力。

三 非物质文化遗产生产性保护实践的要点

非物质文化遗产的生产性保护是一个系统工作，牵扯多个方面。为了更好地推进非物质文化遗产的生产性保护，我们必须明确保护实践中的一些要点，坚持要点不跑偏，走到位。

1. 坚持社会效益放在首位，社会效益和经济效益有机结合

非物质文化遗产生产性保护的最终产品就是由非物质文化遗产项目及其资源通过一定的生产方式转化而成的文化商品，因而由这些文化商品换来的经济效益在很大程度上就成为了衡量生产性保护成功与否的重要因素。生产性保护的效益对具体非物质文化遗产项目传承主

体的影响更为明显，如果非物质文化遗产生产性保护不能带来相应的经济效益，那么就难以唤起传承主体发自内心的传承积极性，对于当前的传承现状也并无实际的推进价值，生产性保护也就没有什么实际性的存在意义了。但是，国家作为最大范围的公众利益代表，并不主张非物质文化遗产的生产性保护去排斥经济效益，而是积极主张并大力支持其应当的经济效益。经济效益虽然重要，但是经济效益并不是非物质文化遗产生产性保护最主要的衡量因素，只是其中一个重要的方面，最主要的衡量因素是非物质文化遗产生产性保护应该带来的社会效益。

非物质文化遗产生产性保护的社会效益就是通过生产性保护实践，使非物质文化遗产及其资源以文化产品的形式进入广大民众的视野，激发起广大民众对非物质文化遗产的兴趣和关注，这有利于继承和弘扬民族优秀传统文化，推动优秀传统文化的繁荣发展，满足人民群众不断增长的精神文化需求，有利于带动和促进新时期的文化消费，进而促进非物质文化遗产保护与改善民生的结合。

从这个意义上理解非物质文化遗产生产性保护的社会效益，我们可以发现其经济效益无非是社会效益中的一小部分，并且不是核心的部分，其核心组成部分就是唤起广大民众的保护意识，推进非物质遗产的传承和发展，发挥民族传统优秀文化对民族团结、民族进步、民族繁荣的重要作用，进而巩固民族文化的底色和实现国家文化的整体传承。因而在现实的非物质文化遗产生产性保护中，所能实现的经济效益是必须服从于社会效益的，两者应该有机地结合在一起，并以其社会效益作为最终的衡量标尺。

当然，在现实的非物质文化遗产保护实践中也存在经济效益与社会效益相冲突的情况，尤其是个别社会力量在参与非物质文化遗产生产性保护实践中表现得比较强势的时候。在这个时候，往往是具体非物质文化遗产项目的生产性保护对经济效益的追求被摆在第一位，其对经济效益的追求甚至忽略了其本应该顾及的社会效益的存在。一旦出现这种情况，就是具体非物质文化遗产项目传承人所不能掌控的，就需要政府发挥其在非物质文化遗产保护中的主导作用。政府在非物质文化遗产生产性保护中，掌握着巨大的资源，完全可以发挥自身的宏观调控功能，通过落实相应的扶植措施，如实行税收、信贷等倾斜性政策，使得从事非物质文化遗产生产性保护的相关力量的经济利益能够从另一个方面得到补偿，从而保证能够持续调动传承主体的传承积极性。当然，政府在非物质文化遗产生产性保护实践中的主导作用并不是万能的，它并不能保证每一个具体非物质文化遗产项目的生产性保护实践都能实现其经济效益服从于社会效益，而是保证多数具体非物质文化遗产项目生产性保护实践所带来的经济效益能够服从于社会效益。政府在非物质文化遗产生产性保护中强调的是社会效益的总量和总质量，而不是每一个具体的生产性保护实践都能保证社会效益的最大化。

2. 坚守文化基因的传承，坚持固本与创新的有机结合

非物质文化遗产的生产性保护必须坚持保护传统工艺流程的整体性和核心技艺的真实性，做好固本工作。因为唯有如此，才能使其含有的文化基因得以顺利流传下来，为民族的文化创新、艺术创新、科学创新、技术创新等，保留更多的文化种源和更丰富的历史认识价值，因而在生产性保护中要尽量排除外界的干扰。

但是我们也必须认识到，非物质文化遗产是一种活态传承的文化，还是一种开放的文化，其与当代社会生活互动是正常的，也正是这种与不同历史时期社会现实的互动才使其蕴含的社会价值愈加丰厚。我们不能因为非物质文化遗产项目具有一定的"文物"价值，就将其完全封闭起来，这样只能将其变成僵死的"文物"，对我们的非物质文化遗产保护绝无任何益处。非物质文化遗产是一种动态的历史遗留，是人类过去实践过程的历时总结与当下演变，更是活的文化技艺、精神的承继与发展。因而非物质文化遗产生产性保护实践中的传承主体肩负着传承与创造的双重使命，既要将自己所掌握的高超技艺造福当

代社会，同时传授给后人，为我们的民族文化保有一缕血脉，更要在历时传承中不断创新，使传承主体自身拥有新的知识和技能，使传承的技术与技能因社会及个人的创新和发展而有所增益，从而推动具体非物质文化遗产项目的传承发展。

在非物质文化遗产的生产性保护实践中，我们应该"鼓励和支持传承人在传承传统技艺、坚守传统工艺流程和核心技艺的基础上对技艺有所创新和发展；鼓励和支持传承人在制作传统题材作品的同时，创作适应当代社会需求的产品，推动传统产品功能转型和审美价值提升"①。

3. 坚持生产性保护方式的多样化，在选择具体的生产性保护方式时充分尊重传承人的选择，要因项目而异，视项目而定

非物质文化遗产的生产性保护要以传承人为主体，充分尊重传承人愿望，其他力量在生产性保护实践中都是外来的辅助力量，决不能妄图取而代之。非物质文化遗产是不断变化创新的，但是某种具体的非物质文化遗产项目是否需要变化和创新，是否需要走现代产业道路，不仅取决于具体非物质文化遗产项目的本质和规律，更取决于项目传承人的传承需要。

非物质文化遗产生产性保护的方式要因项目而异，不能搞"一刀切"。非物质文化遗产生产性保护的方式是多种多样的，也是不断发展变化的，并没有统一的模式。在我们的非物质文化遗产保护实践中，发现有的非物质文化遗产项目一直维持手工生产，如面塑、泥人等；有的从手工生产发展到生产线生产，如驴皮胶等中成药；有的是直接生产，如鲁锦等；有的是间接生产，如传统镉艺等；有的一直为直接消费而进行生产，如一些饮食类项目；有的发展成以资本的形式参与生产，如中成药的配方就以股权的形式计算在现实的生产过程中；有

---

① 孙洪敏、牟岱主编：《辽宁文化发展形势分析与预测 2012—2013》，人民出版社 2013 年版，第 303 页。

的强调个性生产，如木版年画的刻版；有的要求规模化生产，如白酒的酿造技艺等。不同的非物质文化遗产项目有不同的生产性保护方式，我们不能用一种模式来要求，更不可用一种保护方式来概括，而是应该充分尊重不同非物质文化遗产项目对自身保护方式的选择与继承。

非物质文化遗产生产性保护的方式也有很多种，甚至每一个能够采用生产性保护的非物质文化遗产项目都有符合自身特点的方式，因而我们要充分尊重传承人的选择，坚持生产性保护方式的多样性。我们必须认识到，在所能触及到的保护实践中一定存在一些尚未为我们知晓的保护方式，我们并不熟悉一切非物质文化遗产项目，我们只是在捍卫民族传统文化的传承。在这个过程中，具体的非物质文化遗产项目是主体，我们都是热心的旁观者，我们绝不能越位，要充分尊重传承人的选择，绝对尊重他们所采用的保护方式，其实这也是在保护非物质文化遗产的多样性。

4. 生产性保护不等于产业化

产业化是一个经济学范畴的名词，是指一定条件或历史时期提供某种特殊劳动或成果的非国民经济部门或行业，通过商品货币关系的变换，对自身规模、组织和活动目标进行调整改造，实现由非产业部门向产业部门的转化，成为国民经济一个部门或者有机组织部分的过程。产业化包含两个基本要求，一是由非产业到产业的变换；二是质变的过程包含规模的扩大和结构的演进。衡量非产业是否实现了产业化，完成了转化过程，不是将其现有的技术方法同过去的方法相比较，而是要把它放在国民经济体系中，看其是否真正成为一个为市场、为社会提供产品或劳务的产业部门。只有其产品或劳务成为商品，该组织或单位的集合才能成为国民经济的有机组成部分，才算完成了非产业向产业的转化，才算实现了产业化。

如果尝试将非物质文化遗产产业化，那就是将某一个非物质文化遗产项目变成一个经济产业，采取市场经济的运作模式，以"低成本、高效率、大利润"为目标，进行"集约化、批量化、自动化"大生产，其坚持的是"以市场为导向，以利益为核心"。①

我们所倡导的非物质文化遗产生产性保护的出发点和落脚点，决定了我们绝不能全面采用产业化的方式来保护非物质文化遗产。我们可以挑选出部分符合产业化开发条件的非物质文化遗产项目，可以尝试进行产业化开发，形成相关产业，释放其自身蕴含的巨大经济能力。因为符合产业化条件的非物质文化遗产项目，本身就是生活在这样的经济环境之中，若没有一定的经济支撑，是很难传承发展下去的。

产业化可以成为某些非物质文化遗产项目的一种发展模式，但是我们的非物质文化遗产的生产性保护绝不能以产业化为导向。在多年的非物质文化遗产保护实践中，因盲目追求市场化、产业化而导致的对非物质文化遗产的过度开发、滥用、篡改等现象屡见不鲜，这对非物质文化遗产造成了不同程度的伤害，也给非物质文化遗产保护工作带来了很多负面影响。我们也时常看到，一些地方政府将非物质文化遗产当成发展地方经济和提高地方知名度的招牌，将非物质文化遗产当成发展地方经济的一个契机，因而表现出对非物质文化遗产保护的积极态度，并为申报非物质文化遗产而投入了巨大的资金，但是他们的目的在于挖掘区域内非物质文化遗产的商业价值，是希望通过申报和宣传本区域的非物质文化遗产获得更大的经济回报，对于非物质文化遗产的精神价值基本是不予关注的。这种方式也已经成为地方政府所谓的"文化搭台，经济唱戏"的文化策略。在这种不科学的政绩观的影响下，非物质文化遗产成为地方政府发展区域经济的手段，保护非物质文化遗产也就成了地方政府招徕人气的幌子。在这样的保护动机促使下，非物质文化遗产的内在精神蕴含是不可能得到深度挖掘和真正保护的，真正得到保护的只不过是一个传统文化样式而已。

国家强有力地推进文化大发展大繁荣，使得文化产业成为国民经济发展的新增长点，文化产业化已经成为非物质文化遗产保护不可回

---

① 汪欣：《对非物质文化遗产生产性保护理念的认识》，《艺苑》2013 年第 3 期。

避的重要话题。非物质文化遗产如同其他文化组成部分一样为文化产业的发展提供了文化资源，并且随时都可能被纳入产业化的轨道。文化产业化也是非物质文化遗产保护的一种方式，是一种对部分非物质文化遗产项目有效的方式。但是，我们开展非物质文化遗产保护工作本质上是社会公益性"文化事业"，要坚持"以文化事业为主体，以文化产业为用的原则。"因而非物质文化遗产的生产性保护要坚持具体问题具体分析，在科学分类、合理甄别的基础上，根据项目自身的特点，制定适宜的发展战略。

产业化、商业化、机械化只是生产性保护诸多方式中的几种，虽然在我们的生产性保护实践中运用得相对成熟，但是我们也必须认识到这几种方式也存在一些不足之处。在近年来的非物质文化遗产生产性保护实践中，确实出现了一些过度产业化、商业化、机械化的倾向，这不仅违背了生产性保护的实质和目的，而且对非物质文化遗产项目自身造成了严重的扭曲和破坏。科学地实施非物质文化遗产的生产性保护，就要对任何一个适合采用生产性保护的非物质文化遗产项目进行具体问题具体分析，要从其传承的特点出发，进而选择具体的生产性保护方式，要避免政府的过度干预，不可搞"一刀切"的做法，不可照搬照抄，更不可盲目跟风。

此外，非物质文化遗产的生产性保护要依法进行，要充分尊重遗产传承人的知识产权、发展权等。非物质文化遗产从其产生和传承过程来看，是一个国家、民族或地区的人在长期生产生活实践中集体产生的，有些非物质文化遗产项目为个人所传承，可视为有明晰的个人产权；有些非物质文化遗产项目为群体所传承，可视为有明晰的群体产权；更有一些非物质文化遗产项目为民族全体成员所传承，可视为整个民族所有的产权。对于有明晰产权的非物质文化遗产项目，在进行生产性保护过程中，要按照知识产权等相关法规，依法生产，使非物质文化遗产生产性保护规范化、法制化，使该非物质文化遗产项目产权人的利益得到保障。对于归群体所有或者所有权不够清晰的非物质文化遗产项目进行生产性保护时，就要及时研究制定出相关的法规，以确保遗产所有人的权益。

多年的非物质文化遗产保护实践已经证明，生产性保护是能够在一些非物质文化遗产领域中实施的重要保护措施，是符合一些非物质文化遗产项目自身特点和传承规律的，而且迄今为止也积累了大量的成功经验和有效模式。但是，我们也必须认识到生产性保护方式也并不是一成不变的，而是需要在保护实践中不断探索，不断完善。

附　　录

一　相关文献

[1] 胡惠林、王媛：《非物质文化遗产保护：从"生产性保护"转向"生活性保护"》，《艺术百家》2013 年第 4 期。

[2] 谭宏：《对非物质文化遗产生产性方式保护的几点理解》，《江汉论坛》2010 年第 3 期。

[3] 杨亚庚、陈亮、贺正楚、陈文俊：《非物质文化遗产生产性保护探索》，《东南学术》2014 年第 1 期。

[4] 李荣启：《非物质文化遗产生产性保护的途径》，《文化学刊》2012 年第 5 期。

[5] 吕品田：《重振手工与非物质文化遗产生产性方式保护》，《中南民族大学学报》（人文社会科学版）2009 年第 4 期。

[6] 马盛德：《非物质文化遗产生产性方式保护中的几个问题》，《福建论坛》（人文社会科学版）2012 年第 2 期。

[7] 林凤群：《非物质文化遗产生产性保护刍议——以咀香园杏仁饼传统制作工艺为例》，《文化遗产》2010 年第 1 期。

[8] 佟玉权：《非物质文化遗产生产性保护理论探析》，《文化学刊》2013 年第 2 期。

二 相关文件

《关于加强非物质文化遗产生产性保护的指导意见》

（文非遗发〔2012〕4 号）

各省、自治区、直辖市文化厅（局），新疆生产建设兵团文化广播电视局，各计划单列市文化局：

为进一步规范、加强非物质文化遗产生产性保护，根据《中华人民共和国非物质文化遗产法》（主席令第 42 号）和《国务院办公厅关于加强我国非物质文化遗产保护工作的意见》（国办发〔2005〕18 号）精神，现就非物质文化遗产生产性保护提出以下指导意见：

一　充分认识开展非物质文化遗产生产性保护的重要意义

非物质文化遗产生产性保护是指在具有生产性质的实践过程中，以保护非物质文化遗产的真实性、整体性和传承性为核心，以有效传承非物质文化遗产技艺为前提，借助生产、流通、销售等手段，将非物质文化遗产及其资源转化为文化产品的保护方式。目前，这一保护方式主要是在传统技艺、传统美术和传统医药药物炮制类非物质文化遗产领域实施。

在有效保护和传承的前提下，加强传统技艺、传统美术和传统医药药物炮制类非物质文化遗产代表性项目的生产性保护，符合非物质文化遗产传承发展的特定规律，有利于增强非物质文化遗产自身活力，推动非物质文化遗产保护更紧密地融入人们的生产生活；有利于提高非物质文化遗产传承人的传承积极性，培养更多后继人才，为非物质文化遗产保护奠定持久、深厚的基础；有利于继承弘扬优秀传统文化，推动优秀传统文化繁荣发展，满足人民群众的精神文化需求；有利于促进文化消费、扩大就业，促进非物质文化遗产保护与改善民生相结合，推动区域经济、社会全面协调可持续发展。

各级文化行政部门应充分认识非物质文化遗产生产性保护的重要

意义，增强责任感和紧迫感，积极探索，加强引导，进一步推动我国非物质文化遗产生产性保护工作深入开展。

二　正确把握非物质文化遗产生产性保护的方针和原则

非物质文化遗产生产性保护要坚持以科学发展观为指导，按照《中华人民共和国非物质文化遗产法》的规定，认真贯彻"保护为主、抢救第一、合理利用、传承发展"的方针。在非物质文化遗产生产性保护工作中，坚持以人为本、活态传承原则，坚持保护传统工艺流程的整体性和核心技艺的真实性原则，坚持保护优先、开发服从保护原则，坚持把社会效益放在首位，社会效益和经济效益有机统一原则，坚持依法保护、科学保护原则。

三　科学推进非物质文化遗产生产性保护工作深入开展

（一）坚持正确导向。非物质文化遗产生产性保护是一种保护方式，出发点和落脚点都是非物质文化遗产的保护和传承。因此，应当坚持非物质文化遗产生产性保护的正确导向，严格遵循非物质文化遗产传承发展的规律，处理好保护传承和开发利用的关系，始终把保护放在首位，坚持在保护的基础上合理利用，尊重非物质文化遗产生产方式的多样性，坚持传统工艺流程的整体性和核心技艺的真实性，不能为追逐经济利益而忽视非物质文化遗产保护和传承，反对擅自改变非物质文化遗产的传统生产方式、传统工艺流程和核心技艺。

（二）合理规划布局。加强对非物质文化遗产生产性保护的调查研究与整体规划，编制促进非物质文化遗产生产性保护的行动计划，将非物质文化遗产生产性保护纳入本地区经济社会发展规划。重点培育一批国家级非物质文化遗产生产性保护示范基地，积极探索和总结非物质文化遗产生产性保护的做法和经验，充分发挥国家级非物质文化遗产示范基地的示范、带动作用。发掘东中西部地区各自优势，规划建设各具特色的非物质文化遗产生产性保护示范基地，彰显区域特色和民族特色。

（三）健全传承机制。要研究非物质文化遗产生产性保护的特点，建立健全符合非物质文化遗产自身规律的传承机制。制定非物质文化遗产生产性保护传承人培养计划，建立传承人培养激励机制，增强代表性传承人履行传承义务的责任感和荣誉感；为代表性传承人开展生产、授徒传艺、展示交流等活动创造条件，提供服务；对年老体弱的代表性传承人，抓紧开展抢救性记录工作，翔实记录代表性传承人掌握的精湛技艺和工艺流程；对传承工作有突出贡献的代表性传承人给予表彰、奖励；对学艺者采取助学、奖学等措施，鼓励其学习、掌握传统技艺；遵循非物质文化遗产项目生产方式的个性和特征，鼓励和支持代表性传承人设立个人工作室等。

（四）落实扶持措施。要统筹规划，加强天然原材料、珍稀原材料的保护，处理好天然原材料、珍稀原材料保护与利用的关系，依照相关法规制度为传承人使用天然原材料、珍稀原材料提供帮助和支持；鼓励和支持传承人在传承传统技艺、坚守传统工艺流程和核心技艺的基础上对技艺有所创新和发展；鼓励和支持传承人在制作传统题材作品的同时创作适应当代社会需求的作品，推动传统产品功能转型和审美价值提升；支持和帮助代表性传承人开展产品宣传，利用报刊、电视、网络等媒体宣传非物质文化遗产代表性项目及其产品的文化内涵和审美价值；积极为代表性传承人提供技艺展示、产品销售的渠道和平台。

（五）加强引导规范。深入开展调查研究，掌握本地区适合生产性保护的非物质文化遗产代表性项目生存发展状况，根据不同状况采取相应的引导、规范措施。对适合生产性保护但处于濒危状态、传承困难的代表性项目，要优先抢救与扶持，记录、保存相关资料，尽快扶持恢复生产，传承技艺，督促开展相关工作；对有市场潜力的代表性项目，鼓励采取"项目＋传承人＋基地""传承人＋协会""公司＋农户"等模式，结合发展文化旅游、民俗节庆活动等开展生产性保护，促进其良性发展；对开展生产性保护效益较好的代表性项目，要引导传承人坚持用天然原材料生产，保持传统工艺流程的整体性和核心技艺的真实性，促进该项遗产的有序传承；对开展生产性保护取得显著成绩的代表性项目，要及时总结，推广经验；对忽视技艺保护和传承或者过度开发、破坏传统工艺流程和核心技艺的，要及时纠正偏差，落实整改措施，加强管理和规范。

（六）建设基础设施。要充分发挥政府职能，合理布局，有计划地建设一批非物质文化遗产生产性保护基础设施，为代表性传承人提供必要的生产、展示和传习场所。鼓励开展非物质文化遗产生产性保护的企业、单位和个人根据自身条件建设非物质文化遗产展示馆（室）和传习所，鼓励社会力量参与非物质文化遗产生产性保护设施建设。充分发挥已有设施的作用，积极开展宣传、展示、传习等活动，有计划地征集非物质文化遗产项目代表性传承人的代表作品，妥善保存和科学展陈传统工艺精品、传承人代表性作品。

（七）发挥协会作用。要充分发挥传统工艺美术等已有行业协会的积极作用，鼓励成立非物质文化遗产相关行业协会，支持协会开展非物质文化遗产的宣传、展示、教育、传播、研究、出版等活动，鼓励协会制定有关非物质文化遗产代表性项目在原材料、传统工艺流程和核心技艺方面的相关标准和规范，支持协会开展行业管理、行业服务、行业维权等工作，通过行业自律和行业监管，推动非物质文化遗产生产性保护健康发展。

（八）营造良好氛围。非物质文化遗产生产性保护与人民群众的生产生活密切相关，许多非物质文化遗产项目具有鲜明的地域特色、民族特色，依存于传统民俗节庆活动之中。要鼓励开展各种健康有益的民俗文化活动，尊重和支持民众在民俗文化活动中开展非物质文化遗产生产性保护实践；充分利用"文化遗产日"和传统民俗节庆，开展非物质文化遗产生产性保护宣传展示活动，营造非物质文化遗产生产性保护的良好社会氛围。

四　建立完善非物质文化遗产生产性保护的工作机制

（一）坚持政府引导。坚持政府对非物质文化遗产生产性保护的价值引导、政策引导和舆论引导，组织开展非物质文化遗产生产性保护知识和成果宣传，利用现有的优惠政策和出台新的优惠政策扶持非物质文化遗产生产性保护，为非物质文化遗产生产性保护营造环境、创设条件和提供服务。

（二）鼓励社会参与。积极采取措施，鼓励个人、企业和社会组织积极参与非物质文化遗产生产性保护，多渠道吸纳社会资金投入非物质文化遗产生产性保护；鼓励建立社会中介组织，使其成为非物质文化遗产生产性保护与社会需求、市场需求联系的桥梁与纽带。

（三）发挥专家作用。鼓励专家结合非物质文化遗产生产性保护工作实际开展理论研究和实践研究，充分发挥专家的指导、咨询和参谋作用，为非物质文化遗产生产性保护提供学术支持和实践指导。

（四）加强指导检查。加强对国家级、省级非物质文化遗产生产性保护示范基地的管理，制定相关管理办法；建立非物质文化遗产生产性保护绩效评估机制，对生产性保护实施情况进行指导和检查，及时发现问题，总结经验，改进工作；对非物质文化遗产生产性保护成绩突出的地区或单位予以鼓励。

文化部非物质文化遗产司

二〇一二年二月二日

三　第一批国家级非物质文化遗产生产性保护示范基地名单

第一批国家级非物质文化遗产生产性保护示范基地名单

序号	省份	对象名称	项目类别	国家级名录项目名称
1	北京	北京市珐琅厂有限责任公司	传统技艺	景泰蓝制作技艺
2	北京	北京市内联升鞋业有限公司	传统技艺	内联升千层底布鞋制作技艺
3	北京	北京市荣宝斋	传统技艺	木版水印技艺、装裱修复技艺
4	河北	河北省衡水习三内画艺术有限公司	传统美术	衡水内画
5	河北	河北省曲阳宏州石业集团有限公司	传统美术	曲阳石雕

续表

序号	省份	对象名称	项目类别	国家级名录项目名称
6	山西	山西老陈醋集团有限公司	传统技艺	老陈醋酿制技艺 （美和居老陈醋酿制技艺）
7	江苏	江苏省扬州玉器厂	传统美术	扬州玉雕
8	江苏	江苏省宜兴紫砂工艺厂	传统技艺	宜兴紫砂陶制作技艺
9	江苏	江苏省南京云锦研究所有限公司	传统技艺	南京云锦木机妆花手工织造技艺
10	浙江	浙江省东阳市陆光正创作室	传统美术	东阳木雕
11	浙江	浙江省青田县二轻工业总公司	传统美术	青田石雕
12	安徽	安徽省绩溪胡开文墨业有限公司	传统技艺	徽墨制作技艺
13	安徽	中国宣纸集团	传统技艺	宣纸制作技艺
14	福建	福建海峡寿山石文化研究院	传统美术	寿山石雕
15	江西	江西省景德镇佳洋陶瓷有限公司	传统技艺	景德镇手工制瓷技艺
16	江西	江西省景德镇古窑瓷厂	传统技艺	景德镇手工制瓷技艺
17	江西	江西省含珠实业有限公司	传统技艺	铅山连四纸制作技艺
18	山东	山东省东阿阿胶股份有限公司	传统医药	中医传统制剂方法 （东阿阿胶制作技艺）
19	河南	河南省禹州市杨志钧窑有限公司	传统技艺	钧瓷烧制技艺
20	河南	河南省禹州市星航钧窑有限公司	传统技艺	钧瓷烧制技艺
21	湖南	湖南省龙山县苗儿滩镇捞 车河村土家织锦技艺传习所	传统技艺	土家族织锦技艺
22	湖南	湖南省怀化市通道侗族自治县 啰耶侗锦织艺发展有限公司	传统技艺	侗锦织造技艺
23	广东	广东省潮州市艺葩木雕厂	传统美术	潮州木雕
24	广东	广东省佛山市新石湾 美术陶瓷厂有限公司	传统技艺	石湾陶塑技艺
25	广西	广西壮族自治区靖西县壮锦厂	传统技艺	壮族织锦技艺
26	四川	四川省成都蜀锦织绣有限责任公司	传统技艺	蜀锦织造技艺
27	四川	四川省绵竹年画社	传统美术	绵竹木版年画
28	四川	四川省雅安市友谊茶业有限公司	传统技艺	黑茶制作技艺 （南路边茶制作技艺）
29	贵州	贵州省丹寨县石桥黔山 古法造纸专业合作社	传统技艺	皮纸制作技艺
30	云南	云南省红河哈尼族彝族自治州建 水县贝山陶庄文化产业有限公司	传统技艺	陶器烧制技艺 （建水紫陶烧制技艺）

续表

序号	省份	对象名称	项目类别	国家级名录项目名称
31	云南	云南省普洱市宁洱县困鹿山贡技茶场	传统技艺	普洱茶制作技艺（贡茶制作技艺）
32	西藏	西藏自治区江孜地毯厂	传统技艺	藏族卡垫织造技艺
33	西藏	西藏自治区藏药厂	传统医药	藏医药（藏药七十味珍珠丸配伍技艺）
34	陕西	陕西省凤翔新明民俗文化传承有限公司	传统美术	泥塑（凤翔泥塑）
35	陕西	陕西省西安大唐西市文化发展有限公司	传统美术	民间绣活（西秦刺绣）
36	甘肃	甘肃省环县道情皮影保护中心（皮影雕刻）	传统美术	皮影戏（环县道情皮影戏）
37	甘肃	甘肃省庆阳祁黄文化传播有限公司	传统美术	庆阳香包绣制
38	青海	青海黄南州热贡画院	传统美术	热贡艺术
39	青海	青海省互助土族文化传播有限公司	传统美术	土族盘绣
40	青海	青海省海湖藏毯有限公司	传统技艺	加牙藏族织毯技艺
41	新疆	新疆维吾尔自治区疏附县吾库萨克乡热合曼·阿布都拉传习所	传统技艺	民族乐器制作技艺（维吾尔族乐器制作技艺）

四　第二批国家级非物质文化遗产生产性保护示范基地名单

第二批国家级非物质文化遗产生产性保护示范基地名单

序号	省份	对象名称	项目类别	国家级名录项目名称
1	北京	中国北京同仁堂（集团）有限责任公司	传统医药	同仁堂中医药文化（传统中药材炮制技艺）
2	天津	天津杨柳青画社	传统美术	杨柳青木版年画
3	河北	峰峰矿区大家陶艺有限责任公司	传统技艺	磁州窑烧制技艺
4		衡水一壶斋工艺品有限公司	传统美术	衡水内画
5		大厂回族自治县良盛达花丝镶嵌特艺有限公司	传统技艺	花丝镶嵌制作技艺
6	山西	山西广誉远国药有限公司	传统医药	中医传统制剂方法（龟龄集传统制作技艺、定坤丹制作技艺）
7		稷山赵氏四味坊传统面点习中心	传统技艺	传统面食制作技艺（稷山传统面点制作技艺）
8	内蒙古	阿拉善左旗恒瑞翔地毯有限责任公司	传统技艺	地毯织造技艺（阿拉善地毯织造技艺）

续表

序号	省份	对象名称	项目类别	国家级名录项目名称
9	辽宁	阜新市细河区珏艺轩玛瑙素活制品厂	传统美术	阜新玛瑙雕
10	吉林	延吉市民族乐器研究所	传统技艺	民族乐器制作技艺（朝鲜族民族乐器制作技艺）
11	黑龙江	哈尔滨市群力新区文化产业发展中心	传统美术	剪纸（方正剪纸）
12	上海	上海周虎臣曹素功笔墨有限公司	传统技艺	毛笔制作技艺（周虎臣毛笔制作技艺）徽墨制作技艺（曹素功墨锭制作技艺）
13		上海朵云轩艺术发展有限公司	传统技艺	木版水印技艺
14	江苏	苏州镇湖刺绣艺术馆有限公司	传统美术	苏绣
15		扬州广陵古籍刻印社	传统技艺	雕版印刷技艺
16	浙江	杭州王星记扇业有限公司	传统技艺	制扇技艺（王星记扇）
17		湖州市善琏湖笔厂	传统技艺	湖笔制作技艺
18		金星铜集团有限公司	传统技艺	铜雕技艺
19	安徽	黄山徽州竹艺轩雕刻有限公司	传统美术	徽州三雕
20	福建	福建省德化县宏益陶瓷雕塑研究所	传统技艺	德化瓷烧制技艺
21		厦门惟艺漆线雕艺术有限公司	传统技艺	厦门漆线雕技艺
22		莆田市善艺李氏工艺有限公司	传统美术	木雕（莆田木雕）
23	江西	江西婺源朱子实业有限公司	传统技艺	歙砚制作技艺
24	山东	鄄城县鲁锦工艺品有限责任公司	传统技艺	鲁锦织造技艺
25		潍坊杨家埠民俗艺术有限公司	传统技艺传统美术	风筝制作技艺（潍坊风筝）杨家埠木版年画
26	河南	洛阳九朝文物复制品有限公司	传统技艺	唐三彩烧制技艺
27		开封市素花宋绣工艺有限公司	传统美术	汴绣
28		汝州市朱文立汝瓷艺术有限公司	传统技艺	汝瓷烧制技艺
29	湖北	武汉高龙城投资管理有限公司	传统美术	木雕（武汉木雕船模）
30		孝感天仙雕花剪纸有限公司	传统美术	剪纸（孝感雕花剪纸）
31		夏氏丹药制作基地（夏大中）	传统医药	中医传统制剂方法（夏氏丹药制作技艺）
32		荆州市唯楚木艺有限公司	传统技艺	漆器髹饰技艺（楚式漆器髹饰技艺）
33		黄梅巾帼挑花工艺有限公司	传统美术	挑花（黄梅挑花）

续表

序号	省份	对象名称	项目类别	国家级名录项目名称
34	湖南	湖南省湘绣研究所	传统美术	湘绣
35		醴陵陈扬龙釉下五彩瓷艺术中心	传统技艺	醴陵釉下五彩瓷烧制技艺
36	广东	潮州市潮绣研究所	传统美术	粤绣（潮绣）
37		肇庆市端州区华兴端砚厂	传统技艺	端砚制作技艺
38	海南	海南合田旅业有限公司	传统技艺	黎族传统纺染织绣技艺
39		海南锦绣织贝实业有限公司	传统技艺	黎族传统纺染织绣技艺
40	广西	广西钦州坭兴陶艺有限公司	传统技艺	陶器烧制技艺 （钦州坭兴陶烧制技艺）
41	重庆	重庆市永川豆豉食品有限公司	传统技艺	豆豉酿制技艺 （永川豆豉酿制技艺）
42	四川	康定大吉香巴拉文化发展有限公司	传统美术	藏族唐卡（噶玛嘎孜画派）
43		凉山彝族自治州民政民族工艺厂	传统技艺	彝族漆器髹饰技艺
44		四川省青神县云华竹旅有限公司	传统美术	竹编（青神竹编）
45		汶川杨华珍藏羌织绣 文化传播有限公司	传统美术	藏族编织、挑花刺绣 工艺羌族刺绣
46	贵州	台江芳佤银饰刺绣有限公司	传统美术	苗绣
47		贵州丹寨宁航蜡染有限公司	传统技艺	苗族蜡染技艺
48	云南	剑川县兴艺古典木雕家具厂	传统美术	木雕（剑川木雕）
49		大理市周城璞真综艺染坊	传统技艺	白族扎染技艺
50	西藏	拉萨市城关区古艺建筑美术公司	传统技艺	藏族矿植物颜料制作技艺
51		西藏唐卡画院	传统美术	藏族唐卡（勉萨画派）
52	青海	金诃藏药药业股份有限公司	传统医药	藏医药 （七十味珍珠丸赛太炮制技艺）
53		囊谦藏族民间黑陶 工艺有限责任公司	传统技艺	陶器烧制技艺 （藏族黑陶烧制技艺）
54	陕西	铜川市印台区陈炉镇 民间工艺瓷厂	传统技艺	耀州窑陶瓷烧制技艺
55	甘肃	夏河县拉扑楞摩尼宝 藏族文化艺术有限公司	传统美术	藏族唐卡（甘南藏族唐卡）
56	宁夏	宁夏隆德杨氏彩塑 文物艺术有限公司	传统美术	泥塑（杨氏家庭泥塑）
57	新疆	和田托提瓦柯桑皮纸 国家贸易有限公司	传统技艺	维吾尔族桑皮纸制作技艺
58		洛浦县时代地毯厂	传统技艺	地毯织造技艺 （维吾尔族地毯织造技艺）

序号	省份	对象名称	项目类别	国家级名录项目名称
59	新疆兵团	新疆生产建设兵团农业建设第六师红旗农场	传统美术	哈萨克毡绣和布绣

第十三章

非物质文化遗产保护中的产业化实践

　　产业化是一个经济学名词，指"某种产业在市场经济条件下，以行业需求为导向，以实现效益为目标，依靠专业服务和质量管理，形成的系列化和品牌化的经营方式和组织形式"。随着市场经济的快速发展和资本触角的无限延伸，产业化已经渗透到经济社会的方方面面。非物质文化遗产作为人类在历史上创造并以活态形式传承至今的传统文化表现形式及其文化空间，因其特有的文化属性和潜在经济价值，自然也被纳入产业化的视野。

　　不可否认，产业化在一定程度上促进了非物质文化遗产保护工作，但是我们也注意到因为对产业化程度把握不准确，片面追求经济效益等原因，存在在实施产业化的过程中对具体非物质文化遗产项目造成了严重损坏的情况，这些行为破坏了民族文化传承的重要基因，影响了中华文化的系统性和完整性。面对如此境遇，开展系统的非物质文化遗产保护中的产业化研究，对于适时适度推进其产业化具有重要的理论价值和现实意义。

一　产业化是推进非物质文化遗产保护的方式之一

　　我国非物质文化遗产项目种类众多，而且传承方式各不相同，不同非物质文化遗产项目的保护方式也势必各有特色。产业化作为非物质文化遗产保护的重要方式，对非物质文化遗产保护工作发挥了重要作用，在一定程度上实现了保护工作传承历史、教育后人的目的。

在非物质文化遗产保护中的产业化实践中，我们发现其在很大程度上能够实现具体非物质文化遗产项目的经济价值，也有利于调动项目传承人的积极性，能够推动非物质文化遗产项目的传承。非物质文化遗产保护工作的核心就是保护非物质文化遗产项目和传承人，项目依靠传承人得以传承。非物质文化遗产项目传承人作为经济社会中的成员，是不可能置身于经济活动之外的，其应有的经济收益和生活向往应当予以保障和支持，一味地脱离项目传承人生活实际的保护非但不能实现文化遗产项目的传承，反而会因为项目传承人积极性的挫伤而使项目毁于一旦。因而在符合非物质文化遗产项目实际和征得项目传承人同意前提下的产业化，能够使具体非物质文化遗产项目发挥其经济价值，实现其应有的经济收益，其传承人的经济权益也得到保障和提高。故此前提下的产业化是有较大积极作用的。

非物质文化遗产保护中的产业化实践能够实现发展经济与改善民生的有机结合，激发人民群众的保护热情。非物质文化遗产作为拥有丰富文化资源的文化形式，因其本身就有相当的经济开发价值，且随着时代的进步和社会对高质量文化产品的需求，完全可以发展为一种环保型、节约型经济产业，从而成为我国经济发展新的增长点，成为"调结构、转方式"的重要支点，甚至可能成为我国经济发展的战略转折点。产业化的实践能够将产业化的管理方式和运行机制引入非物质文化遗产保护工作中，使得非物质文化遗产保护工作能够充分、合理、高效地使用相关资源，提高保护工作的经济效益产出。由于我国的非物质文化遗产多分布于乡村城镇，植根于人民群众的生活，更能吸收广大城镇群众积极参与其中，获得就业机会。这样原本就生活在非物质文化遗产环境中的群众，就能从积极地参与非物质文化遗产传承中获得就业机会，获得相应的劳动收入，使得参与非物质文化遗产产业化实践的群众收入水平和生活状况得到改善，更能激发区域内民众参与非物质文化遗产保护的热情。

非物质文化遗产保护中的产业化实践能够促进非物质文化遗产项目的传承发展，使具体非物质文化遗产项目具有时代意义和新的历史价值。非物质文化遗产本身就是一个动态的文化遗存物，自出现之日就开始不断凝聚其所经历的时代文化痕迹，并因经历年代的长短不同而涵载的文化信息量迥异。非物质文化遗产保护中的产业化实践能够通过尝试建立具体项目活态传承与当前经济社会发展之间良性互动的有效机制，使得不同的非物质文化遗产项目能够在文化大发展大繁荣的当今社会得以活态传承，黏贴不同的文化信息，使得其涵载的某种文化传统因时代不同而有所增益并得以延续，使其涵载的文化信息量与日俱增。

非物质文化遗产保护中的产业化实践有利于扩大保护力量的阵营，实现保护主体的多元化，促进民众文化自觉的形成。产业化实践有利于改变政府对非物质文化遗产保护工作大包大揽的状况，能够吸引社会团体、企业、社会资本和个人通过合作、重组等多种形式参与到非物质文遗产项目的改制或其密切相关产业中，形成政府积极主导、各种社会力量多方参与、保护主体多元化的新局面。同时，非物质文化遗产领域的产业化实践也可以使部分非物质文化遗产项目走出原来的父子相传、师徒相传等传统传承发展模式，使其走向社会，为更多的民众所熟知，并吸引他们积极参与到非物质文化遗产保护工作中来，从而培养社会大众的文化自觉，把非物质文化遗产保护变成一项全社会的工作。

非物质文化遗产保护中的产业化能够在一定程度上阻挡全球化趋势下外来文化的冲击。在我们还在探讨非物质文化遗产是否可以产业化的时候，西方国家在该领域已经取得了丰硕的实践成果。如中国功夫、国宝熊猫就成了西方文化产业的一个标识，民间传说中的孙悟空、猪八戒也成了西方游戏中的一个角色。这些原本就属于我们的文化元素，反而成了他国的文化产品，既抢夺了我们发展相关产业的机会，又为西方的文化观念和价值思想传播提供了便利而高效的载体，还容易造成青少年对民族传统文化的误解与亵渎。我们应该适时适度地推进非物质文化遗产保护的产业化实践，并且在税收政策和财政扶持等方面予以支持，使非物质文化遗产资源以全新的形式走出国门，通过生动形象的成品展示我们优秀的历史文化传统，为我们的传统文化提供一个更大的舞台，为各种文明的融合和交流创设一个机会。

二　产业化不是非物质文化遗产保护方式的全部，更不是唯一

非物质文化遗产保护的方式有很多种，甚至每一个非物质文化遗产项目都有自身特点的传承方式和保护方式。因此，我们应该从具体非物质文化遗产项目的实际出发，要充分尊重项目传承人的选择，充分尊重其原有的保护方式，这一点是不容置疑的。随着保护实践活动的深入，我们清醒地认识到在所熟知的非物质文化遗产项目或未知晓的非物质文化遗产项目中，一定存在着不为我们所知的保护方式，因而我们要尊重传承人的选择，尊重他们所采用的保护方式。对于未知保护方式的继承和对传承人的尊重，就是保护非物质文化遗产资源，就是保护非物质文化遗产项目的多样性。

在非物质文化遗产保护实践中，我们已经摸索出了一些比较成功的保护方式方法。如我国有组织地开展了非物质文化遗产资源的普查，建立了资源数据库，初步摸清了非物质文化遗产的状况；建立了国家、省、市、县四级保护名录，注重因类而异，科学保护；认定和命名了非物质文化遗产传承人，给予一定的社会荣誉和生活保障；建立了文化生态保护区、民俗村、生态博物馆，推进整体性保护；探索建立非物质文化遗产的知识产权制度，保障项目传承人的合法权益；尝试生产性保护，使非物质文化遗产项目与经济社会良性互动，明确其当代社会角色，实现了相应经济收益；建立并逐步健全法律体系，推进依法保护等。

产业化实践只是非物质文化遗产保护方式的其中一种，不可否认在我们的保护实践中已经取得了一定的成效，但是我们也必须认识到在以往的产业化实践中存在的不足。梳理十余年的保护实践，我们不难发现在非物质文化遗产保护实践中过度产业化的现象一直存在，甚至有愈演愈烈之势，其不仅违背了我们开展非物质文化遗产保护的目的，而且对非物质文化遗产项目自身造成了严重的扭曲和破坏。因而我们要围绕具体的非物质文化遗产项目进行具体问题具体分析，不可盲目跟风，更不可照搬照抄，要根据不同项目传承的特点出发选择具体的保护方式，要避免政府过度干预所可能造成的"一刀切"做法。产业化只是非物质文化遗产保护中的诸多保护方式可选项中的一个选项，其不是全部，更不是唯一。对于其他保护方式而言，产业化并不具备特别优势，甚至其适用的范围也并不比其他保护方式大。

三 产业化实践在非物质文化遗产保护中的规制

非物质文化遗产保护中的产业化实践是一种经济高效的保护方式，在产业化实践中要避免一些误区。少走弯路，也是我们当前开展保护工作的一种进步，因为原本已经很脆弱的非物质文化遗产已经不起任何一点风雨。

产业化在非物质文化遗产保护中应以效益最大化为目的，而不是以利润最大化为目的。非物质文化遗产保护是一项公益性事业，因而非物质文化遗产的产业化实践也是一种公益性很强的经济行为，必须充分考虑社会效益和公众福利，这是非物质文化遗产保护效益的重要组成部分。非物质文化遗产产业化实践是从产业发展理论的视角推进非物质文化遗产保护工作，探索非物质文化遗产保护的发展方向和运行机制的改革，但是并不等同于市场化。非物质文化遗产的产业化实践要注意避免市场化中的盲目性、短期性缺陷，立足于国家发展的全局，要充分考虑我国文化的特性和国情，要着眼于我国经济文化发展的长远之计，走出非物质文化遗产保护实践的新路子。非物质文化遗产产业化实践要以具体非物质文化遗产项目的社会效益为主要目标，在保障其社会效益的前提下，适度地追求经济利润。就文化保护层面而言，产业化实践在非物质文化遗产保护中应以社会效益为重，不应以营利为目的，但是不排除盈利或赢利的客观结果。

产业化实践在非物质文化遗产保护中不是推卸了政府的保护责任，而是强化了政府的宏观调控作用。非物质文化遗产保护中的产业化实践为政府节省了一定的保护资金投入，可以使政府把更多精力投入到其他工作中去，不再需要从事繁琐的具体保护工作，只需要做好宏观规划，强化调控角色，淡化管理色彩。同时，非物质文化遗产保护的最大受益者是整个社会公众，政府作为社会公众利益的代表，应该充分肯定非物质文化遗产保护中的产业化实践所带来的不可估量的社会效益，要为非物质文化遗产保护产业化实践享受适度的政策倾斜创造一定的条件，改变过去非物质文化遗产资源和项目一边为社会造福，一边传承难以为继的经济窘境和两难选择。

非物质文化遗产保护工作的产业化不是无原则的实践，而是始终以非物质文化遗产项目的传承为出发点和落脚点。产业化是一种组织经济行为，在非物质文化遗产保护中采用产业化实践的保护方式，绝非唯利是图，把非物质文化遗产项目当成摇钱树，而是始终以非物质文化遗产项目的活态传承为出发点和落脚点。凡是有利于非物质文化遗产传承的实践方式，我们都是持欢迎和支持态度。如果产业化实践对具体非物质文化遗产项目造成了破坏，迟滞或者延误了我们的保护工作，违背了我们的保护初衷，我们应该坚决摒弃。这是我们在非物质文化遗产保护工作中实施产业化实践所秉承的根本原则。

产业化对于非物质文化遗产保护而言就是一种保护方式，既不像某些经济人士所说是万能的，是市场经济环境下非物质文化遗产保护的救星，更不像有些文化人士所担心是摧毁非物质文化遗产保护的经济洪水，会带来可怕的商品经济对文化的侵蚀和同质化。产业化对于非物质文化遗产保护而言，就是一把双刃剑。我们提倡适时适度地推进非物质文化遗产中的产业化实践，既要在一定的范围内充分发挥好产业化的优势，积极发展非物质文化遗产保护事业，又要对其进行适度地规约，避免对非物质文化遗产保护工作造成破坏。

附　　录

一　相关文献

[1] 孙克：《"非遗"资源产业化支撑系统的反思与建构》，《云南社会科学》2013 年第 1 期。

[2] 英浩、戚永哲：《非物质文化遗产开发利用的合理性分析》，《人民论坛》2013 年第 8 期。

[3] 别金花、梁保尔：《中国非物质文化遗产保护利用研究综述》，《旅游论坛》2008 年第 6 期。

[4] 王学文：《我国非物质文化遗产保护的"四种倾向"及对策分析》，《民俗研究》2010 年第 4 期。

二　相关文件

《关于把握正确导向做好文化遗产保护开发工作的通知》

办新闻发〔2010〕18 号

各省、自治区、直辖市文化厅（局）、文物局（文管会），新疆生产建设兵团文化广播电视局：

近年来，在科学发展观的指引下，各地高度重视文化遗产保护，不断增强保护意识，拓展思路，创新方法，文化遗产保护呈现良好的发展局面。各地在坚持保护为主的前提下，充分利用文化遗产资源，对文化遗产进行合理开发，积极发挥文化遗产在提高地方知名度、扩大社会影响等方面的重要作用，促进地方经济增长，加快经济发展方式转变。

但是，在文化遗产保护开发的过程中也出现了一些严重的问题和不良的现象：一是打着传承名人文化的旗号争夺名人故里，表面看是为了保护文化遗产，实际上是竞相争抢经济利益，名人故里之争中对于文化遗产经济价值的过度追求，已然将文化遗产商品化。二是兴建假文物，对文化遗产进行不恰当的商业利用和运营，过度的商业炒作和破坏性开发，使文化遗产遭到不同程度的破坏。三是盲目举办祭拜活动，缺乏严肃性，造成传统文化内涵被严重扭曲。四是有的地方肆意炒作一些负面的文化现象、历史人物和文艺形象，产生了不良的社会影响，有违社会主义核心价值观。

针对文化遗产保护开发中存在的这些问题和倾向，为正确把握文化遗产开发利用的方向，防止文化遗产被滥用、歪曲，造成文化遗产庸俗化、功利化，现提出以下要求：

一　坚持社会效益优先，大力弘扬优秀传统文化。各地要始终把社会效益放在首位，把保护、开发文化遗产与弘扬优秀传统文化、传播先进文化相结合，深入挖掘文化遗产的精神价值和文化内涵，通过形式多样的展示和传播，使群众增长知识、陶冶情操，为构建社会主义核心价值体系发挥积极作用。

二　保护为主，合理利用，促进文化遗产事业健康发展。要坚持"保护为主、抢救第一、合理利用、加强管理"的文物保护工作方针和"保护为主、抢救第一、合理利用、传承发展"的非物质文化遗产保护工作方针，妥善处理文化遗产保护、传承、利用、发展的关系。各地在对名人故里、故居或文化遗址等进行合理适度的开发利用时，要加强监管，防止过度的商业开发和对文化遗产内涵的肆意歪曲和滥用。

三　科学甄别认定，确保文化遗产的权威性、严肃性。对历史文化遗产要进行科学甄别，对历史文化名人的故里、故居、重要文物所在地的认定，要本着积极有益、少而精的原则，由权威的学术机构和专家参与进行认定。对于有争议的、未经认定的，不宜命名或宣传。

四　严禁损害优秀传统文化的行为。对中华传统文化，在传承发展中要不断赋予新的时代内涵，发挥其积极有益的教育功能。严禁利用历史或文学作品中反面或负面的人物形象建设主题文化公园、举办主题文化活动等。为保证命名的严肃性，各地不宜对文艺作品中虚构的人物进行命名故里等活动。

五　把握方向，积极引导。各级文化、文物部门要进一步增强文化遗产保护的责任感和使命感，加强文化遗产的科学保护。对于恶俗的名人故里命名炒作，各地文化文物部门要采取有力措施，旗帜鲜明地进行正确引导。同时，要积极宣传和倡导正确的文化遗产保护理念，努力传播科学的文化遗产知识，更好地发挥文化遗产对于提高人文素质、优化城乡面貌、彰显地域魅力、促进经济社会发展的重要作用。

特此通知。

文化部办公厅
国家文物局办公室
二〇一〇年七月九日

第十四章

非物质文化遗产保护中的博弈现象

　　我国自全面开展非物质文化遗产保护工作以来，基本实现了由单个项目保护向整体保护的转变，为民族保存了更多文化基因，逐步形成了科学的保护体系，促成了全员参与非物质文化遗产保护工作的良好局面，提升了我国传统文化的国际影响力，取得了显著的成就。但是，我们也必须正视非物质文化遗产保护工作中存在的一些问题，如在实际保护工作中出现的保护目标的短视化、内涵形式的庸俗化、方式方法的虚无化、开发利用的过度化、保护工作的政绩化、项目保护的碎片化、生态环境的错位化等问题。如果这些问题得不到解决，那么保护工作将事倍功半，甚至对原本面临生存危机的非物质文化遗产项目造成新的伤害。

　　博弈论主要研究同一过程中激励结构间的相互作用，是研究具有斗争或竞争性质现象的数学理论和方法。在非物质文化遗产保护工作中，由于保护力量不同组成部分的目标和利益的差异，必然会在保护工作中出现不同程度的博弈现象。因而尝试将博弈论引入非物质文化遗产保护研究，将有助于研究非物质文化遗产保护工作中不同力量的存在方式间相互影响、制约的过程，充分考虑并分析保护力量的各个组成部分的预期行为和实际行为，并研究形成保护合力的优化策略，从而探寻不同力量间保护效益最大化的调节机制。本章将非物质文化遗产保护工作中的若干博弈现象作为问题提出，希望能对当前的保护工作提供一个参考的新视角。

一　精英主导下的保护与传承主体的本色传承之间的博弈

任何时代，任何事物的发展往往是由当时居于社会主导地位的政治精英与知识精英规划，并吸引普通大众积极参与并共同奋斗来实现的，社会的发展也不例外。中国过去百年的社会变革，以及由社会变革所带来社会思潮的变迁无不如此。

我国多数非物质文化遗产项目寓于人民群众日常生活的乡土文化之中，是农耕文明、游牧文明、渔猎文明等的产物。在相当长的历史时期内，其所承载和传递的文化信息往往不为当时的政治精英和知识精英所欣赏，因而没有被纳入当时的主流文化之列。故非物质文化遗产在中国以往的社会中未得到应有的重视，时过境迁也就逐渐成为文化遗留物。无论出于何种原因，我国自古确有保护非物质文化遗产的传统，如先秦《诗经》、汉魏《乐府》、魏晋志怪、明清民歌、民国歌谣的收集、整理、出版等。但是，我国近年来的非物质文化遗产保护乃至非物质文化遗产学科的逐渐建立都是在外力的推动下才蓬勃开展的，而开展此项工作的主力就是当今社会的政治精英与知识精英。在考察他国的非物质文化遗产保护实践，回望本民族的文化史后，我国的政治精英与知识精英逐渐意识到非物质文化遗产自身所拥有的巨大价值。为推进国人重新审视民族优秀文化遗产，为了发挥民族文化遗产的当代价值，他们开始做了大量的工作。正是由于政治精英与学术精英的积极推进，国人才重新开始审视自己的传统文化，体味日常生活的背景知识，传统文化中的精英部分才得以以非物质文化遗产的新名目重新进入国人的视野，走进大众的日常生活。现实的非物质文化遗产保护工作中，的确也存在政治精英和知识精英积极推进的主观愿望落实到某些地区、某些具体项目时的"水土不服"现象，预期的保护成效也就大打折扣。倘若政治精英和知识精英绕过传承主体，直接参与非物质文化遗产的保护传承，极有甚至会导致一些非物质文化遗产保护项目变味走样，可能会彻底毁灭一些非物质文化遗产项目。因而政治精英与学术精英在非物质文化遗产保护工作中也不是万能的，不能囊括一切工作，插手所有的事情。

非物质文化遗产的生存土壤多数在民间，特殊的思维方式、生活禁忌、区域生态环境等正是其存在的必需，而且只有生活在其中的人才能够原汁原味地将其传承下去，否则将成为无源之水、无根之木。非物质文化遗产的传承人之所以能够获得身份认可，根本原因就在于其能够本色地传承其所肩负的项目。但是，我们也意识到非物质文化遗产项目传承人并非生活在一个完全隔离的空间，势必会受到政治精英和知识精英主导开展的强有力保护工作的影响，其思维方式和创作方式也会自觉或者不自觉地发生一些细微的变化，即使再细微的变化也会反映到其技艺之中，影响到其项目的传承。

在非物质文化遗产的实际保护工作中，政治精英和知识精英的主导保护作用固然重要，但传承主体的本色传承也不可轻视。在二者共同发挥作用的交集中必然会存在不同程度的博弈现象，如政治精英和知识精英主导的保护工作可以推进传承主体的本色传承，但也存在由于工作度把握不好而造成负作用的现象。传承主体的本色传承可以为政治精英和知识精英主导的保护工作提供本土经验借鉴，也可以适当地修正其推进的保护工作方法和措施。但是，如何将政治精英与知识精英保护工作的主导作用发挥最佳，将传承主体传承的项目保持原汁原味，这就需要妥善处理并合理协调政治精英和知识精英主导的保护与传承主体的本色传承之间的博弈。

二 文化生态保护区建设与周边经济社会协调发展之间的博弈

对文化生态进行保护的理论是 20 世纪 90 年代逐渐传入我国的。随着文化生态保护理论研究的深入和保护实践的探索，我国逐步将文化生态保护区作为整体性保护的一种方式应用于非物质文化遗产保护实践。目前的实践表明，文化生态保护既相对完整地展现了区域内的民族民间文化，又实现了原地保护，不仅各种形态的原生态民间艺术得以较好地保护和延续，而且也促进了当地经济社会的发展，文化生态保护区逐渐成为各地文化建设甚至经济建设的新亮点。

文化生态保护的理想状态是其基本保持原有的状态，沿着自有的历史轨迹在排除重大外来干扰的情况下按其自身规律发展，实现并维持区域内的经济社会协调发展。生态博物馆创始人雨果·黛瓦兰（Hugues de Varine）认为，生态博物馆"必须适应社会、经济和技术变化，以他们自己的节拍，以社区过去和按照他们活的文化，在允许和可持续的范围发展。"在实施文化生态保护理念时遇到的问题较多，如何确保生活在文化生态保护区的群众少受保护区外的文化冲击，如何维持保护区的经济社会现状，如何使保护区内的非物质文化遗产能够在原生地按其既有的规律发展，如何通过旅游等途径向世人展示文化遗产的价值，这些都是文化生态保护区建设面临的重要问题。

要实现文化生态保护区内的经济社会文化协调发展，保护其丰厚的历史文化积淀，维护其小范围内的文化生态平衡，就需要将文化生态保护区完全独立于当地经济社会发展的总设计之外，将其与外界的文化交流、人员流动等一切联系割断，使其完全封闭起来，成为理想中的"桃花源"。但是，当今世界都是相互联系的，没有绝对的独立和真空，任何文化生态保护区都只是我们经济社会发展的一个组成部分，更不可能独立于国家和地方经济社会发展的总设计之外。

不可否认，大力推行的文化生态保护区建设与其他周边区域的经济社会发展之间的博弈一直都是客观存在的。基于我国现有的文化生态保护区经济社会发展相对落后于其他区域的现状，基本可以断定文化生态保护区在经济社会发展中多是处于被动的位置，贵州六枝梭戛生态博物馆的现状就是典型的例子。如何使文化生态保护小范围区的经济社会文化协调发展，又使其不至于为当今社会所遗弃（当然，在我们现实生活中也不可能被遗弃），就需要妥善处理并合理协调文化生态保护区建设与其他外在经济社会协调发展之间的博弈。

三 项目传承人的原味传承与追求创新之间的博弈

任何一个项目在每一个历史时期的传承都会受到其所处时代的影响，这种影响必然要在其传承的过程中有所体现，因而存续时间久远而未发生任何变化的非物质文化遗产项目是不存在的。故非物质文化遗产项目传承人在传承过程中，其实在做两项工作，一项是传承上一辈传承人传承下来的技能技巧、项目禁忌等，另一项是赋予项目本身特定的时代印记。这两项工作可以归结为传承一种过程性文化，一种在不断的变化中维系不变文化基因的文化类型。

开展非物质文化遗产保护工作，主要目的就在于希望传承人能够原汁原味传承其所承担的项目，通过项目的传承为我们的民族保存更多文化基因。非物质文化遗产保护工作最为理想的状态，就是通过项目传承人所传承的项目知晓前人的技艺技能、行业信仰甚至是社会风俗等信息，并透过这些信息努力知晓其时其地的经济社会状况，为当今的社会发展提供借鉴。现实生活中，传承人同其他人一样也有自己的思想和生活环境，不可能无任何变动地传承上一辈传承人的项目，总会在自己的传承过程中或多或少地赋予自己的思维或技巧的特征。同时，传承的项目本身也会因为时代的变迁、原料的变化，而在取材、行业禁忌等方面有所变动。

传承主体在传承过程中，如何把握原味传承与适度创新的度是个较为棘手的难题。如果让传承人自己把握，则我们很难知晓其是否较好地把握了度，而且传承人自身也很难理解这个度的所在。如果利用外在的某种力量帮助其界定和把握，则很容易出现越俎代庖的现象，非但实现不了预期的保护效果，反而可能对项目传承人的积极性乃至项目本身造成伤害。原味传承是项目传承人的责任，但是追求创新也是每一个传承人的技术向往。因而在传承实践中，原味传承和追求创新的博弈也是客观存在的。只不过在传承过程由于博弈的强度不同，有些表现得较为明显，有些不为外人所知而已。我们不能否认，这种博弈必然对传承主体的原味传承和追求创新造成不同程度的影响，其所包含的文化基因和时代印记也会出现此消彼长的变化。

四 保护工作的有力推进与项目自身演化之间的博弈

政府主导下的非物质文化遗产保护工作，在唤起民众对非物质文化遗产项目关注的同时，也对现有的非物质文化遗产项目产生了重大的影响。非物质文化遗产保护工作的初衷之一就是为项目本身创造一个适合其生存发展的小环境，使其能够按照自身演化规律发展，而不是受到其他因素的影响改变其自身演化的进程。非物质文化遗产保护工作在为其创造小环境的同时，一般会割裂其与周边的联系。当然，这种割裂程度的大小也是不同的，但人为造成的这种割裂是某种意义上的现实存在。

但是，我们也必须认识到，非物质文化遗产项目作为一个时代部分文化的缩影甚至是部分社会意识的综合体并不是独立存在的，而是与周边的一切发生着不同程度的联系，其自身的演化也是多种因素相互作用的结果，因而绝对的割裂是不存在的。具体非物质文化遗产项目在不同时代的演化，恰恰是不同时代多种因素相互作用的结果。具体非物质文化遗产项目在农耕文明、渔猎文明、游牧文明等时期的演化，带有鲜明的历史痕迹，但是其进入工业社会、商业社会后也不可能与社会绝缘，因为不可抗拒的历史力量已使其成为工业社会、商业社会的一部分。

我们非物质文化遗产保护的初衷是善意的，我们的保护意愿和相关措施也是基于这个时代社会状况乃至人群知识结构做出的，是对农耕文明、渔猎文明、游牧文明等的一种保存希冀。但是，如果放在更长的历史时期来考察，工业社会、商业社会是否是非物质文化遗产所必经的阶段？如果不其必经的阶段，其如何从工业社会、商业社会中实现独善其身的穿越？如果是必经的阶段，我们现在的保护工作是否改变了其演化的轨迹？恐怕这些问题我们现在还不好回答。那么保护工作的有力推进与项目的自身演化之间的博弈究竟孰是孰非，难道只能留于后人判断吗？学界关于这个问题涉猎较少，甚至有些刻意回避。如果不及时对上述问题进行分析研究，很难说我们今天的保护工作在若干年后不为历史所否定，很难说我们现在的一些保护措施不是一种新的破坏，不为后人所诟病。关于这些类似问题的深入研究，将能够回答非物质文化遗产与工业社会、商业社会的关系，能够回答当今保护工作的强力推进是对非物质文化遗产项目自身演进的保护还是破坏等问题。

五 具体项目的经济效益与社会利益的博弈

在非物质文化遗产保护工作中，不同利益主体之间的经济效益和社会效益的博弈是一直存在的，无论是对保护主体还是传承主体而言。政府在保护工作中投入了大量的人力与物力，在很多情况下也不得不考虑政绩因素以及政府投资的回报问题。争取在尽量少投入的情况下获得更多的收益，这是任何投入方都不可能回避的问题，而其中最容易衡量并为地方政府所热衷的就是经济收益。在保护实践中，我们也发现确有一些地方政府把非物质文化遗产保护工作当作一种政绩工程，按照自己的主观意志对其采取一些不合实际的措施，在实现经济收益的同时却极大地破坏了非物质文化遗产项目。

社会发展迅速，各方面的建设都需要大量的资金投入，政府不可能长期地承担非物质文化遗产保护工作所需的大量资金，即使政府投入了大量的资金，对于我国如此丰富的非物质文化遗产资源而言也较为紧张。为了弥补保护资金的缺口，政府势必会鼓励其他资金力量积极参与到非物质文化遗产保护工作中来，如目前所倡导开展的生产性保护就是一种典型的方式。正是由于政府资金的不足或缺位，民间资本也就趁势成为我们非物质文化遗产保护工作欲拒还迎的贵客。有识之士既想借助于民间资本推进保护工作的开展，因为资金的短缺已经成为制约保护工作的一个现实瓶颈。同时，又担心民间资本的介入破坏了我们保护工作的本意，对具体非物质文化遗产项目造成新的破坏。

在非物质文化遗产保护实际工作中，项目的传承主体也有一定的利益诉求，因为其是现实社会中有正常物质需求的人，也有个体存在和发展的经济利益需求。如果我们对项目传承主体的利益诉求置之不理，刻意去忽视其应当的经济收益，恐怕也就无人再愿意主动从事相关项目的传承。离开了项目传承人的项目也将不复存在。但是，我们也知道非物质文化遗产的价值并不仅在于其经济价值，而在于其所包含的丰富文化价值、科技价值、历史价值、艺术价值等。如果片面地注重其经济价值，过于追求非物质文化遗产保护工作的经济效益，恰恰是对非物质文化遗产保护工作的曲解和破坏。实现非物质文化遗产的社会价值和社会责任，恐怕主要还是由政府来承担，即使由其他参与保护工作的社会组织来部分承担，也需要政府主导并督促其履行所应承担的社会责任。

在具体保护工作中，民间资本也并不推卸其社会责任，也自觉或不自觉地承担着非物质文化遗产部分社会价值的实现，但是其根本目的是追求经济效益。只要社会效益和经济效益出现冲突，民间资本追求经济效益而舍弃社会效益的概率就会变得极其大。虽然，我们已经颁布了《中华人民共和国非物质文化遗产法》，而且还下发了《文化部关于加强非物质文化遗产生产性保护的指导意见》，但只是提供了一些宏观层面的规定，对于调和不同保护力量的经济效益和社会效益之间的博弈很难提供可操作性的参考。

各种力量为了在非物质文化遗产保护工作中发挥最大的保护效用，势必与其他保护力量发生博弈。博弈现象在非物质文化遗产保护工作中的普遍存在，并不是说明当前非物质文化遗产保护工作面临的困难重重，恰恰说明了我们的保护工作正如火如荼地开展。正确的对待和调和各种保护力量之间的博弈，有助于非物质文化遗产保护合力的实现和保护效益的最大化。博弈现象的存在正是各种力量在保护实践中积极发挥作用所产生的。博弈的不稳定性正是由于各种力量发挥作用处于一种无序的状态。

学术界积极进行关于非物质文化遗产保护中的博弈现象研究，有助于使各种力量逐步进入发挥个体最佳效用和整体最佳效用的状态，使其发挥作用时处于一种协调有序的状态。如何正确地对待和调节非物质文化遗产保护工作的博弈现象，将是非物质文化遗产保护工作面临的一个迫切问题，希望保护实践和学术界的理论研究能够及早加以解决。

第十五章

非物质文化遗产保护与新文化创造

一 基于民族文化演进的视角

非物质文化遗产保护与新文化创造并存于同一个文化空间，是民族文化延续过程中的两种积极性措施，其中，前者是基于现有文化物象的防御性保护，后者是基于未来文化物象的进取性保护。正确认识非物质文化遗产保护与新文化创造及其之间的关系，既有利于推进非物质文化遗产保护工作，有利于新文化创造，更有利于民族文化的延续。

（一）非物质文化遗产保护有利于创造新文化

非物质文化遗产是在数千年的华夏文明史形成过程中，生活在社会底层的广大民众为物质生产生活的有序和精神娱乐生活的完满而自觉自主的一种文化创造物。该文化创造物是一个较为复杂的复合体，包括广大民众为了满足社会生产需要而创造的文化，也包括为了满足个体和群体生活需要而创造的文化，更包括为了个人和群体精神娱乐而创造的文化，是基于广大民众现实经济基础的思想文化上层建筑。随着人们生产生活环境的改变，其精神娱乐需求也是不断变化的，从而也必然带动非物质文化遗产不断演进。

我们今天收录到各级名录中非物质文化遗产项目是在华夏文明发

展过程中，依然具有现实价值的项目。当然，在文明发展史中必然有一些项目因为各种各样的因素而消亡，或者变异。这些消失或者变异的非物质文化遗产项目，其自身所蕴含的文化信息必然在当时与之相关的文化物象中有所映射。从这个角度上讲，具体的民族文化基因并没有消亡，而是转化为另外的文化形态，以其他形式存在其他物象之中。

国家积极推进非物质文化遗产保护工作，是为了避免民族文化品格和民族文化精神的消亡，发挥民族传统文化在促进民族内部文化认同、凝聚民族力量、实现民族复兴中的重要作用。因为非物质文化遗产是当今时代区别不同国家和民族的一个重要标识。随着各种资源在全球范围内的流通和再分配，各种文化更是在不同的地域和种族间广泛交流，人们在享受全球化便利的同时，逐渐接受其他民族的舶来文化，长此以久必然带来民族文化特征的消亡，也就从根本上动摇了民族存在的文化根基。由此，为了维护世界范围内文化的多样性，发掘民族文化的宝贵资源，锻造民族文化品格，多数国家都在通过不同方式推进本国非物质文化遗产的钩沉和保护工作。

非物质文化遗产之所以能够受到空前的重视，是因为人们发现可以通过这些文化物象探析已经消失或者变异的社会生活背后的精神记忆，找到内心的精神归宿，并在这些文化物象中汲取营养，创造满足民众新时期精神文化需求的新文化物象。非物质文化遗产作为历史和当下的一种文化物象的复合体，其价值并不仅仅在于供民众缅怀过去，沉浸在现有的精神家园中。如果仅限于此，那么非物质文化遗产也就有可能沦落为麻醉民众的文化鸦片。为了防止类似现象的出现，我们必须明确非物质文化遗产保护工作的关键目的是什么，是为了钩沉文化历史，还是为了创造新文化物象。从非物质文化遗产与非物质文化遗产保护两个概念而言，我们不难发现钩沉文化历史的工作已经有效开展，而且取得了相当的成就。目前更为重要的是已经钩沉的非物质文化遗产项目为创造新文化提供文化资源，促进并推动新文化的创造工作，为民族文化的传承和发展发挥作用。

（二）创造的新文化并不取代非物质文化遗产

新文化的创造需要一定的经济社会政治环境，更需要丰富的文化资源。纵观华夏文化史，我们不难发现每一个历史时期都有新的文化物象被创造，也都有旧的文化物象消亡，正是在不同文化物象的繁衍更替中实现民族文化的演进，这是文化进化中一个永恒的法则。一些文化物象消亡了，其社会位置必然被一些其他的文化物象所取代，但是其所蕴含的民族文化精神并没有消亡，而是已经深深印刻在本民族精神性格之中。

我们现在的非物质文化遗产保护工作，并非致力于保证现有的非物质文化遗产项目永不消亡，而是努力保护其不受其他干扰按照自身规律发展。不同非物质文化遗产项目的发展规律是客观的，是任何力量都不能改变的。但是由于不同社会因素的影响，具体非物质文化遗产项目发展规律的实现形式是可能被改变的，这样一来，就会在相当程度上改变其自身的发展轨迹。目前的保护实践，正是尽可能减少一些影响非物质文化遗产发展规律的干扰因素，尊重其自身的发展，实现不同文化物象在民族文化发展的重要作用。按照进化原理，任何文化物象终有消亡的一天，但是文化精神可以通过不断涌现的文化物象来传递。故许许多多的文化物象在我们民族历史中已经消亡，也有许许多多的文化物象在不断产生。已经消亡的文化物象成了文化记忆，延存至今的文化物象就成了今日的文化遗产，当今不断创造出来的文化物象就是未来的文化遗产。

创造新文化是基于民族文化历史、汲取民族文化精髓的文化自觉行动。创造新文化必须汲取非物质文化遗产的资源，必然带有不同非物质文化遗产项目的文化基因，因而创造的新文化就是非物质文化遗产项目的延续，甚至在新文化发展到一定阶段完全可能成为新的非物质文化遗产项目。创造新文化绝不能崇尚文化舶来主义，基于舶来文化创造的文化是没有民族根基的，是没有生命力的。创造新文化也不能封闭在一个小圈子里靠苦思冥想，而要针对现实问题，从文化角度构造利于推进问题解决的新文化。

创造新文化是从社会民众现实的精神文化需求出发的文化创造行动。创造新文化不是无根由的臆造，是从现行阶段社会民众的精神文化需求出发，为满足民众的需求而主动进行的文化创造行为。民众需要什么样的文化，民族发展需要什么样的文化，就是新文化创造的方向。要主动到群众中，在现行的文化物象中寻找民众尚未得到文化满足的空隙，找到民众骨子里期盼的文化讯息，寻找民族在新的历史阶段锻造品格所需的文化滋养。然后，带着这些问题去参与并推进新文化的创造。

创造新文化是关照其他民族文化、发展完善本民族文化品格和锻造本民族文化精神而采取的文化揉合行为。文化交流中的界限是模糊的，文化的交流更是造成了一种貌似在民族文化之上的泛文化，虽然利于全球化的推进，但是也潜在地消磨着民族的文化精神。创造新文化不能闭门造车，不能夜郎自大，不能视当时世界形势和文化现状于不顾，必须环视并尊重其他民族文化，寻找可以借鉴的文化因素。创造新文化不是一个全新的创造，而是在现有的文化资源基础上，不断创造完善的过程，这个过程中会把所有有利于创造的文化因素揉合在里面，把创造新文化的过程变成一个围绕共同文化目标，不断吸收、揉合、升华不同文化因素的过程。

（三）非物质文化遗产保护与新文化创造并行不悖

非物质文化遗产是一个现实的存在物象概念，非物质文化遗产保护工作是围绕现存的非物质文化遗产项目开展的文化自卫。认定非物质文化遗产项目的前提就是该项目存在已久，镌刻在民众的生产生活中，并对民众产生的广泛而深刻的影响。且该项目在诸多方面优于其他业已存在的项目，具有特殊的文化、教育、经济、历史等价值和意义，才有可能被纳入非物质文化遗产保护名录。非物质文化遗产保护工作主要是围绕这些被纳入名录的非物质文化遗产项目展开的，当然也会兼顾其他尚未被纳入名录但同样具有价值的项目。非物质文化遗产保护工作不是从认定非物质文化遗产项目开始的，而是在此之前就开展了类似的保护实践，只不过当时没有非物质文化遗产的概念，也就无非物质文化遗产保护的概念而已。

新文化创造是一个现实的历时过程，是动态微调的不同文化因素的调和与妥协。新文化创造一个动态的过程，是一个需要时间的过程，而且这个过程是只可规划而不可规定的过程，因为在这个过程中存在诸多的不确定性。因为文化不是其他物品，可以在短时间内生产出来，而且在创造任何一种文化物象的过程中都是不同的文化因素在不断地调和，直到达到民众和社会需求的理想状态，否则创造永远都是在进行中。

非物质文化遗产、非物质文化遗产保护、新文化创造是在一个文化空间并存的。非物质文化遗产是非物质文化遗产保护的对象，非物质文化遗产保护是基于非物质文化遗产价值而主动采取的防御性措施，新文化创造是基于包括非物质文化遗产在内的文化资源而捍卫文化延续采取的进取性措施，三者是在同一个文化空间相互依存的。没有非物质文化遗产，也就没有非物质文化遗产保护，也就没有新文化创造所需的文化资源，整个民族文化的延续将是一句空话。同样，如果没有新文化的创造，那么非物质文化遗产保护也就没有现实意义，非物质文化遗产也就仅限于一个学术概念而无现实价值。

非物质文化遗产、非物质文化遗产保护、新文化创造三者之间也存在一定的矛盾。非物质文化遗产一旦被钩沉，就会被纳入不同程度的保护范围，一旦被保护也就意味着其生存环境就会发生变化，从理论上讲也就改变了其自身的发展规律。非物质文化遗产是一个现有的文化类型，任何一种文化类型都有捍卫自己文化领地的诉求，但是新文化的创造就是在现有的文化领地中开辟自己的范围，势必会产生非物质文化遗产与新文化创造之间的文化冲突。非物质文化遗产保护是围绕非物质文化遗产展开的，既然保护目标是明确的，那么保护的措施就势必带有一定的排他性，在某种程度上也就不利于新文化的创造。唯一能够调和非物质文化遗产、非物质文化遗产保护、新文化创造之间矛盾的就是民族文化的延续。因为一个民族内的任何文化物象存在及围绕文化物象而采取的行动都是为了民族文化的延续，只要民族文化能够延续，不同的文化物象在相互交错的过程中是可以相互妥协的。三者围绕民族文化的延续而不断调整自己发挥作用的途径和方式，从而把三者之间的矛盾控制在最小的范围内，把各自有利于民族文化延续的作用发挥到极致。

综上所述，非物质文化遗产保护有利于新文化创造，创造出的新文化并不是为了取代非物质文化遗产，非物质文化遗产保护与新文化创造之间是并行不悖的。作为密切联系又有一定矛盾的三者都是致力于民族文化延续的，如不能清醒认识到这一点，非但非物质文化遗产保护和新文化创造推进不力，民族文化延续的步伐也将受到严重影响。

二　基于农村文化的视角

非物质文化遗产保护是为了保护更多的文化资源，推进新文化的创造，为民族的复兴积淀更多的文化财富。鉴于我国传统社会的特殊社会模式，我国的诸多非物质文化遗产都生产于乡土民间，其中绝大部分是在农村中产生并发展的，当然也有小部分是在城镇间产生的。因而我们的非物质文化遗产保护与新文化创造工作就不能不重视农村，不能不重视诸多非物质文化遗产产生并发展其中的农村文化。

（一）农村文化是一个时间节点的文化

在非物质文化遗产保护研究中，农村是一个地域性的概念，农村文化是一个时间节点的文化，是一个传统社会（1912 年以前）的广大农村地区为了乡民的物质生活有序和精神生活的完满而自主自觉地文化创造，既包括我们称为非物质文化遗产的文化部分，也包括物质文化遗产的部分，还包括尚未纳入非物质文化遗产与物质文化遗产的文化部分。

当然，农村文化并不是一个画地为牢的文化类型。农村并不是一个绝对的地域概念，因为在漫长的传统社会中农村也是不断变化的，这种变化既表现为因为自然环境变化而导致地理位置的变迁，也表现为农村与城镇之间因为朝代的更迭或者战乱的影响的角色互换。故农村文化同其他文化一样也不是完全独立的，其与城镇文化、商业文化等存在一定程度的交集。

农村文化并不是纯粹的农业型文化。农业是农村的主要生产渠道，但是农民为了自身的物质生活的丰富和精神生活的满足，也会从事一些畜牧业、工具制造业、小商业等。当然，这些畜牧业、工具制造业、小商业也都是围绕农业展开的。但是，并不是所有的农村文化都是农业型文化，因为农村在不同的地域中也有不同的表现形式，如在崇山峻岭之中，在少数民族聚居之地可能表现为寨子形态，在广阔的草原可能表现为小型的游牧部落，在广阔的水域可能表现为船帮等。在这些地域，农村文化可能表现为寨子文化、游牧文化、水上文化等。

（二）农村文化是非物质文化遗产保护的对象

鉴于非物质文化遗产多数产生于农村，而且诸多的非物质文化遗产项目只有在其原生的文化环境中才能更好地传承发展，故非物质文化遗产保护就要保护非物质文化遗产项目原生的文化环境即农村文化。农村文化特有的文化环境和文化需求为非物质文化遗产的产生和传承创造了条件，离开了农村文化环境的非物质文化遗产就不再是纯粹的非物质文化遗产，或者说离开了农村文化的非物质文化遗产就不再是非物质文化遗产。任何企图把非物质文化遗产从农村文化中脱离出来进行单独保护的想法和举措，都是对非物质文化遗产的新破坏，也都是违背非物质文化遗产传承发展规律的。

任何文化保护工作都带有明确的指向性，非物质文化遗产保护工作也不例外。非物质文化遗产保护是国家实施的专项性文化保护工程，受其保护资金和保护力量的限制，其保护的目标就是非物质文化遗产项目，不涉及其他文化类型。非物质文化遗产产生传承于乡土民间，寓于农村文化之中，是农村文化的一部分，但是并不是所有的农村文化都是非物质文化遗产，故非物质文化遗产保护只能保护农村文化中的非物质文化遗产部分。当然，农村文化中的非物质文化遗产项目与农村化的其他组成部分也有一定的联系，非物质文化遗产保护也不可能完全将它们截然分而治之，只能视不同非物质文化遗产项目的具体情况而有所选择。

（三）农村文化是新文化创造的源泉之一

新文化创造并非凭空而来的，更不是随意臆造，而是基于丰富的传统文化基础上的文化再创造、再发展。非物质文化遗产是传统文化的重要组成部分，相对封闭的农村更是传统文化保存最好的环境，农村文化更是传统文化最好的载体之一。因而我们的新文化创造必须珍视农村文化。

新文化创造绝不是与传统文化的割裂，而是民族传统文化的延续。农村是一个相对封闭的区域，产生传承于农村的农村文化基本原汁原味地承载着中华传统文化。相对变化较大的城镇文化而言，若要寻找相对纯正的传统文化讯息，恐怕农村文化是一个比较理想的文化载体。新文化创造必须从农村文化中汲取营养，把最纯正的传统文化讯息融入到新文化中，使新文化成为民族文化传承中的一个节点。

新文化创造不是盲目地吸收农村文化。农村文化也是一个比较复杂的文化体，存有非常多的积极进步的文化内容，也存有一些已经落后消极的文化内容。新文化创造是为了满足新时期广大民众的精神文化需求而进行的文化创造，必须是积极的向上的，是符合时代旋律和民族文化发展方向的。故新文化创造只能积极汲取农村文化中积极进步的内容，并赋予其崭新的时代内容和文化逻辑。

（四）非物质文化遗产保护与新文化创造分而为之

非物质文化遗产保护与新文化创造是两个文化工程，可以同时并举，但切不可同一平台操作。非物质文化遗产保护和新文化创造两者是一个矛盾体，非物质文化遗产保护是为了使非物质文化遗产项目免受破坏，而新文化创造是在原有文化基础上的再发展，如果把非物质文化遗产保护与新文化创造放在同一平台操作，非物质文化遗产保护势必因新文化创造的强力推进而举步维艰，新文化创造也会因非物质文化遗产保护而寸步难行，二者都能实现其预期的目标。

非物质文化遗产保护放在文化保护的平台实施，既能保证文化资源的延续，又能保证保护工作的顺利推进。新文化创造放在文化创新的平台实施，既能汲取非物质文化遗产的文化资源，又能不影响非物质文化遗产保护工作的有力推进。把非物质文化遗产保护与新文化创造放在两个平台实施，既能实现各自的预期目标，又能对彼此形成文化映照，既能推动非物质文化遗产保护工作的进展，又能使新文化创造能够在传统文化中观照自身。

第十六章

我国非物质文化遗产保护理念的
变迁及其面临的现实问题

自我国 2003 年开展民族民间文艺保护工程，2005 年开展非物质文化遗产保护工作以来，我国的保护理念随着保护实践工作的深入不断创新并不断付诸于新的保护实践。在这种不断验证和升华的保护工作过程中，符合我国国情的非物质文化遗产保护体系得以初步建立并不断完善。

学术界关于非物质文化遗产保护理念的讨论及我们当前保护工作所面临的问题众说纷纭，甚至存在关于某一保护理念的截然相反的两种观点，这是非物质文化遗产保护的一大幸事。也正是因为这种关于不同保护理念及该理念倡导的保护实践活动的可行性的不断争论，推进了非物质文化遗产保护理念的不断变迁，加深了我们在探索并实践这些理念的过程对所面临问题的认识，也必将推动非物质文化遗产保护工作。

研究分析学术界较为认可或者相对成熟的非物质文化遗产保护理念，并指出一些已经呈现并且严重影响非物质文化遗产保护工作的问题，有利于我们今后保护工作的开展。

一　以人为本的保护理念

在初期的保护实践中，由于认知的局限性，我们基层的保护工作很多时候注重实物的收集、展示，往往是把与非物质文化遗产相关的实物，如工具、工艺品甚至原材料等从非物质文化遗产传承主体手中或者民间散落的院落中收集上来，集中存放在一个场所，甚至存在以收集实物的多少作为评判保护工作成绩的重要标准的现象，这也是被很多地方文化部门一直视为自己非物质文化遗产保护工作的成绩，而且只要有上级检查、同行业者参观必然首推的项目。但是，他们通过类似博物馆、展览馆、展示馆等方式展示的，并不是社会所关切的非物质文化遗产，而只不过是非物质文化遗产的一些物质形式而已。这种不科学的保护方式，恰恰忽视了遗产本身的精神内涵及文化意义，忽视了传承主体在非物质文化保护中的独特作用，将非物质文化遗产视为一些简单的物质文化载体和相关的文化表现形式是极为片面的，这割裂了非物质文化遗产的完整性。

随着保护实践的深入，我们认识到非物质文化遗产不只包括物质层面的载体和表现形式，更为重要的是蕴藏在这些物质形式背后的精湛的操作技艺、独到的思维方式、丰富的精神蕴涵和神秘的行业禁忌等非物质形态的内容，而这些却只被非物质文化遗产传承主体所掌握。同时，我们也逐渐认识到非物质文化遗产项目的活力在于传承，而传承的载体就是来自各行各业的非物质文化遗产传承人。因为非物质文化遗产的最大特点就是它的非物质性，所以在其物质载体尚未"形成之前，它们通常只是作为一种知识、技艺或是技能存在于传承人的头脑中。只有当他们将这些技艺技能施展出来的时候，人们才能感受到它们的存在"①。传承人是非物质文化遗产的重要承载者和传递者，其超乎于常人的才智担负着我们中华民族所特有

---

① 苑利：《非物质文化遗产科学保护的几个问题》，《江西社会科学》2010 年第 9 期。

的相关传统文化和精湛技艺，既是非物质文化遗产的活宝库，更是走在非物质文化遗产传承接力赛中的执棒者。刘魁立先生曾在一次关于非物质文化遗产保护的国际研讨会上指出：从根本意义上说，无形文化遗产的保护，首先应该是对创造、享有和传承主体的保护；同时也特别依赖创造、享有和传承这一遗产的群体对这一遗产的切实有效的保护。因为只有尊重、调动和依靠传承主体在非物质文化保护中所应发挥的重要核心作用，才能使得非物质文化遗产项目有了存在和传承的根基。

在我国的非物质文化遗产保护实践中，以人为本保护理念的提出和践行，充分肯定了传承主体的价值和作用，使得传承主体和非物质文化遗产项目一并成为我们保护工作的核心，在一定程度上缓解了"人在艺在，人亡艺绝"的保护窘境。因为非物质文化遗产的主要特征是活态流变性，而且多数非物质文化遗产项目是通过口传心授的方式进行传承，才能使其内在文化价值的外在表现形式不断流、不泯灭、不消亡，但这都是以传承主体的存在和发展为前提的。

世界各国都逐渐认识到了传承人对于非物质文化遗产项目的保护和传承的重要性，并且通过保护传承人来实现对非物质文化遗产项目的保护已经为学术界所普遍认可。在近年的保护实践中，遴选认定并有效地保护杰出传承人的工作成为我国非物质文化遗产保护工作的一个重点。正如冯骥才先生所说："历朝历代，除了一大批彪炳史册的军事家、哲学家、政治家、文学家、艺术家以外，各民族还有一大批杰出的民间文化传承人，后者掌握着祖先创造的精湛技艺和文化传统，他们是中华伟大文明的象征和重要组成部分。当代杰出的民间文化传承人是我国各民族民间文化的活宝库，他们身上承载着祖先创造的文化精华，具有天才的个性创造力。……中国民间文化遗产就存活在这些杰出传承人的记忆和技艺里。代代相传是文化乃至文明传承的最重要的渠道，传承人是民间文化代代薪火相传的关键，天才的杰出的民间文化传承人往往还把一个民族和时代的文化推向历史的高峰。"①

我们的保护工作已经给传承人带来了一些实质性帮助。就现阶段而言，我国经济发展水平还比较低，非物质文化遗产项目的传承人主要是农村的老年人，多数传承人生活较为困窘，在一些老少边穷地区表现得更为严重。政府已经通过多种途径对传承人进行不同形式的帮扶，对非物质文化遗产的传承进行鼓励与奖励。一方面切实加大了资金投入和对传承主体的保护力度，通过多渠道筹措资金，给传承人定期发放津贴，以适当的物质奖励使他们不再为生计发愁；另一方面，对于能够组织传承活动的传承主体，给予传承主体部分培训经费，调动其积极性，鼓励和扶持传承人进行传习，并以尝试命名、资助扶持、表彰奖励等方式进行激励，通过学校教育和社会教育相结合，采取传帮带的方式，培养传承人，努力做到业有所继、技有所承。

但是，如何更好地实践"以人为本"的保护理念，也面临着一些问题。传承主体不是简单的一个抽象概念，而是活生生的、同你我一样的现实的人或者一个小的团体。他们的思想、价值观、生活方式也将随着时代的发展而有所改变，并且呈现出自己的特点。他们也有新的生活欲求，不能让他们为了保护某项非物质文化遗产或者保存某一文化传统而牺牲自己的现实生活，更不能强求他们以逝去的思维方式和生活方式来面对现实的生活，这是不人道的，更是不现实的。如何让他们在当下尽量以一些原有的表达方式甚至生活状态展现和传承非物质文化遗产，就成为一个较为棘手的现实问题。

二 整体性保护的理念

在初期的保护实践中，由于认知的局限，我们往往将单一的非物质文化遗产物象从一种完整的、庞大的非物质文化体系中抽取出来给

---

① 中国民间文艺家协会编：《中国民间文化杰出传承人调查、认定、命名工作手册》，2005年8月。

予特别关注。但是，我们没有认识到非物质文化遗产非常重要的特点就是它的存在和传承中的混元性、现实存在的共生性以及和日常生活的不可分割关系。我们将这些非物质文化遗产物象孤立地保护起来，实质上就是破坏了项目的完整性，割裂其与相关物象的联系，影响了其原汁原味的传承，直接导致了保护项目的碎片化，这与我们非物质文化遗产保护工作的初衷和目的是渐行渐远的。

随着我国非物质文化遗产保护实践的深入开展，我们逐渐认识到只有将具体的非物质文化遗产项目置于其生存、发展的原生土壤中，为其创造和维护适合生存的活水源，才能使其生生不息、原汁原味地传承，因此国内相关部门和学术界提出并探索了整体性保护的理念。整体性保护就是在我们的保护工作中，既要保护具体非物质文化遗产项目自身，也要保护与其休戚相关的外在一定范围的空间。在具体的保护实践中，我们通过建设生态博物馆、文化生态保护区、民俗村等措施，使其原状地保留和发展在自身生长的环境和地域内。如我国自2007 年开始，已经在全国命名了四个国家级文化生态保护实验区：闽南文化生态保护实验区、徽州文化生态保护实验区、热贡文化生态保护实验区和羌族文化生态保护实验区，这些实验区取得了一定的保护成绩，同时也发现了一些问题，为今后的保护工作提供了借鉴。鉴于文化生态保护区建设过程中发现的问题，《国家"十二五"时期文化改革发展规划纲要》明确指出要"统筹国家级文化生态保护区建设。建设非物质文化遗产保护利用设施，不断提高非物质文化遗产保护的科学化水平。"

生态博物馆也是我们尝试推进非物质文化遗产整体保护的一个重要途径。乔治·亨利·里维埃（Georges Henri Riviere）认为："通过探究地域社会人们的生活及其自然环境、社会环境的发展演变过程，进行自然遗产和文化遗产的就地保存、培育、展示，从而有助于地域社会的发展，生态博物馆便是以此为目的而建设的博物馆。"雨果·戴瓦兰（Hugues de Varine）认为"生态博物馆是居民参加社区发展规划的一种工具。"法国《生态博物馆章程》把生态博物馆定义为:"生态博物馆是在一定的地域,由住民参加,把表示在该地域继承的环境和生活方式的自然和文化遗产作为整体,以持久的方法,保障研究、保存、展示、利用功能的文化机构。"国际博物馆协会认为,生态博物馆是一个文化机构,这个机构以一种永久的方式,在一块特定的土地上,伴随着人们的参与,保证研究、保护和陈列的功能,强调自然与文化遗产的整体,以展示其代表的某个区域及继承下来的生活方式。"按照博物馆学界和文化界的说法,它是一种通过科学的、教育的以及文化的手段来管理、研究和开发某一特定社区、社群中包括自然和文化遗产在内的所有遗产的专门性机构,是公众参与社区规划和发展的工具。"[1] 生态博物馆作为一种创新的理念,或者是一种博物馆的类型与形式,在世界上很多国家和地区都取得了很好的效果。我国的非物质文化遗产保护工作也希望能够通过生态博物馆建设,借助其本土性、真实性和完整性原则,以求保护特定社会内鲜活的整体文化及其动态发展。

我们的这种保护理念的实践,既保护了非物质文化遗产的内涵与形式,又保护了传承人与生存环境;既保护了非物质文化遗产,又保护了与之相关的物质文化遗产、自然遗产等。但是,我们在实施整体保护的实践中,也面临着一些问题。如许多生活在整体保护环境的人,尤其是年轻人面临现实生活问题和城市生活的吸引而离开原居住地。中国艺术研究院方李莉研究员在考察贵州梭戛长角苗时,就发现"寨子里从 16 岁到 50 岁的青壮年劳力,有 75% 的人外出打工,18 岁到 30 岁几乎达到了 95%",其在不确定的时间返回时势必带来或多或少的外来文化因素,在无形中影响着原居住环境的居民。当寨子的年轻人"来到一个更阔大的生活圈子的时候,面对着流速越来越快的社会通

---

① 潘守永:《生态博物馆及其在中国的发展:历时性考察与思考》,《中国博物馆》2011 年第 z1 期。

道时，他们发现书本上的知识、报纸上的知识和电视里的知识比老人们的知识更有用。因而老人们的权威迅速倒塌。"这种不间断的影响效果随着年轻人的外出打工和返乡将越来越明显，势必对原有的思维方式、价值体系、生活状态造成严重的冲击，那么整体性保护的效果将面临着大打折扣的现实。"面对外来文化的冲击，长角苗人首先感受到的就是传统经验的失效，传统的文化在新的社会背景中已丧失它们的效用，他们不得不在一种新的文化中吸取给养"。

在推进生态博物馆建设的实践中，我们也需要不断地反思。当然，在我国建设几个生态博物馆并不是难事，因为政府有保护文化的积极性和相当的资金，学术界有相当的热情，当地的居民也有较大的利益期盼。但是，在现有的生态博物馆建设中，居民并没有实际的发言权利，都是当地政府在外力推动下积极推进，这与生态博物馆的原始理念是有背离的。在西方的实践中，生态博物馆使范围内的居民成为自己文化的主人，正确地理解自己的文化，并时刻保持文化觉醒，而政府和专家不过是在发挥一种外在的引导作用。但我们的实践并非如此，所以我们发现"当地居民因强势文化的撞击，而选择有可能背离传统文化的道路，并仅仅把生态博物馆视为改善社区生活的工具"。① 当下，如何处理非物质文化遗产整体性保护区域内的居民对美好生活的向往与保护区域文化生态完整就成了一个两难的选择，当然我们绝对不能用非此即彼的思路去分析和解决这个问题。

三　生产性保护的理念

保护工作的初期，由于我们担心对非物质文化遗产项目造成损害，所以我们最初的保护实践存在不少将非物质文化遗产中的部分实物作为弥足珍贵的文化遗产收藏起来，束之高阁的现象。虽然这种保护方式收集保护了一些与非物质文化遗产相关的实物，但是也正是这种不

---

① 郑威：《生态博物馆：文化遗产保护与发展之桥》，《社会科学家》2006 年第 7 期。

正确的保护方式，使得这些实物在某种意义上失去了应有的存在价值。因为这些与非物质文化遗产密切相关的实物的价值就在于其在非物质文化遗产保护传承的实践中不断发挥不可替代的作用。唯有如此，它们才有存在的意义。如果将这些与非物质文化遗产密切相关的实物强行从非物质文化遗产保护传承实践的过程中抽取出来，那么这些实物与我们要保护的非物质文化遗产也就不再是一个完整物象，这将严重地影响我们既定的保护工作，相关非物质文化遗产项目的保护更是无从谈起。

生产性保护理念的提出并探索就是力图在非物质文化遗产传承保护与社会经济发展良性互动中尝试建立一种有效机制，使相关的非物质文化遗产项目能够在现当代社会中找到合理的定位。如此便可在实现相关非物质文化遗产项目社会功能的同时，使相关非物质文化遗产项目自身也得到传承保护。当然，鉴于不同类型的非物质文化遗产有着不同的特点和传承规律，因而生产性保护也仅仅是作为一种保护理念提出并实践，并在传统技艺、传统美术、传统医药药物炮制类非物质文化遗产领域实施。目前，文化部批准了 41 个国家级非物质文化遗产生产性保护示范基地，希望通过这些示范基地的企业和单位生产性保护实践，积极探索和总结非物质文化遗产生产性保护的做法和经验，从而进一步加强非物质文化遗产的分类化保护和传承。

但是，非物质文化遗产生产性保护实践的过程，也面临着一些需要思考和解决的问题。如如何确保在生产性保护实践中，社会效益一直保持首要位置；如何确保生产开发始终服务并服从于传承保护；如何避免过度商业化、产业化、机械化；如何保护生产性保护方式的多样化，尊重传承主体的选择；如何保护生产方式、生产流程的完整性和核心技艺的原真性；如何进行技巧上的创新和成品社会功能转型的探索。这些问题将一直困扰非物质文化遗产生产性保护实践的全过程，解决不好将会违背生产性保护的初衷与实质，而且将对非物质文化遗产项目造成不可弥补的损害。

四　依法保护的理念

2003 年 10 月 17 日联合国教科文组织 32 次大会通过的《保护非物质文化遗产公约》界定了非物质文化遗产的概念及其范围，同时颁布的《申报书填写指南》为各国的申报工作提供了一种可以借鉴的范式。这标志着由联合国教科文组织主导的、各国参与的非物质文化遗产保护进入了一个新的阶段。我国初期的保护就是在这个国际法指导下开展的。

但是，如果我们要深入而且富有成效地开展非物质文化遗产保护工作，就必须探索符合本国国情的保护理念。虽然《保护非物质文化遗产公约》为我国的保护工作提供了国际法依据，但是若不详细分析面临的实际情况而盲目将其照搬到我们的保护实践中，势必因其"水土不服"而达不到预期的保护效果，甚至适得其反。于是，我国学者开始在国际法和国情现状的基础上积极进行理论的探索与完善，并将其不断地付诸保护实践中，《国务院办公厅关于加强我国非物质文化遗产保护工作的意见》（2005）和《国家级非物质文化遗产保护与管理暂行办法》（中华人民共和国文化部令第 39 号）等文件的实施标志着有民族特色的保护理论和制度体系逐步开始构建。但是，若仅仅停留在学理和制度层面，恐怕这些理论的探索和实践得来的经验还不能充分发挥作用。学术界和有关职能部门尝试将其上升为法律制度和国家意志，以求实现非物质文化遗产保护工作的法制化。

以 2011 年 2 月《中华人民共和国非物质文化遗产法》的颁布为标志，我们的非物质文化遗产真正进入到"有法可依，有法必依，依法行政，依法保护"的新阶段。《中华人民共和国非物质文化遗产法》是为了继承和弘扬中华民族优秀传统文化，促进社会主义精神文明建设，加强非物质文化遗产保护、保存工作而制定。由中华人民共和国第十一届全国人民代表大会常务委员会第十九次会议于 2011 年 2 月 25

日通过公布，自 2011 年 6 月 1 日起施行。《中华人民共和国非物质文化遗产法》是 21 世纪我国文化领域出台的第一部法律，在文化法制建设中具有里程碑意义。该法的实施，实现了将党中央关于非物质文化遗产的意志上升为国家意志，将关于非物质文化遗产保护的理念和经验上升为法律制度，将有关部门的工作职责上升为法律责任的目标，有利于非物质文化遗产保护工作的深入开展和逐步完善更符合国家实际的非物质文化遗产保护工作体系，继承和弘扬中华民族优秀传统文化，促进社会主义精神文明建设，推动文化大发展大繁荣，必将产生重大而深远的影响。

《光明日报》曾刊文指出："《中华人民共和国非物质文化遗产法》（下称《非物质文化遗产法》）是中国特色社会主义政治、经济、文化、社会一体战略布局中的一部重要法律，体现了党和国家对文化建设的高度重视。充分认识这部法律出台的重大意义，是准确把握法律的精神实质，贯彻实施好法律各项规定的重要前提。《非物质文化遗产法》是完善中国特色社会主义法律体系，加强文化立法的重要步骤。《非物质文化遗产法》是继《中华人民共和国文物保护法》颁布近 30 年来，文化领域的又一部重要法律，不仅提升了文化立法的层次和水平，而且丰富了我国法律体系的内容，在文化建设立法中具有里程碑的意义。《非物质文化遗产法》的出台为文化领域其他立法提供了有益借鉴。《非物质文化遗产法》的出台为加强非物质文化遗产保护工作提供了坚实保障。《非物质文化遗产法》的出台，将党中央、国务院关于文化遗产保护的方针政策上升为国家意志，将非物质文化遗产保护的有效经验上升为法律制度，将各级政府部门保护非物质文化遗产的职责上升为法律责任，有利于建立健全科学有效的保护体系，为非物质文化遗产保护政策的长期实施和有效运行提供了坚实保障。《非物质文化遗产法》的出台是我国履行国际公约义务的重要体现。在充分吸收国际公约精神的基础上，结合我国非物质文化遗产的保护实践制定《非物质文化遗产法》，是我国全面履行国际公约义务，彰显了我国维护人类文化多样性的决心和努力，是我国为促进世界非物质文化遗产保护、维护人类文化多样性做出的积极贡献。"①

《非物质文化遗产法》虽然颁布实施了，但是我们应如何将该部法律和落实政策法规结合起来是当前实施该法律面临的首要问题。虽然《中华人民共和国非物质文化遗产法》"明确了继承和弘扬中华民族优秀传统文化的'一个目标'……'继承和弘扬中华民族优秀传统文化，促进社会主义精神文明建设，加强非物质文化遗产保护、保存工作'……提出了指导非物质文化遗产保护工作的'两大原则'。《非物质文化遗产法》规定了非物质文化遗产保护工作的两大基本原则：一是保护非物质文化遗产，应当注重其真实性、整体性和传承性。二是保护非物质文化遗产应当有利于增强中华民族的文化认同，有利于维护国家统一和民族团结，有利于促进社会和谐和可持续发展……规定了非物质文化遗产保护的'三项制度'。《非物质文化遗产法》设立了非物质文化遗产保护的三项重要制度，分别是调查制度、代表性项目名录制度、传承与传播制度"②。但是，我们也必须清楚，该部法律规定的是一些原则性的规定和一些宏观的思路，如果没有一些配套的具体措施和区域性法规相配合，该法的实施效果恐将很难尽如人意。目前，各地方相应配套的区域性规章制度正在制定过程中，虽然一些地方性非物质文化遗产保护条例已经颁布，但更具有针对性、时效性的指导规范和相关实施细则还处于缺位状态。地方性法规的建设模式架构与相关实施细则的制定成为困扰地方政府的难题，这一难题不解决，就难以实现国家出台该部法律的预期时效。

五　原真性保护的理念

初期的保护工作中，由于认知的局限存在，不少以某种价值观念

---

① 关注《中华人民共和国非物质文化遗产法》，《光明日报》2011 年 6 月 8 日第 14 版。
② 同上。

和某些肤浅时尚的审美趣味为标准对非物质文化遗产项目改编或借创新开发之名随意篡改的现象，使得此类所谓的"保护"成为某种意义上的新破坏方式，而且破坏力惊人。有些地方政府借助自己的权势，越俎代庖，以行政领导取代传统艺人，用行政体制取代了传统管理模式和组织模式。这种不当的介入不但会破坏非物质文化遗产的原生环境，也会影响民间文化的自主传承，严重挫伤民间艺人传承非物质文化遗产的积极性。长期从事非物质文化遗产研究的中国艺术研究院研究员苑利指出："在非物质文化遗产的保护过程中，政府的作用至关重要。实践已经证明，没有政府出面，遗产及其传承人很难得到有效的保护。但是，如果政府干预过度，反客为主，取代了传承人，不但会影响传承人传承遗产的积极性，同时也会影响遗产的原生态性、民间性与真实性。"现实生活中，政府越俎代庖的做法并不罕见，一个原本由民间操办的传统节日，随着政府的"积极参与"，仪式的主持人由寨老变成官员，仪式内容也从传统的迎神赛会变成领导讲话、政府颁奖、嘉宾剪彩，而原本仪式的主人则成为不折不扣的看客，民俗变成了"官俗"。不可否认，一般地方政府的初衷可能是好的，但是受不正确的政绩观影响，就成了所谓的好心办了错事。我们在一些地区尤其是旅游区，经常可以见到一些原生态的歌舞被按照时尚的审美趣味加以改造，成了不中不洋、不古不新的大杂烩，古老村落被开发成喧嚣的旅游区，对于一些有特殊意义的建筑加以改造或装饰，村落有了城市的影子，却丢了村落的韵味，给人一种不伦不类的感觉。

原真性保护理念探索与实践逐步改变了这一状况，使得非物质文化遗产项目的真实状态得以保护，使得更多的文化基因得以留存。原真性和原生态保护，就是减少政府、学界、社会资本、新闻媒体等外部力量的过多介入，让非物质文化遗产在自我的环境中生长，其终极目的就是确保非物质文化遗产的真实性。从某种意义上讲，非物质文化遗产的所有价值都是建立在其真实性基础之上，若真实性一旦丧失，非物质文化遗产也就不复存在①。

"原真性"一词起源于中世纪欧洲，在希腊语和拉丁语中有"权威的"（auhoritative）和"原初的"（original）含义。20 世纪 60 年代，原真性被引入遗产保护领域。1964 年制定的《威尼斯宪章》曾指出"人们越来越意识到人类价值的统一性，并把古代遗迹看作共同的遗产，认识到为后代保护这些古迹的共同责任，将它们真实地、完整地传下去是我们的职责"。1994 年 12 月，在日本古都奈良通过的《关于原真性的奈良文件》是有关原真性问题的重要国际文献，它肯定了原真性是定义、评估和监控文化遗产的一项基本因素。由此可见，国际社会对遗产保护涉及的原真性概念还处于修改和完善阶段，例如从1931 年的《雅典宪章》到 2005 年的《实施世界遗产公约操作指南》，并未充分考虑到非物质文化遗产的原真性问题，而且对亚洲文化遗产的内容关注不够。

原真性的观念在中国早已有之，中国文物古迹保护中长期遵循的"不改变文物原状"的法律原则就与之一脉相承。针对中国非物质文化遗产保护的原真性，国内许多学者阐述了自己的观点和看法。其中，阮仪三和林林曾在其文《文化遗产保护的原真性原则》指出，"在中国文化遗产保护中应该贯彻原真性的原则，同时也必须发展出符合中国国情和文化特征的保护理论和方法。"陈勇在其文《遗产旅游与遗产原真性——概念分析与理论引介》阐述了遗产旅游与遗产原真性的"基本内涵及其相互关系，对发展遗产旅游导致的过度商业化损害了遗产的原真性问题"进行了讨论，褚琦在其文《浅析民俗文化原真性的开发模式》则列举和分析了可用于保持民俗文化原真性的"五种开发模式"。李映波与高晓医在其文《论非物质文化遗产的商业开发与原真性》指出了"当今非物质文化遗产保护中出现的过度强调对原始形态特征的保持，而否定民间文化的活态特征的问题，"并提出了相

① 苑利、顾军：《非物质文化遗产学》，高等教育出版社 2009 年版，第 63 页。

应解决办法。张朝枝在其文《原真性理解：旅游与遗产保护视角的演变与差异》表述的观点是"旅游与遗产保护中的原真性概念是一个动态、多元和复杂的问题，旅游与遗产保护是一个互动演进的过程"。刘晓春在其文《谁的原生态为何本真性——非物质文化遗产语境下的原生态现象分析》中以民俗学为基础来探求本真性的传统，指出"人们要抛弃原生态的幻象，以传承、变化、发展的眼光看待民俗。"还有学者结合具体案例，对原真性保护进行了深度分析等。总体上看，越来越多的学者注意到了非物质文化遗产保护中的原真性的重要地位，不过目前对原真性的讨论大多停留在物质文化遗产层面。实际上，物质类文化遗产与非物质文化遗产是一个事物的两个方面，不应该把它们简单地分开。非物质文化遗产也需要将它"真实地、完整地"保留下来。因此，"原真性"是非物质文化遗产保护理应遵循的基本原则之一。[1]

但是，我们实践原真性保护理念时，面临着不少的问题，其中一个重要的问题就是保护非物质文化遗产的原真性和原生态势必会造成其与社会发展的某种意义上的脱节现象。要保护非物质文化遗产的原汁原味，就要保持它的本来面目，或者保持传统现存的面貌，保持它当下或者昔日的形态、内涵和功能等，而这些需要以其生态环境的长期存在为前提[2]。完整的生态环境包括政治的、经济的、文化的各种历史条件，也包括人的思想观、价值观、生活诉求等。如果这个完整意义上的生态环境存在，也就势必说明这个生态环境与整个社会的发展是脱节的。如何解决这个问题，将一直困扰非物质文化遗产的原真性和原生态保护的实践。

六　可持续性发展的保护理念

在我国初期的保护实践中，我们往往把非物质文化遗产项目相对

---

① 罗靖、章牧：《保护还是破坏：论非物质文化遗产的原真性》，《黑龙江民族丛刊》2010年第4期。

② 刘魁立：《论全球化背景下的中国非物质文化遗产保护》，《河南社会科学》2007年第1期。

封闭地保护起来，在很大程度上限制了传承主体的创新意识，将其完全禁锢在非物质文化遗产项目的母本之上。但是，我们也发现单纯封闭的保护会严重影响其社会功用的实现，脱离社会需求和群众生活的非物质文化遗产更容易淡出人们的视野，进而失去传承的空间，我们的保护工作也就达不到保存历史、教育后代的目的。

随着保护实践的深入，我们认识到保护非物质文化遗产的核心目的是为了保护人类社会的文化创新和文化多元化①。非物质文化遗产是人类历史实践过程的当下演变，更是当下实践过程的留存与映照，因而传承主体自身就肩负着传承与创新的双重职能，既要把自身所掌握的非物质文化遗产毫无保留地传承下去，又在自己的保护与传承实践中不断有所创新，使得非物质文化遗产项目在保护核心技艺完整性的基础上因传承主体的传承而有所增益。于是，我们在全面解读非物质文化遗产的基础上，在牢牢把握其核心技艺与工艺流程完整性的基础上，鼓励传承人履行传承与创新的双重责任，进行适当的探索与创新，支持其在非物质文化遗产的实物层面实现功能转型和审美提升，使项目本身由于时代的实践而有所创新和增益，真正意义上实现非物质文化遗产的可持续发展。

但是，在实践可持续性发展的理念时，我们也面临着如何把握创新的尺度等问题。没有创新，非物质文化遗产项目就没有了其所经历时代的印迹，也就脱离了其所生存的社会实际。同时，如何恰好地把握创新程度，这是个很难把握的问题。虽然，我们知道创新不能损害非物质文化遗产的母本和核心技艺的完整性，但这是一个难以衡量的标准，在保护实践中这个尺度是很难把握的，而且由于不同非物质文化遗产的特点和传承规律的区别，我们也很难制定一个统一的衡量标准和操作规范，只能依靠传承主体的自我掌握。但是这种自我掌握由于其不确定性，会给创新带来一些不可预测的影响因素。如何掌控这

---

① 王文章：《非物质文化遗产概论》，教育科学出版社 2008 年版，第 123 页。

些因素并规范使用，就成了实践可持续发展理念面临的一个问题，现有的保护实践和理论研究尚未很科学地回答这个问题。

七　多元化保护的理念

初期的保护中，政府发挥着主导性的作用，而且由于社会认知度较低，非物质文化遗产保护在某种意义上就是政府独自在保护。当然，我们不是否定其在保护中所发挥的积极作用，因为政府"具有强大的行政资源、经济实力、话语权"[1]，所以政府"完全有可能力为身处风雨飘摇中的非物质文化遗产搭建起一座牢固的足以抵御外来文化冲击的防护大堤"[2]。但是，我们在保护实践中也逐渐意识到，由于我国幅员辽阔，政府财力有限，且诸多非物质文化遗产项目散存于各地，尤其是一些相对封闭和经济落后的地区，政府的保护触角难以实现全面覆盖，因而存在许多保护项目和区域未能享受政府的相关保护政策。

随着学理研究和保护实践的深入，我们逐渐认识到社会力量是非物质文化遗产保护中的重要组成部分，是对政府主导力量的有益补充。若能将其作用发挥得当，对于良好社会氛围的营造、资金投入的充沛、理论研究的推进、后继人才的培养、相关行业的自律、完善管理体制、健全制度规范、规范政府的保护行为、建立监督管理体制等将起到极大的促进作用，对于贯彻"保护为主，抢救第一，合理利用，传承发展"的保护方针，执行"政府主导，社会参与，明确职责，形成合力；长远规划，分步实施，点面结合，讲求实效"的保护原则具有重要意义，有助于实现非物质文化遗产保护力量的多元化。实践中，我们通过持久且形式多样的宣传教育不断提高了社会公众的非物质文化遗产的认识度和保护工作的参与度，重视并鼓励科研院所、新闻媒体、

---

① 苑利：《非物质文化遗产传承人保护之忧》，《探索与争鸣》2007 年第 7 期。

② 顾军、苑利：《非物质文化遗产普查申报工作需要注意的几个问题》，《原生态民族文化学刊》2009 年第 1 卷。

行业协会、社会资本、民间研究等力量积极参与到非物质文化遗产保护工作中来，并为他们创造参与保护工作的便利条件，使政府倡导公众保护逐渐成为广大民众自发自觉的保护，保护力量由一元化发展为多元化，使"政府主导，社会参与，明确职责，形成合力"的保护原则逐渐落到实处。

当然，在多元化保护理念的实践中，我们也面临着如何进一步明确社会力量在非物质文化遗产传承保护中的角色和作用，以及如何建立社会力量不同组成部分之间的良性互动的有效机制，充分发挥其在认识世界、传承文明、创新理论、资政育人、资金支持、服务社会等方面的作用，从而更好地促进非物质文化遗产保护合力的形成，进一步推进我国非物质文化遗产保护与研究工作等诸多问题。这些将是我们多元化保护不能回避而且必须解决的问题，因为如果解决不好不但无益于非物质文化遗产的保护工作，而且容易对保护工作造成多头干扰的现象，将极大地影响甚至延迟我们的保护工作。

八 信息化、数字化保护的理念

自我国非物质文化遗产保护工作开展以来，我们对非物质文化遗产的认识由民族民间文艺逐步拓展到包括传统技艺、传统医药等多个领域。在没有现代化工具的过去，我们通常是用笔录或物质化保存的方式来记载非物质文化遗产，但是这种保护方式很容易造成被保护对象信息的缺失。卡片式记录的保护方式在西方国家数十年的实践已经证明是行不通的，因为人们无法对通过辛苦调查得来的大量成果进行科学而有效的管理，更无法进行科学而有效的运用。虽然照相机、录音机的使用使非物质文化遗产的实践过程的再现成为可能，但是这些保护方式所取得的效果并不是全息的，尚不能够提供给大众一个完整的非物质文化遗产的意象。

随着非物质文化遗产保护范围的扩大和保护实践的深入，我们发现传统的保护手段已经"无法记录大量难懂难记的方言，无法记录详细的讲述场景"[1]，于是我们在原有保护手段的基础上，尝试"尽可能利用各种高科技手段，将非物质文化遗产所隐含的各种信息，尽可能全面地记录并保存下来"[2]。我们有选择地尝试使用了数字化、信息化等新的保护方式，就目前的保护效果而言既解决了传统保护手段不能原貌和活态保护的难题，又更便捷地实现了其资源的永续利用和信息化建设。同时，我们积极推进的非物质文化遗产保护领域的信息化和数字化建设，为非物质文化遗产，尤其是面对侵蚀和消失风险的文化元素提供了更强有力的保护和恢复手段，广泛的传播也加强了世界各地不同文化的交流，便捷而低廉的文化交流成本利于推进各层面的保护交流工作。

但是，在我们非物质文化遗产保护领域信息化、数字化保护的实践中，也面临着不少问题，如非物质文化遗产被盗用滥用的难题。例如，具有文化敏感性的资料在未得到授权的情况下，可能会因某个技术漏洞或者工作人员的不慎而造成被披露或商业化利用的现象，尤其是我们民族特有的文化因素可能因新技术的便捷而被其他国家别有用心地滥用。除了增强技术防范，强化人员及资料管理外，我们把这个问题的解决寄希望于知识产权在非物质文化遗产领域的广泛应用。但是，我们也必须认识到知识产权在非物质文化领域的运用并不是简单的法律问题，而是面临着知识产权的专有性与非物质文化遗产主体的不确定性的冲突，面临着知识产权的时间性与非物质文化遗产的永续性的冲突等诸多复杂的问题。如果在我们的保护实践中找不到这些问题的解决办法，海量的非物质文化遗产资源被盗用滥用的现象就很难找到有效的遏制方法。

---

[1] 顾军、苑利：《非物质文化遗产普查申报工作需要注意的几个问题》，《原生态民族文化学刊》2009 年第 3 卷。

[2] 陈理娟：《借鉴与发展：非物质文化遗产馆藏的国际实践》，《西北大学学报》（哲学社会科学版）2010 年第 4 期。

九 传承主体相关权益保护的理念

在我们早期的非物质文化遗产保护实践中，由于对具体非物质文化遗产项目传承主体作用认知的匮乏，文化部门往往仅仅给予其精神鼓励（多是口头表扬，或者是发给荣誉证书等），而未帮助传承主体解决实际问题，使得传承主体因诸多实际问题的困扰，导致其积极性难以充分发挥。当前，我国的很多非物质文化遗产项目存在于老少边穷的地区，许多非物质文化遗产项目的传承人的生活条件还是十分艰苦，精神鼓励也只能带来短暂的精神慰藉，甚至是对日常生活的干扰，传承主体还是不可回避地面临着诸多影响生计的问题。政府部门若不能协助其解决基本的生存和发展的必需，就难以让传承主体一心一意地传承非物质文化遗产，这是极为现实的问题。

随着我国非物质文化遗产保护实践的深入，我们逐渐将精神鼓励与物质奖励并用，并尝试通过法律及相关的规章制度来对传承人的相关权益进行保障。如今，我们不但给予传承人相应的精神鼓励，授予传承人相应级别的荣誉称号，而且通过报纸、电视台、网络等广为宣传，并在文化遗产日等定期表彰，有助于提升传承人的社会地位和声望，为其获得一定的生活资源提供便利条件。同时，一些地方政府还给予传承人一定的生活补贴，一些地区还提供了必要的医疗保障，帮助传承人解决其现实问题。同时，学术界及政府相关部门正通过非物质文化遗产领域的知识产权制度的探索，努力从法律层面完善和明确其职责与义务、权利及相应收益。文化部门通过探索非物质文化遗产项目督察机制和传承人退出机制，努力从正反两层面调动了非物质文化遗产传承主体传承保护的积极性。

非物质文化遗产的保护理念将随着我国保护工作的不断深入，不断地被赋予新的时代内容，并通过不断推进的保护实践来不断修正和完善以往的保护理念，这非但不是对前期研究成果和相关保护实践的的否定，恰恰是在肯定前人理论研究成绩的基础上，进一步丰富和完善了具有我国特色和时代气息的保护理论体系和保护工作方法。当然，我们也清醒地认识到，前文述及的一些保护理念也都具有一定的历史局限性，不是一成不变的，必将随着保护工作和研究工作的开展而不断修订完善，甚至存在颠覆的可能。在我们把这些非物质文化遗产保护理念付诸于保护工作的实践中也将面临一些问题，毕竟保护理念还需要在保护实践中不断地验证与完善，有些问题前文已经述及，更多未知的问题是我们在保护实践中将要面对的。

　　任何非物质文化遗产的保护理念都来自于我们持续开展的非物质文化遗产的保护实践，并将在保护实践中不断验证和修订，期待完善的非物质文化遗产保护理念只是一种理想状态，因为任何理念不会处于绝对完善的状态，任何理念都是在不断完善的道路上，完善只是一个不断追求的目标，永远不会到达，但能够不断把我们的非物质文化遗产保护工作引领向更加系统化、科学化的状态。

主要参考文献

[1] 谭宏：《对非物质文化遗产生产性方式保护的几点理解》，《江汉论坛》2010 年第 3 期。

[2] 田青：《非物质文化遗产保护三议》，《文艺研究》2006 年第 5 期。

[3] 萧放：《非物质文化遗产核心概念阐释与地方文化传统的重建》，《民族艺术》2009 年第 1 期。

[4] 刘魁立：《非物质文化遗产的共享性本真性与人类文化多样性发展》，《山东社会科学》2010 年第 3 期。

[5] 李荣启：《论非物质文化遗产保护的主要原则与方法》，《广西民族研究》2008 年第 2 期。

[6] 刘德龙：《坚守与变通——关于非物质文化遗产生产性保护中的几个关系》，《民俗研究》2013 年第 1 期。

[7] 刘晓春：《谁的原生态？为何本真性——非物质文化遗产语境下的原生态现象分析》，《学术研究》2008 年第 2 期。

[8] 王松华、廖嵘：《产业化视角下的非物质文化遗产保护》，《同济大学学报》（社会科学版）2008 年第 1 期。

[9] 尹凌、余风：《从传承人到继承人：非物质文化遗产保护的创新思维》，《江西社会科学》2008 年第 12 期。

[10] 安德明：《非物质文化遗产保护：民俗学的两难选择》，《河南社会科学》2008 年第 1 期。

［11］刘晓春：《非物质文化遗产传承人的若干理论与实践问题》，《思想战线》2012 年第 6 期。

［12］巴莫曲布嫫：《非物质文化遗产：从概念到实践》，《民族艺术》2008 年第 1 期。

［13］牟延林、吴安新：《非物质文化遗产保护中的政府主导与政府责任》，《现代法学》2008 年第 1 期。

［14］谢菲：《国外非物质文化遗产相关研究述评》，《贵州民族研究》2011 年第 3 期。

［15］余悦：《非物质文化遗产研究的十年回顾与理性思考》，《江西社会科学》2010 年第 9 期。

［16］王文章、陈飞龙：《非物质文化遗产保护与国家文化发展战略》，《华中师范大学学报》（人文社会科学版）2008 年第 2 期。

［17］祁庆富：《论非物质文化遗产保护中的传承及传承人》，《西北民族研究》2006 年第 3 期。

［18］宋俊华：《文化生产与非物质文化遗产生产性保护》，《文化遗产》2012 年第 1 期。

［19］周和平：《中国非物质文化遗产保护的实践与探索》，《求是》2010 年第 4 期。

［20］田青：《非物质文化遗产保护三议》，《文艺研究》2006 年第 5 期。

［21］苑利：《非物质文化遗产科学保护的几个问题》，《江西社会科学》2010 年第 9 期。

［22］苑利、顾军：《非物质文化遗产的产业化开发与商业化经营》，《河南社会科学》2009 年第 4 期。

［23］马建光、姜巍：《大数据的概念、特征及其应用》，《国防科技》2013 年第 2 期。

［24］杨子奇：《大数据时代非物质文化遗产保护途径研究》，《凯里学院学报》2015 年第 4 期。

［25］王水维、许苏明：《非物质文化遗产价值生成机制研究》，《艺术

百家》2014 年第 5 期。

[26] 张卫民：《我国非物质文化遗产保护新路向——非物质文化遗产教育探究》，《民族艺术研究》2005 年第 5 期。

[27] 尹凌：《高等院校在非物质文化遗产保护中的作用探析》，《理论导刊》2009 年第 7 期。

[28]《杨时〈论语解〉探微》，《西南民族大学学报》2016 年第 5 期。

后　记

　　当第一个字落笔的时候，我很难想象什么时候能够完成书稿，但我知道要把所关心的问题及对问题的思考写出来，于是便有了此书。非物质文化遗产保护与其说是一个学术热点，不如说是一个文化热点，其因政府的积极推进和媒体的舆论造势而为世人所知。貌似繁华的文化保护之后，其实是学术的清冷，因而我们很少能够见到关于非物质文化遗产保护成系列的研究成果，多是一点一面的关注或宏观操作层面的设计。在关注非物质文化遗产保护的同时，我开始阅读一些书籍，看一些文章，但也有一些疑问一直没有得到解答。这些疑问越积越多，以致成为我每天都要面对的问题，所以我就想办法来解决它。对我而言，这是一个新的领域，所以多少还是有些担心。一个人走，路总是很长，有了同行者，跋涉也就成了一种对学术沿途风景的创作与欣赏。

　　在关于非物质文化遗产保护若干问题的思考中，我对非物质文化遗产保护中的社会力量产生了兴趣，并以此作为自己的研究对象。为了解决自己的困惑，就开始邀请同仁参加小范围的讨论，先后有束华娜、李健、史晓玲、齐如林、张爽婷、孙元国、刘昆、许中美、张超、刘海江十位同志加入，并且一直坚持至今。三年来，我们一直没有间断对此类问题的探讨，也先后发表了几篇相关的文章，部分文章被《新华文摘》《人大报刊复印资料》、中国社会科学网等摘编或全文转载，虽说研究之路没有坦途，但多少还有些许花草相伴，有一壶清茶作陪，辛苦但不落寞。

在开展此项研究的过程中，得到了山东省社会科学规划办公室的资助，得到了山东省"非物质文化遗产保护学"重点学科资助，得到了"非物质文化遗产视域下的民间信仰研究"课题组的大力支持，更得到了王玉珠教授、于源溟教授、钱品辉教授、唐明贵教授、郭学信教授的指点和鼓励，在此一并表示真诚的谢意。若没有这些单位和学者的鼓励和支持，很难说我们能够坚持走下来，也就没有这些文字呈献给大家。

在拙著撰写的过程中，绪论、第一章、第二章、第三章、第四章、第七章、第十二章、第十三章、第十四章、第十六章由我执笔，束华娜、李健、史晓玲、张爽婷、孙元国、刘昆、许中美、夏旭光等同志提出了宝贵意见或参与了部分写作；第五章、第六章、第十一章由齐如林执笔；第八章、第十五章由束华娜执笔；第九章由张超执笔，我参与了部分写作；第十章由刘海江执笔。在部分章节后，我们增加了一些附录文献，以期利用学界的现有成果或国家的有关规章制度对我们的研究作以补充。最后，由我统筹成书，齐如林对本书的文字进行了润色。

需要特别说明的是，限于我们的研究能力与学术水平，本书仍然存在一些不足之处：一是基础理论的研究深度还是不够。因为我国的非物质文化遗产保护的实践远盛于理论研究，热衷参与现实实践考察论证者众，甘于独坐理论研究的冷板凳者少，使得我们关于非物质文化遗产的基础理论研究相对薄弱，笔者虽然努力深入研究，终因水平有限，诸多问题未能达到精深之界。二是对非物质文化遗产保护中的一些热点问题跟踪不够。非物质文化遗产保护在引起国人关注的同时，也逐渐呈现出一些现实热点，如民间资本的介入、大数据时代、融媒时代的来临等，我们虽然对此问题有所关注，但是更多的是停留在理论层面，并没有较好地跟踪其现实的社会实践，在一定程度上造成了理论研究与保护实践的脱节现象。这也将成为我们今后继续努力的方向。

在本书的撰写过程中，参阅了国内外相关的专著和论文，借鉴了专家学者们的研究成果，有的还直接引用了相关资料等，书中所列文献恐未能全面周到，敬祈专家海涵，并表示谢意。

如果需要对本书予以定位，我们更愿意将其定位为：几个年轻的学人对几个学术问题的探讨，并将一个阶段的探讨成果梳理而成的一本小书。当然，此书并非我们探讨的总结，而是对探讨过程及阶段性成果的梳理，将其呈现给学界，希望得到大家的批评指正。

有所求，就有所爱，就有所好，非物质之俗，却是心之所愿。虽然学术研究的道路有些空冷，但是我们还是推开了这扇门，并踏入了一只脚，也希望走在前面的学人能为我们点亮一盏前行的灯。

生命的旅程，不只是欣赏，还要留下点风景。风景，美与不美的判断权不在我们手里，但是我们确实在努力。风景，也是我们生命跋涉的足迹——既是过去时光的落脚印，也是继续前行的起脚点。

张兆林

于聊城东篱轩

2016 年 11 月 20 日